고등 한국사 쉽게 배우기

고등 한국사 쉽-게 배우기

서인원 지음

종이와
나무

머리말

인간은 과거의 기억을 바탕으로 현재를 이해하고 미래의 꿈을 그리면서 살아갑니다. E. H. Carr의 "역사란 현재와 과거와의 끊임없는 대화이다"라는 말을 빌리지 않아도 과거의 사실이 현재의 우리에게 전달해주려고 하는 의미는 많습니다. 물론 인간이 살아왔던 과거의 기억 중에서는 잊혀지는 것도 많지만, 우리가 꼭 알아야 하고 기억해야만 하는 경험과 사실들도 많이 있습니다. 잊혀져서는 안 되는, 여러 사람과 함께 기억해야만 하고 후손들에게 전달해주어야만 하는 경험과 사실들은 역사라는 이름으로 기록되어 남게 되는 것입니다.

한국사는 현재 한국 사람들이 살아온 과거이며 꼭 기억해야만 하는 선조들의 경험을 기록한 것입니다. 즉 한국사는 현재의 우리가 과거와 끊임없이 주고받는 대화이며, 이 땅 위에서 살아온 사람들의 역사입니다. 한국사에는 여러 사람들의 행적이 기록되어 있습니다. 더 나은 사회를 만들기 위하여 노력했던 사람, 부귀영화를 누리려 나라를 팔아먹는 것 같은 무슨 짓이든 저지른 사람, 나라를 지키려고 목숨을 바친 사람, 나보다는 우리를 생각했던 사람 등 본받아야 할 사람과 본받아서는 안 되는 사람들의 기록이 차곡차곡 쌓여 있습니다.

한국사 공부는 단순히 과거의 사실만을 알기 위하여 혹은 내가 필요한 시험을 보기 위하여 하는 것은 아닙니다. 과거 인간들이 살아온 삶의 모습을 이해하고 현재 우리의 모습을 되돌아보기 위하여 공부하는 것입니다. 이를 바탕으로 내 앞에 벌어지는 어떤 일이라도 헤쳐 나갈 수 있고, 앞으로 우리의 미래를, 더 나은 사회를 만들어 나가는 것입니다.

요즘 한국사를 왜곡하는 사람들과 단순히 재미를 쫓기 위하여 비역사적 사실을 함부로 떠드는 사람들이 많아졌습니다. 올바른 한국사를 공부한다는 것은 올바른 한국 미래 사회를 만든다고 하는 것과 마찬가지입니다.

한국사는 흐름입니다. 따라서 이 책은 역사적 흐름에 맞게 구성하려 노력하였습니다. 고등학교 교육과정에 맞추기는 하였지만, 그 사이 사이 빠져 있는 것들도 추가해서 흐름을 잊지 않게 하려 하였습니다. 물론 너무 길고 늘어지게 서술된다면 지루할 수도 있어 흐름을 이해하면서도 핵심을 파악할 수 있도록 총 84개의 주제를 중심으로 구성하였습니다. 그리고 사회적 이슈가 되었던 역사적 사실도 생각해 보도록 했습니다.

눈 앞에 닥친 시험도 중요하기는 하겠지요? 그래서 한국사에 대한 어떤 시험이라도 볼 수 있게 하기 위하여 주제별로 요점 정리도 해 놓았습니다. 이 한 권의 책을 통하여 우리 한국인이 살아온 길을 분석하고 앞으로 살아갈 길을 생각할 수 있으면 좋겠습니다.

이 책의 차례

2. 근대 국가 수립 운동

3. 일제 식민지 지배와 민족 운동의 전개

4. 대한민국의 성립과 발전

1

전근대
한국사의 이해

01
선사 시대의 전개와 국가의 성립

역사를 배우는데 있어서 처음 접하는 용어 중의 하나가 역사 시대와 선사 시대라는 구분 용어입니다. 역사 시대는 문자가 생겨 기록하기 시작한 이후의 시대이고, 선사 시대는 문자가 나오기 이전의 시대를 말합니다. 보통 석기 시대를 선사시대라 보고 있으며, 문자가 발생한 청동기 시대부터 역사 시대라 합니다. 단 우리나라는 한글이라는 문자를 사용하기 시작한 시대는 조선 시대부터이지만, 한자로 적힌 중국 역사책과 우리나라 역대 사서에 고조선 기록이 있으므로 고조선이 성립한 청동기 시대부터 역사 시대로 보고 있습니다.

또 자주 사용하는 용어가 있습니다. 구석기 시대, 신석기 시대, 청동기 시대, 철기 시대입니다. 이것은 도구의 사용에 따라 나누는 시대 구분 용어입니다. 돌을 사용하던 시기를 석기 시대라 하며 두 부분으로 나눕니다. 우리나라의 경우에는 약 70만 년 전부터 구석기 시대가 시작되었으며, 신석기 시대는 약 1만 년 전부터 시작되었다고 보고 있습니다.

구석기 시대는 돌을 깨뜨려 만든 뗀석기를 사용한 시대였습니다. 구석기인들은 뗀석기를 가지고 채집이나 사냥 등으로 식량을 구했습니다. 식량을 구하기 위해 이리저리 떠돌아다니면서 이동 생활을 하였기 때문에 좋은 집을 만들 필요 없이 동굴이나 바위 그늘, 막집 등에서 거주하였습니다. 막집은 막 지은 집이라는 뜻입니다.

약 1만 년 전, 만주와 한반도에서 빙하기가 끝나고 기온이 상승하면서 새로운 시대가 시작됩니다. 이 시대에는 돌을 갈아 만든 간석기와 흙을 빚어 구운 토기를 사용한 신석기인이 등장합니다. 신석기인들은 구석기인들과 달리 사냥과 채집 생활을 하기도 했지만 농경과 목축을 시작하였습니다. 농경과 목축은 다른 동물이

흉내 낼 수 없는 생산 활동이었습니다. 비로소 인간이 동물들과 달라진 생활을 하게 된 것입니다. 농경과 목축을 시작했기 때문에 이를 산업혁명에 비할 만큼 인간의 큰 변화라 해서 신석기 혁명이라고도 부릅니다. 신석기인들은 사냥과 채집 활동을 하던 때와는 달리 농경을 하기 위해 모여 살기 시작합니다. 농경이 노동 집약적 산업이기 때문입니다. 부족 사회가 만들어지고, 종교적 관념도 생겨나기 시작합니다. 특정 동식물을 신성시하는 토테미즘, 자연물을 숭배하는 애니미즘, 하늘과 이어주는 주술사(무당)를 숭배하는 샤머니즘 같은 것들을 말합니다.

기원전 20세기에서 15세기 무렵 만주 지역에서 청동기 시대가 시작되었고, 이후 한반도 지역까지 청동기가 전파되었습니다. 청동기 시대에는 농경이 발달하면서 잉여 생산물이 늘어났습니다. 이에 점차 빈부 차이가 생기고 계급이 발생하면서 지배자인 군장이 등장하였습니다. 군장은 스스로를 하늘의 자손이라 칭하고, 청동기를 사용하면서 권위를 높였습니다. 한편 농경이 발달하면서 더욱 많은 영토와 노동력을 확보하기 위한 정복 전쟁도 잦아졌습니다.

이 과정에서 우리 역사 최초의 국가인 고조선이 건국되었습니다. 원래 고조선이 아니라 단군조선과 위만조선인데, 나중에 이성계가 세운 조선과 구분하기 위하여 편의상 합쳐서 고조선이라 부르는 것입니다. 청동기 문화를 기반으로 성립한 단군조선은 중국으로부터 철기 문화를 수용하면서 중국 전국 시대의 한 나라인 연과 겨룰 만큼 성장하였습니다. 이후 중국에서 전국 시대를 통일한 진이 망하고 한이 성립하는 진·한 교체기에 위만이 고조선으로 건너와 준왕을 몰아내고 왕위에 올랐습니다(기원전 194, 위만조선). 위만은 중국에서 왔지만 복장 등 여러 면에서 중국인이 아니라 조선인이었습니다. 위만조선은 철기를 본격적으로 수용하여 주변 지역을 정복하고, 한과 한반도 남부에 존재했던 진국 사이에서 중계 무역을 하며 성장하였습니다. 위만조선이 성장하자 위협을 느낀 한 무제는 대군을 보내 고조선을 멸망시키고(기원전 108), 고조선 일부 지역에 군현을 설치하였습니다. 한편 고조선은 8조법을 만들어 사회 질서를 유지하였는데, 한 군현 설치 이후 생활이 각박해지면서 법률이 60여 조로 늘어나게 되었습니다.

철기 문화가 확산되어 철제 무기가 보급되면서 옛 고조선 영토에서 한 군현을 내쫓고 여러 나라가 성립하였습니다. 쑹화강 유역에 자리 잡은 부여는 중국과 교류하면서 발전하였고, 고구려는 졸본 지역에 자리 잡고 세력을 키워 나갔습니다. 옥저와 동예는 고구려의 간섭으로 정치적 성장이 늦어 결국 고구려에 병합되고 말았습니다. 한편 한반도 남부에서는 마한, 변한, 진한의 삼한이 성장하였습니다.

철기 시대는 언제까지일까요? 아직 끝나지 않았습니다. 현재 여러 가지 신소재가 등장하였지만 아직까지 철기 시대로 분류하고 있다는 것을 알아두면 좋습니다.

구석기 시대와 신석기 시대

구분	구석기 시대	신석기 시대
시작	약 70만 년 전	약 1만 년 전
도구	뗀석기	• 간석기 • 토기(빗살무늬 토기가 대표적)
경제	사냥·채집·물고기 잡이	• 사냥·채집·물고기 잡이 • 농경·목축 시작(신석기 혁명)
생활	• 식량 찾아 이동 생활 • 동굴, 바위 그늘, 막집 거주	• 정착 생활 • 강가나 바닷가에 움집을 짓고 생활 → 부족 사회로 발전 • 다양한 예술 작품 제작(치레걸이) • 토테미즘, 애니미즘, 샤머니즘 등장

청동기 시대

시작	기원전 20세기에서 15세기 무렵
도구	• 청동기(무기나 제사용 도구) • 간석기(일반 농경 도구 : 반달돌칼 등) • 토기(민무늬 토기 등)
생활	• 계급과 빈부 격차 발생(군장 등장) • 고인돌 제작 • 천손 사상 등장

고조선

건국	청동기 문화를 바탕으로 우리 역사상 최초의 국가로 성립(기원전 2333)
발전	철기 문화를 수용하며 중국 전국 시대 연과 겨룰 만큼 성장
변화	중국 진·한 교체기에 중국에서 건너온 위만이 준왕을 몰아내고 집권(기원전 194)
멸망	중국 한 무제의 공격으로 멸망(기원전 108)
사회	8조법으로 사회 질서 유지 → 한군현 설치 이후 60여 조로 늘어남

철기 시대 여러 나라의 비교

구분	부여	고구려	옥저	동예	삼한
위치	쑹화강 유역	졸본 지역	동해안 지역		한반도 남부
정치	왕 – 제가 (사출도)	왕 – 가 (5부족 연맹체)	읍군, 삼로 (군장 국가 수준)		신지, 읍차(목지국 왕이 삼한을 대표)
경제	목축, 밭농사 위주	목축, 정복 활동	소금, 해산물	단궁, 과하마, 반어피	벼농사, 철 생산 (변한)
사회	순장	서옥제	민며느리제, 가족 공동 묘	책화, 족외혼	천군, 소도(신성 지역)
제천 행사	영고(12월)	동맹		무천	계절제(5월, 10월)

* 제가 : 여러 가(족장)
* 사출도 : 제가가 다스리는 지역
* 읍군, 삼로 : 옥저와 동예의 지배자로 왕의 수준은 되지 못함(삼한의 신지, 읍차도 동일)
* 단궁 : 박달나무로 만든 활
* 과하마 : 과일나무 밑으로 지나갈 정도로 키 작은 말
* 반어피 : 물개 가죽
* 순장 : 지배자가 죽으면 그를 따라 강제적 혹은 자발적으로 죽은 사람을 함께 묻는 장례 제도
* 서옥제 : 신랑이 신부 집에 작은 집을 짓고 들어가 살다가 일정 기간이 지나면 독립하는
　　　　　혼인 풍습
* 민며느리제 : 여자 나이 10세 정도에 신랑 집으로 가서 살다 여자가 성장하면 집으로
　　　　　돌아갔다가 다시 혼인하는 풍습
* 책화 : 다른 마을의 경계를 침범하면 가축 등으로 변상하는 풍습
* 천군 : 소도에 살면서 제사 의식을 주도하던 제사장

선사 시대의 문화유산

구석기 시대			
	주먹도끼	슴베찌르개	

신석기 시대			
	간석기	빗살무늬 토기	가락바퀴

* 가락바퀴 : 옷이나 그물을 만드는데 사용

청동기 시대			
	포천금현리지석묘	비파형 동검	반달돌칼

철기 시대			
	세형 동검	독무덤	

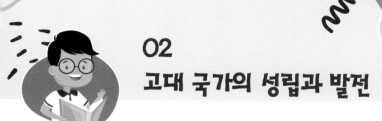

02
고대 국가의 성립과 발전

시간이 흐르면서 만주와 한반도에 존재하던 여러 나라들이 통합되어 갔습니다. 보통 국가의 단계를 설명하면 군장 국가 – 연맹 왕국 – 중앙 집권적 고대 국가로 발전하는 과정을 겪습니다. 이 과정을 거치지 못하면 발전된 단계의 다른 국가에게 정복되고 마는 것이죠. 군장 국가란 군장(부족장)들이 다스리는 수준의 국가입니다. 옥저나 동예, 삼한의 작은 나라로 신지나 읍차가 다스리는 소국들을 의미합니다. 이러한 군장 국가 여럿이 모이면 연맹 왕국이 됩니다. 부여나 초기 고구려, 초기 백제, 초기 신라(사로국), 삼한 전체를 대표하는 목지국, 삼국 시대까지 존재한 가야 같은 경우가 해당됩니다.

연맹 왕국은 연맹이라는 말에서 알 수 있듯 아직 왕의 권한이 강하지 못하였습니다. 여러 군장들이 연맹했으므로 대표가 필요해서 왕을 뽑기는 했지만 꼭 학급의 반장 같은 수준이라 생각하면 됩니다. 따라서 각 부족장들의 권한이 상당히 강해서 왕권이 약했습니다. 고구려의 제가 회의, 백제의 정사암 회의, 신라의 화백 회의 같은 귀족 회의가 부족장 회의에서 비롯된 것입니다. 차츰 왕권이 강화되어가고 중앙 집권화가 이루어지면서 중앙 집권적 고대 국가로 성장하게 됩니다. 이때에는 왕위 세습, 율령 반포, 중앙 관제와 지방 제도 정비, 관리의 복색 제정, 유학에 바탕을 둔 학교 설립, 불교 수용으로 사상 통일 등의 절차가 이루어지면서 왕권이 강대해지게 됩니다. 이러한 과정에서 고구려, 백제, 신라의 중앙 집권적 고대 국가와 연맹 왕국인 가야가 성립하여 발전하였습니다.

부여에서 내려온 주몽이 건국한 고구려는 산악 지대인 졸본에서 평야 지대인 국내성으로 도읍을 옮긴 후 차츰 발전하여 중앙 집권적 고대 국가로 발전하였습니다. 고구려는 태조왕 때부터 옥저를 정복하는 등 활발한 영토 확장과 고국천왕 때는 5부족제를 행정 단위의 5부제로 정비하는 등 국내외적으로 중앙 집권적 국가로 발돋움하게 되었습니다. 발전 과정에서 중국 여러 나라의 침입과 백제 근초고왕의 공격으로 국가적 위기를 맞기도 했지만, 소수림왕 때 중국 전진과 수교하고, 불교 수용, 태학 설립, 율령 반포 등의 정책을 시행하여 중앙 집권적 고대 국가의 틀을 갖추게 되었습니다. 이를 바탕으로 광개토 대왕과 장수왕은 만주와 한반도의 한강 중류까지 차지하는 대제국을 건설하였습니다.

한편 고구려에서 내려온 온조와 비류는 한강을 중심으로 새로운 국가를 건설했습니다. 온조를 중심으로 하는 집단은 서울 주변에, 그의 형인 비류를 중심으로 하는 집단은 인천 바닷가 주변에 자리를 잡았습니다. 온조 집단은 비류 집단을 흡수하면서 한강 주변의 강력한 국가로 성장하였습니다. 백제는 3세기 중엽 고이왕이 율령을 반포하고 중앙에 6좌평을 비롯한 관등제와 관리의 복색을 제정하면서 중앙 집권적 통치 기준을 마련하였습니다. 4세기 중엽에는 근초고왕이 마한의 남은 지역을 통합하여 지금의 호남 곡창 지대를 차지하였으며, 남동쪽으로는 가야의 세력권인 낙동강 유역까지도 진출하였습니다. 이어 고구려의 평양을 공격하여 고국원왕을 전사시키고 황해도 일대까지 세력을 뻗쳤습니다. 그러나 광개토 대왕과 장수왕의 침략으로 백제는 한성을 잃고 웅진(공주)으로 도읍을 옮기게 되었습니다. 국력이 쇠퇴하던 백제는 무령왕 때 22담로에 왕족을 파견하면서 차츰 국력을 회복하기 시작하였고, 6세기 성왕 때는 사비(부여)로 천도하여 중흥의 기틀을 마련하였습니다. 신라와 연합하여 고구려로부터 한강을 일시적으로 회복하기도 하였습니다. 그러나 신라 진흥왕의 배신으로 한강 하류 지역을 신라에게 빼앗겼습니다.

경주 일대에서는 철기 문화를 바탕으로 형성된 사로 6촌이 박혁거세 집단을 중심으로 사로국을 건국하고 주변 소국들을 정복해 나갔습니다. 초기에는 박, 석, 김의 3성이 교대로 왕위를 차지하였으나 4세기 후반 내물왕 때에 이르러 중앙 집권적 고대 국가의 틀을 잡기 시작하였습니다. 내물왕은 진한 지역을 거의 정복하였고, 김씨의 왕위 세습권을 확립하였습니다. 그리고 거서간(군장) - 차차웅(제사장) - 이사금(연장자)으로 불리어 오던 지배자의 칭호를 왕의 성격을 가진 마립간(대군장)으로 바꾸었습니다. 한편 이 시기에 낙동강 쪽으로 진출하다가 가야·왜 연합군의 공격을 받자 고구려 광개토 대왕에게 도움을 청하여 이를 물리쳤습니다. 그 대가로 고구려에게 간섭을 받기도 하였습니다. 그러나 6세기 지증왕과 법흥왕을 거치면서 중앙 집권적 고대 국가를 완성한 신라는 이어 진흥왕 때 한강 유역을 장악하면서 전성기를 맞았습니다. 남으로는 대가야를 정복하여 낙동강 유역을 차지하였으며, 북으로는 동해안을 따라 함흥평야까지 진출하였습니다. 진흥왕의 영토 확장은 그가 세운 4개의 순수비를 통해서도 알 수 있습니다. 그러나 이러한 진흥왕의 정복 활동은 고구려와 백제가 동맹을 맺고 견제하는 상황을 불러 왔습니다.

삼국이 한강 유역을 확보한 시기는 곧 전성기였습니다. 백제는 원래 한강 유역에서 시작하였지만 4세기 근초고왕 때 한강 유역 전체를 확보하는 전성기를 맞이하였습니다. 반면 고구려는 5세기 장수왕 때, 신라는 6세기 진흥왕 때 한강 유역을 장악하면서 전성기를 맞았습니다. 그렇다면 삼국은 왜 한강 유역을 둘러싸고 다투었을까요? 한강 유역은 평야 지대로 식량이 풍부하고 남한강과 북한강을 통한 수로 교통의 요지였습니다. 뿐만 아니라 황해를 통해 중국으로 가는 최단 경로이기도 하였습니다. 따라서 한강 유역을 차지한 국가가 다른 두 국가보다 우위에 서게 되는 것이었습니다.

한편 남부 지방에도 철기 문화가 전파되면서 낙동강 유역에서는 여러 작은 국가들이 느슨하게 연합하여 변한을 형성하였습니다. 3세기 후반에 접어들면서 구야국을 중심으로 연맹 왕국의 성격으로 발전하였습니다. 낙동강 유역의 가야 연맹은 우수한 제철 산업과 해운 입지 조건을 바탕으로 주변국과 교역하며 성장하였습니다. 4세기 후반 가야 연맹은 금관가야를 중심으로 통합을 이룩하고, 백제와 왜 사이의 교역을 중계하며 발전하였습니다.

4세기 말에서 5세기 초에 신라의 확장 정책에 반발하여 가야 연맹은 왜의 군사를 동원하여 신라를 공격하였으나 고구려와 신라 연합군의 반격을 받아 낙동강 동쪽 영토를 상실하였습니다. 이에 전기 가야 연맹의 중심국이었던 금관가야가 크게 약화되면서 5세기 이후에는 안정된 농업 기반과 철광 개발을 바탕으로 급속히 성장한 고령의 대가야가 후기 가야 연맹의 중심이 되었습니다. 6세기에 접어들어 가야 연맹은 백제의 공격으로 약화되었고, 대가야는 신라와 결혼 동맹을 맺어 백제에 대항하기도 하였습니다(522). 그러나 얼마 후 금관가야가 신라에 투항하였고, 마지막까지 대항하던 대가야가 신라의 공격으로 멸망하면서 가야 연맹은 완전히 해체되었습니다(562).

고구려의 변화

태조왕	옥저 복속, 중국 한 공격
고국천왕	부족적 5부를 행정적 5부로 개편
미천왕	낙랑 공격, 대동강 유역 확보
소수림왕	불교 수용, 태학 설립, 율령 반포
광개토 대왕	만주 대부분 차지, 한강 이북 점령, 신라를 도와 가야·왜 연합군 격파
장수왕	평양 천도, 남진 정책 추진, 한성 점령

백제의 변화

고이왕	목지국 병합, 관등제 정비, 관리 복색 정비
근초고왕	마한 정복으로 남해안까지 진출, 황해도 일대 차지, 중국과 교류
동성왕	신라와 동맹 강화
무령왕	중국 남조와 교류, 22담로에 왕족 파견
성왕	사비 천도, 한강 하류 지역 일시 회복 → 관산성 전투로 전사

신라의 변화

내물왕	김씨 왕위 세습, 마립간 칭호 사용
지증왕	국호 '신라', 왕호 '왕' 칭호 사용, 우산국 정복
법흥왕	율령 반포, 불교 공인(이차돈 순교 계기), 연호 사용, 금관가야 병합
진흥왕	화랑도 개편, 한강 유역 차지, 대가야 정복, 함경도 지역 진출

가야의 변화

전기 가야 연맹	금관가야 주도 : 해상 교통 요지에 위치, 철 생산 → 고구려의 공격으로 쇠퇴
후기 가야 연맹	대가야 주도 : 중흥 노력 → 신라에게 멸망

03
신라의 삼국 통일과 발해의 건국

6세기 후반 분열된 중국을 수가 통일하면서 동아시아 정세에는 큰 변화가 나타났습니다. 중국을 통일한 수·당은 동아시아 패권을 장악하기 위하여 여러 차례 고구려를 공격하였습니다. 고구려가 당과 대립하는 사이에 신라는 관산성에서 전사한 성왕의 원수를 갚으려는 백제의 공격으로 어려움에 처했습니다. 신라는 고구려에 도움을 요청하였으나 거절당하자 당과 나·당 동맹을 맺었습니다. 나·당 연합군은 먼저 의자왕의 실정으로 혼란에 빠진 백제를 공격하여 멸망시키고(660), 이어 연개소문의 죽음으로 권력 다툼에 빠진 고구려도 멸망시켰습니다(668). 그러나 신라의 삼국 통일이 완성된 것은 아니었습니다. 당은 동맹 체결 때의 약속을 저버리고 백제와 고구려의 옛 땅에 각각 웅진도독부와 안동도호부를 설치하였으며, 심지어는 동맹을 맺은 신라에도 계림대도독부를 두어 한반도를 장악하려 하였습니다.

이에 맞서 신라는 백제 옛 땅의 80여 성을 함락하고 가림성을 공격하면서 나·당 전쟁을 일으켰습니다. 백제 유민과 고구려 유민들과도 손을 잡고 당에 대항하였습니다. 당은 20만 명의 군대를 동원하여 신라를 공격하였으나 매소성 전투와 기벌포 해전에서 신라에게 패배하였습니다. 결국 당은 안동도호부를 요동 지방으로 옮기고 물러갔습니다. 이로써 신라는 당군을 몰아내고 삼국 통일을 완성하였습니다(676).

한편 고구려 멸망 이후 당은 고구려 유민 중 많은 사람을 요서 지역으로 이주시켜 지배하였습니다. 고구려 유민들은 끊임없이 당에 저항하였습니다. 7세기 말에 요서 지역에서 거란이 봉기하여 당의 지배력이 약화되자 대조영은 고구려 유민과 말갈인을 이끌고 동모산 근처에서 발해를 세웠습니다(698). 이로써 삼국 시대가 끝나고 남북국 시대가 이루어졌습니다.

04
통일 신라의 발전과 쇠퇴

　진골 출신으로 왕위에 오른 태종 무열왕과 그 뒤를 이은 문무왕이 삼국 통일을 완성하면서 신라의 왕권은 더욱 강화되어갔습니다. 다른 진골 귀족들의 반발을 억누르기 위해 문무왕의 뒤를 이은 신문왕은 김흠돌의 난을 진압하여 왕권을 견고히 하였습니다. 한편 통일 신라는 넓어진 영토와 늘어난 인구를 효과적으로 통치하기 위해 여러 제도를 정비하였습니다.

　중앙 행정 조직에서는 화백 회의의 상대등보다 왕의 직속 기관인 집사부의 시중을 중심으로 정치를 운영하였습니다. 또한 감찰 기구인 사정부를 설치하여 관리를 감찰하였습니다. 이로써 귀족 합의 기구인 화백 회의의 권한은 축소되었고, 왕권은 더욱 강화되었습니다. 한편 신문왕은 관료에게 관료전을 지급하였으며, 이후 녹읍을 폐지하고 녹봉을 지급하여 귀족 세력의 경제적 기반을 약화시켰습니다. 점차 토지 제도가 정비되면서 성덕왕 때는 백성에게 정전을 나누어 주게 되어 경제적인 부분에서의 왕권도 강화되었습니다.

　넓어진 영토를 효율적으로 다스리기 위해 지방을 5주 2소경 체제에서 9주 5소경 체제로 정비하였습니다. 전국을 9주로 나누고 그 밑에 군과 현을 두어 지방관을 파견하고 외사정을 보내 지방관을 감찰하였습니다. 군현 아래의 촌은 토착 세력인 촌주가 다스리게 하였습니다. 한편 백제와 고구려 유민들을 포함한 지방 세력을 견제하기 위해 지방 세력의 자제를 일정 기간 수도에 올라와 있게 하는 상수리 제도를 시행하였습니다.

　지방의 중심지에는 5소경을 설치하여 일부 중앙 귀족이나 고구려, 백제, 가야의 유민을 이주시켰습니다. 이를 통해 지방 세력을 회유하고 통제하면서 수도인 금성(경주)이 나라의 동남쪽에 치우친 약점을 보완하였습니다.

　군사 조직은 9서당과 10정을 중심으로 정비하였습니다. 중앙군인 9서당은 민족 융합을 꾀하기 위해 신라인뿐 아니라 옛 고구려·백제·말갈인까지 포함하여 구성하였습니다. 지방군인 10정은 각 주에 1정씩 배치하고, 국경 지역인 한주에는 2정을 배치하여 국방과 9주 5소경의 지방 치안을 담당하게 하였습니다.

통일 신라는 백성에게 조세, 공물, 역을 부과하였습니다. 토지에 조세를 부과하였으며 지역의 특산물을 공물로 거두었습니다. 16세에서 60세까지 남자에게는 군역 등 역을 부과하였습니다. 통일 신라는 농민을 철저하게 파악하고 세금을 정확하게 거두기 위해 신라 촌락 문서를 작성하였습니다. 비록 고구려 영토를 상실했지만 신라의 입장에서는 영토가 넓어진 만큼 효율적인 제도 정비가 필요했던 것입니다. 이로써 정치 제도와 국가 재정을 튼튼히 하여 통일 이후 상당 기간 신라는 안정적 체제를 유지하였습니다.

그러나 8세기 후반에 이르러 무열왕계의 정권 장악력이 떨어지면서 신라의 왕권이 흔들리기 시작하였습니다. 혜공왕이 피살된 뒤 중앙 진골 귀족 사이에서 왕위 쟁탈전이 일어나면서 신라는 150여 년간 20명의 왕이 교체되는 혼란에 빠졌습니다. 지방에서도 김헌창 등이 반란을 일으키면서 중앙 정부의 지방 통제력이 더욱 약화되었습니다. 이런 가운데 농민은 중앙 정부와 지방 세력가에게 이중으로 수탈당했고, 이에 전국 각지에서 농민들이 봉기하여 신라 사회는 더욱 혼란스러워졌습니다.

이를 틈타 신라 각지에서는 군사력을 바탕으로 스스로를 성주, 장군이라 칭하는 호족 세력이 등장하였습니다. 이들은 중앙에서 밀려난 귀족, 촌주 혹은 지방에 주둔한 장군 등이 성장하여 이룬 세력으로, 신라 사회에 불만을 품은 6두품 계열의 지식인, 선종 승려와 함께 새로운 사회를 건설하고자 하였습니다. 그중 대표적인 인물이 견훤과 궁예였습니다. 지방 군사 세력이었던 견훤은 완산주(전주)에 도읍을 정하면서 후백제를 세웠고(900), 궁예는 북원(원주) 지방의 도적 집단을 바탕으로 성장하여 송악(개성)에 도읍을 정하고 후고구려를 세웠습니다(901). 이로써 천년 신라는 무너지고 후삼국이 이루어지게 된 것입니다.

신라의 삼국 통일

중국 통일	• 분열된 중국을 수가 통일 → 고구려 공격 → 고구려의 방어(살수대첩) • 수를 이어 당 건국 → 고구려 공격 → 고구려의 방어(안시성 대첩)
나·당 동맹	백제의 신라 공격 → 신라의 구원 요청을 고구려가 거절 → 나·당 동맹 → 백제 멸망 → 고구려 멸망
삼국 통일	당의 야욕(웅진도독부, 안동도호부, 계림대도독부) 설치 → 신라의 매소성·기벌포 전투 승리 → 신라의 삼국 통일

통일 신라의 발전

중앙 행정	• 집사부 시중의 권한 강화 → 귀족 세력인 화백과 상대등의 약화 • 사정부(중앙), 외사정(지방) 설치 → 관리 감찰
지방 제도	• 9주 5소경 체제 정비 : 지방관 파견 • 5소경 : 지방 세력 회유·통제 및 수도의 치우친 약점 보완 목적 　→ 지방 정치와 문화의 중심지로 발전
군사 제도	• 9서당 : 중앙군, 민족 융합 정책 • 10정 : 지방군, 각 주에 1정씩(국경 지대인 한주에는 2정 설치)
토지 제도	• 관료전 지급 및 녹읍 폐지 : 신문왕 → 왕권 강화(8세기 이후 　왕권 약화되면서 녹읍 부활) • 정전 지급 : 성덕왕
세금 제도	• 조세·공물·역 부과 • 신라 촌락 문서 작성 : 세금을 정확히 걷기 위한 목적

통일 신라의 쇠퇴

신라의 동요	• 혜공왕 피살 이후 왕위 쟁탈전 전개 → 지방 통제력 약화 　→ 농민 봉기 빈발 • 호족 등장 : 6두품, 선종 승려와 새로운 사회 건설 추구
후삼국 성립	• 후백제(견훤) : 완산주(전주)를 도읍으로 건국 • 후고구려(궁예) : 송악(개성)을 도읍으로 건국 　→ 마진·태봉으로 국호 변경, 철원으로 천도

05
발해의 발전과 쇠퇴

대조영의 뒤를 이은 무왕은 적극적으로 영토 확장에 나섰습니다. 무왕이라는 왕호에서 알 수 있듯 이 시기에는 무력으로 영토를 크게 확장한 시기입니다. 발해의 성장에 위기를 느낀 당이 주변 말갈 민족과 손을 잡고 압박해 오자 발해는 당의 산둥 지방을 공격하기도 하였습니다. 그러나 당이 쇠퇴하고 발해가 어느 정도 고구려의 옛 영토를 수복한 즈음에 즉위한 문왕은 당과 친선 관계를 맺고 당의 문물과 제도를 수용하여 체제를 정비하였습니다. 건국 초기에는 고구려의 제도를 바탕으로 중앙 정치를 운영하였습니다. 그러나, 문왕은 당의 제도와 문물을 받아들여 3성 6부를 중심으로 하는 중앙 통치 제도를 마련하였고, 지방은 5경 15부 62주로 정비하였습니다. 전략적 요충지에는 5경을 두었고, 지방 행정 중심지나 교통의 중심지에 15부와 62주를 두고 지방관을 파견하여 다스렸습니다.

발해는 9세기 초 선왕 때 이르러 전성기를 맞이하였으며 이 시기에 서쪽으로는 랴오허강, 동북쪽으로는 헤이룽장강까지 영역이 확대되었습니다. 이런 까닭으로 중국에서는 발해를 해동성국(海東盛國 : 바다 동쪽에 아주 번성한 나라)으로 부르기도 했습니다. 그러나 발해는 9세기 말 이후 내분 등으로 국력이 쇠퇴하면서 거란의 침략으로 멸망하고 말았습니다(926).

중국은 동북공정을 시행하기 이전부터 발해가 자신들의 국가라고 주장해 왔습니다. 그러나 발해는 건국 초기부터 중국과는 달리 고구려를 계승했다는 점을 뚜렷이 하였습니다. 일본에 보낸 외교 문서에서 발해왕은 스스로 고려(고구려)왕이라 하였고, 일본에서도 발해를 고려(고구려)라고 불렀습니다. 또한 무덤에서 천장의 모줄임 구조와 온돌이나 기와 같은 유물·유적에서도 발해가 고구려를 계승하고 있음을 보여주고 있습니다.

남북국 시대라고 불러야 하는 이유

신라가 삼국을 통일한 이후 시기를 어떻게 불러야 할지 고민이 많습니다. 이 시기를 단순히 통일 신라 시대라고 부르면 발해의 한국사 포함 여부가 불분명해지기 때문입니다. 또한 단순하게 통일 신라 시대 속에 포함하여 발해를 파악하면 발해사가 가지고 있는 독립성이 훼손되기 때문입니다.

고려 시대에는 발해 유민을 받아들인 재통일 과정을 겪었으면서도 발해의 역사를 남겨야겠다는 의식은 약했습니다. 조선 전기에 《고려사》, 《고려사절요》, 《동국통감》 등 많은 역사서가 편찬될 때도 발해사에 대한 부분은 없었습니다.

조선 후기에 접어들어 국학 연구가 확산되면서 실학자인 유득공이 비로소 《발해고》라는 책에서 발해사를 정리하였고, 한편 이 시기를 '남북국 시대'라는 용어로 불렀습니다. 통일 신라를 남국, 발해를 북국으로 파악해 우리 민족에게 두 개의 국가가 존재했다고 본 것입니다.

이후 한동안은 발해사를 우리 역사서에 넣기는 하였으나 남북국 시대라는 표현보다는 통일 신라 시대라는 이름으로 끼워 넣은 것에 불과하였습니다. 1990년 이후 '남북국 시대'라는 표현이 점차 확산되었고 역사 교과서에서도 '남북국 시대'와 '통일 신라 시대'가 혼용되어 사용되어 왔습니다. 통일 신라 시대라고 불러야 한다는 의견이 여전히 역사학계에도 존재하고 있으며, 북한·중국·일본에서는 남북국 시대라는 용어에 대하여 회의적인 태도를 보이고 있습니다.

그러나 8세기에서 10세기 전반에 이르는 한국사 시기에 신라와 발해를 모두 포함하려면 '남북국 시대'를 사용하는 것이 가장 적합합니다. 그 이유로는 발해가 통일 신라에 비교될 만큼 독립적이고 우리 민족 중심의 국가이기 때문입니다. 또한 통일 이후 신라에서는 최치원이 발해를 '북국'이라 불렀기 때문에 당시의 명칭에서 유래한 용어를 사용하는 것이 당연하다고 할 것입니다.

발해는 한국사의 한 부분입니다. 발해사를 한국사에 포함하는 근거는 발해와 고구려의 관련성이 크기 때문입니다. 발해를 세운 대조영은 고구려 출신이며, 지배계층의 대부분은 고구려 출신이었습니다. 또한 발해 무왕은 일본에 보낸 국서에서 "여러 번국을 아우르게 되어 고구려의 옛 터전을 되찾고 부여의 풍속을 소유하게 되었다"라고 밝혔습니다. 이 밖에 일본, 중국 등에 남아 있는 여러 기록에서도 발해 왕실이 고구려 계승 의식을 가지고 있었고, 당시 일본이나 중국에 서도 발해가 고구려를 계승한 나라임을 인식하고 있었음을 확인할 수 있습니다.

고고학적 증거도 발해가 고구려를 계승했다는 사실들을 보여주고 있습니다. 정혜 공주 무덤은 대형 굴식 돌방무덤으로서 모줄임 구조와 같은 천장 구조의 고구려 양식을 계승하고 있습니다. 또한 발해 지방 유력층의 다인장(多人葬) 고분은 소형 굴식 돌방무덤으로서 역시 고구려 유민의 것이라고 볼 수 있습니다. 그 외에도 온돌 구조와 궁궐 등의 지붕 양식들도 대부분 고구려 양식을 계승했습니다.

발해의 성립과 변천

고왕(대조영)	동모산 근처에서 발해 건국(698)
무왕	적극적 영토 확장(당의 산둥 지방 공격)
문왕	당·신라와 친선 관계 유지, 문물 정비(3성 6부제)
선왕	전성기(해동성국으로 불림)
멸망	926년 거란의 침략으로 멸망

06
고대 사회의 천신 신앙과 불교의 전래

초기의 삼국 왕실은 천신 신앙을 바탕으로 국가를 통합하려 하였습니다. 삼국의 왕실은 동명왕(주몽), 온조, 박혁거세와 같은 시조를 하늘과 연결하여 천신의 자손임을 자처하고, 국가 차원의 제천 행사를 주도하여 권위를 과시하였습니다.

고구려에서는 매년 10월에 동맹이라는 제천 행사를 개최하였으며, 백제와 신라의 왕실 역시 자신들이 천신의 후손임을 강조하고 제천 행사 의례를 통해 연맹체를 통합하였습니다. 그러나 삼국 초기에는 연맹체를 구성하는 각 부족도 나름의 시조신을 모시고 있었기 때문에 건국 신화로 국가를 통합하는 데는 한계가 있을 수밖에 없었습니다. 이에 따라 삼국은 중앙 집권 체제를 확립해 가는 과정에서 백성을 통합할 수 있는 새로운 종교가 필요하였습니다. 가장 고등 종교로는 중국으로부터 수용한 불교가 있었고, 이에 삼국은 왕실을 중심으로 불교를 수용하였습니다.

고구려는 소수림왕 때 전진에서, 백제는 침류왕 때 동진에서 불교를 수용하였으며, 신라는 이전에 들어온 불교를 법흥왕 때 이차돈의 순교를 계기로 공인하였습니다. 삼국의 왕실은 각지에 불교 사찰을 세우고, 불교 행사를 국가 차원에서 성대하게 열어 왕실의 권위를 높이려 하였습니다. 불교의 교리 중에서 '왕이 곧 부처'라는 왕즉불 사상과 현생의 지위는 전생에서 비롯되었다는 '업설' 등을 통해 불교는 왕권을 이념적으로 뒷받침하고, 지배층의 통치를 합리화하는 종교로 자리를 잡았습니다. 또한 불교는 상당히 개방적인 종교였으므로 천신 신앙, 산신 신앙 등 기존의 토착 신앙과 융합되면서 점차 백성들에게도 확산되었습니다.

삼국 통일 이후 신라에서는 원효와 의상 등 여러 승려가 등장하여 불교 교리에 대한 이해를 증진시켰으며 일반 백성에게도 불교를 널리 전파하였습니다. 특히 원효는 '모든 것이 오직 한마음에서 비롯된다'라는 일심 사상을 내세워 여러 종파로 나뉘어 논쟁하던 불교를 조화롭게 승화시키려는 화쟁 사상을 강조하였습니다. 또한 백성들에게 불교의 깊은 교리를 몰라도 '나무아미타불'만 암송하면 극락에 갈 수 있다는 아미타 신앙을 내세워 불교를 대중화하는 데 힘썼습니다. 의상은 당에서 화엄학을 공부하고 돌아와 '모든 것이 서로 연관되어 조화를 이룬다'라는 화엄 사상을 바탕으로 해동 화엄종을 개창하고 많은 제자를 길러 신라 불교 발전에 기여하였습니다. 한편 혜초는 중앙아시아와 인도 지역의 다섯 천축국을 순례한 뒤 《왕오천축국전》이라는 저술을 남겼습니다.

신라 말기에는 불교의 종파 중에서 선종과 더불어 풍수지리설이 도입되었습니다. 선종은 도입 초기에 신라 왕실의 지원을 받았으나, 참선으로 깨달음을 얻을 수 있다고 하는 교리가 호족에게 큰 호응을 얻으면서 점차 호족과 결합하였습니다. 중앙 귀족과 연결된 교종과는 달리 선종은 신라 말 호족을 사상적으로 지원하기도 하였으며, 선종 사찰은 지방의 문화 중심지로 성장하였습니다. 선종은 주로 선을 바탕으로 깨달음을 얻는 종파이고, 교종은 경전 연구를 통해 깨달음을 얻는 종파입니다.

또한 산이나 땅, 하천 등의 모양이 인간의 운명에 영향을 끼친다는 풍수지리설도 유행하였습니다. 풍수지리설은 금성(경주) 중심의 사고에서 벗어나 지방도 명당이 될 수 있다고 주장하여 선종과 함께 호족의 사상적 기반이 되었습니다.

한편 발해도 지배층을 중심으로 불교문화가 발전하였습니다. 사실 이 시기에는 불교만한 고등 종교가 없었기 때문에 불교 수용은 당연한 결과였습니다. 발해 역시 왕권을 뒷받침할 목적으로 장려되었습니다. 발해에도 5경에 많은 사찰이 건립되었고 무덤 위에 탑을 세우기도 하였습니다.

천신 신앙

의미	하늘 자체를 신격화하거나 하늘에 있는 초인적 힘을 신격으로 믿는 신앙
영향	• 삼국의 왕실에서 시조를 하늘의 자손으로 연결하여 천신 신앙 강조 • 제천 행사를 통하여 부족을 통합하려고 노력(고구려 동맹 등)
한계	각 부족도 나름대로의 시조신을 가지고 있어서 완전한 국가 통합을 이루기에는 무리

불교의 수용

배경		중앙 집권 체제를 확립하는 과정에서 백성을 왕권 아래 통합할 수 있는 새로운 종교의 필요성
수용(공인)	고구려	소수림왕 때 전진에서 수용
	백제	침류왕 때 동진에서 수용
	신라	법흥왕 때 이차돈의 순교로 공인
전개		대규모 불교 사찰 건립, 불교 행사 전개, 왕실에서 불교식 이름 사용 (법흥왕, 진흥왕 등)
영향		• 지배층의 통치를 합리화하는 종교로 정착(왕즉불, 업설 등) • 천신 신앙, 산신 신앙 등 기존 토착 신앙과 융합되어 더욱 확산

통일 신라의 승려

원효	• 일심 사상을 바탕으로 한 화쟁 사상 강조 • 아미타 신앙으로 불교 대중화
의상	• 당 유학 후 해동 천태종 개창(화엄 사상) • 제자 양성 및 부석사 등 사찰 건립
혜초	《왕오천축국전》 저술

선종과 풍수지리설

선종	• 신라 말에 유행 • 도입 초기에는 왕실의 지원을 받았으나 차차 지방 호족에게 호응을 얻어 호족과 결합 • 선종 사찰은 지방 문화의 중심지로 성장
풍수지리설	• 의미 : 산과 땅, 하천 등의 모양이 인간의 운명에 영향을 끼친다는 사상 • 선종과 함께 호족의 사상적 기반으로 성장

07
고대 사회의 유학과 도교

중국에서 들어온 유학도 삼국의 정치뿐 아니라 문화와 사상에 많은 영향을 끼쳤습니다. 삼국은 유학을 정치 이념으로 삼아 국가 체제를 정비하고, 국가에 충성하는 인재를 키우려 하였습니다. 유학에서 강조하는 충·효 정신이 왕권을 강화하는데 큰 도움이 되었기 때문이었습니다.

고구려는 소수림왕 때 중앙에 태학을 설립하고 귀족 자제에게 유학을 가르쳤고, 지방에는 경당을 두어 평민 자제에게 유학과 활쏘기를 가르쳤습니다. 백제는 오경 박사(유학의 5경인 시경·서경·주역·예기·춘추를 가르치는 학자)를 두어 유교 경전을 가르쳤으며, 일본에 학자를 보내 《논어》 등의 유교 경전을 전해주었습니다. 또한 충과 효를 강조한 세속 5계, 임신서기석의 내용에서 신라에도 유학이 수용되었음을 알 수 있습니다.

한편 학문이 발달하고 중앙 집권 체제가 확립되면서 삼국은 역사서를 편찬하여 왕의 권위를 높이고 국력을 과시하려 하였습니다. 아무래도 국력이 강해지면 다른 나라에 자랑하고 싶기 때문이죠. 이에 따라 다양한 역사서가 편찬되었으나 현재는 전하지 않습니다.

삼국 통일 이후 신라에서도 왕권 강화와 체제 안정을 위해 유학을 장려하였습니다. 신문왕은 국학을 설치하여 유학을 교육하였으며, 원성왕은 유교 경전을 이해한 정도에 따라 관리를 채용하고자 독서삼품과를 마련하였습니다. 이 시기 6두품 세력은 학문적 능력을 바탕으로 왕에게 정치적 조언을 하고 실무를 담당하여 왕권을 뒷받침하였습니다.

유학의 장려로 삼국 통일 무렵에는 여러 문장가와 유학자가 배출되었습니다. 강수는 외교 문서 작성에 능하였으며, 원효의 아들인 설총은 한자의 음과 뜻을 빌려 우리말을 표기하는 이두를 정리하고 유학 경전 보급에 힘썼습니다. 삼국 통일 이후에는 많은 신라인이 당으로 건너가 유학을 공부하였으며, 당의 외국인을 위한 과거제인 빈공과에 합격하는 인물도 많았습니다. 특히 최치원은 당의 유학자와 교류하며 학문을 깊이 연구하였고, 문장으로 이름을 떨쳤습니다. 당에서 빈공과에 합격한 후, 황소의 난이 일어나자 토벌을 지원하기 위해 지은 '토황소격문'은 명문으로 유명하였습니다. 한편 진골 출신인 유학자 김대문은 《화랑세기》 등을 지어 신라 전통을 주체적으로 인식하려 하였습니다.

발해도 유교를 정치 이념으로 수용하여 중앙 집권 체제를 강화하고자 하였습니다. 주자감을 설치하여 유교 경전 교육을 강화하였고, 중앙 통치 기구인 6부의 명칭에는 유교 덕목을 붙였습니다. 또한 당에 유학생을 파견하여 빈공과 합격자를 많이 배출하였으며, 당의 문물을 수용하려 노력하였습니다.

한편 중국에서 생겨난 도교도 삼국에 수용되어 영향을 끼쳤습니다. 도교는 산천 숭배 사상이나 신선 사상과 결합하여 삼국에 받아들여졌으며, 특히 고구려와 백제에서 귀족을 중심으로 유행하였습니다. 고구려는 도교의 영향을 받은 사신도 등의 고분 벽화를 남겼습니다. 고구려의 연개소문은 귀족과 연계된 불교 세력을 억누르기 위해 기존의 불교 사찰을 도교 사원으로 바꾸고 도교를 장려하기도 하였습니다. 백제는 각종 벽돌이나 백제 금동 대향로 등에 도교적 이상 세계와 신선의 모습을 새겼습니다.

한국사 쉬어가기 · 고대 국가의 유교와 도교 문화

임신서기석(국립경주박물관)
신라 진평왕 34년(612)의 것으로 추정되며, 두 화랑이 《시경》, 《상서》, 《예기》, 《춘추좌씨전》을 3년 안에 습득하기로 맹세한 내용이 새겨져 있어 신라에서도 유교가 유행하였음을 알 수 있다.

삼묘리대묘북벽현무도모사
고구려인들은 무덤 안 벽에 동서남북을 수호하는 사신도(청룡, 백호, 주작, 현무)를 그려 넣기도 하였다. 거북과 뱀이 엉킨 형태의 현무는 북쪽 방위신이다.

삼국의 유학 수용

목적		국가 체제의 정비와 국가에 충성하는 인재 양성
발전	고구려	중앙에 태학, 지방에 경당을 세워 유학 교육
	백제	5경 박사를 등 유학 교육. 일본에 유교 경전 전파
	신라	임신서기석(유교 경전 습득을 맹세한 두 청년의 맹세를 새긴 비석), 세속 5계(원광법사)

통일 신라의 유학

목적	삼국 통일 이후 왕권 확립과 체제 안정
국학	신문왕 때 설치, 유학 교육
독서삼품과	원성왕 때 마련, 유교 경전 이해도에 따라 관리 선발 → 진골 귀족의 반발로 큰 성과 거두지 못함
6두품 세력	학문적 능력을 바탕으로 왕에게 정치적 조언, 행정 실무 담당 → 신라 말에 반신라적 태도
유학자	• 강수 : 외교 문서 작성 탁월 • 설총 : 이두 정리 및 유학 경전 보급 • 김대문 : 신라의 자주적 인식을 확립한 유학자(《화랑세기》 등 저술) • 최치원 : 당에 유학하여 빈공과 합격

도교의 전래

도입	산천 숭배 사상, 신선 사상과 결합, 고구려와 백제의 귀족 중심으로 발달
발전	• 고구려 : 돌식 굴방무덤의 벽화인 사신도, 연개소문이 귀족과 연결된 불교 세력을 억압하기 위하여 장려 • 백제 : 산수무늬 벽돌, 백제 금동 대향로(도교적 이상 세계 조각)

선사 시대의 문화유산

고분

고구려 돌무지무덤(장군총)

굴식 돌방무덤 구조도

서울 석촌동 고분군

신라 돌무지덧널무덤 구조도

불상

서산 용현리 마애여래 삼존불(백제)

경주 석굴암 본존불상(통일신라)

탑

익산 미륵사지 석탑(백제)

부여 정림사지 오층석탑
(백제)

경주 분황사 모전 석탑(신라)

경주 불국사 3층 석탑(신라)

08
고려의 성립

후삼국이 각축하던 시기에 후고구려에서 왕건이 궁예를 몰아내고 신하들의 추대를 받아 왕위에 올랐습니다. 왕건은 고구려를 계승한다는 의미로 나라 이름을 '고려'라 하였고(918), 다음 해에 송악(개성)으로 수도를 옮겼습니다. 원래 후고구려도 송악에서 건국하였지만 궁예가 나라 이름을 마진으로 바꾸면서 철원으로 수도를 옮겼습니다. 철원에서 나라 이름을 다시 태봉으로 바꾸기도 하였습니다.

태조는 즉위 이후 신라에 우호적인 정책을, 후백제에 대해서는 강경한 정책을 펼쳤습니다. 이에 신라의 경순왕은 더 이상 버틸 힘이 없다는 것을 자각하고 항복하여 전쟁 없이 신라를 통합하였습니다(935). 다음 해에는 왕위 계승 문제로 내분이 일어난 후백제를 공격하여 멸망시키고 후삼국을 통일하였습니다(936). 또한 거란에 멸망한 발해 유민도 적극적으로 포용하여 고려는 후삼국과 발해 유민까지 포함한 민족의 재통합을 이루었습니다.

고려는 태생적으로 호족 연합 정권이었으므로 왕권이 강하지 못하였습니다. 태조 왕건이 힘으로 호족들을 통합한 것이 아니라 회유와 포섭으로 통합하였기 때문이었습니다. 태조는 고려 건국을 위해 29명의 호족 집안의 여자들과 결혼하였습니다. 왕건의 이러한 혼인 정책은 호족들의 연합체 성격이 짙었던 고려 초기의 상황에서 정국을 안정시키고 중앙 집권적인 지배 체제를 유지하기 위한 방편에서 이루어졌습니다. 당시 고려는 통일국가의 모습을 갖추고는 있었지만 각 지방마다 사병들을 거느린 호족들이 독자적인 세력을 강력하게 형성하고 있었습니다. 따라서 왕건의 혼인 정책은 호족들과 인척 관계를 형성하여 정국을 안정시키면서 하나의 통일국가를 이룩해 나가는 과도기적 성격을 가지게 된 것이었습니다.

그러나 왕건의 혼인 정책은 왕건이 살아있었을 때는 나라의 안전판 역할을 하였지만 왕건이 죽은 후에는 그의 수많은 부인들 사이에서 태어난 25명이나 되는 왕자들 때문에 외척들이 개입하여 격렬한 왕권 투쟁이 일어났습니다. 혜종과 정종이 얼마 재위하지 못하고 죽은 후 광종부터 호족과 개국 공신들의 간섭을 벗어나기 위하여 왕권 강화 정책이 실시되었습니다. 특히 성종 대에는 유교 이념을 도입하여 호족 대신 신라 출신 6두품 유학자 출신들이 과거를 통해 대두하였고, 이들이 대대로 관료를 지내면서 문벌을 형성하게 되었습니다. 다시 왕권이 약화되어 갔던 것입니다. 그 과정은 다시 다루기로 하고 태조 때부터 성종에 이르는 기간의 각 왕들의 업적을 살펴보겠습니다.

태조는 유력한 호족 가문과 혼인을 하거나 성씨를 하사하는 등 호족을 우대하는 한편, 호족들에게 자신의 세력 지역을 책임지게 하는 사심관 제도와 일종의 인질 제도인 기인 제도를 실시하여 호족을 통제하고 지방 통치를 보완하였습니다. 또한 민생 안정을 위해 백성의 조세 부담을 줄이고 빈민 구제 기관인 흑창을 설치하였으며, 후대 왕에게는 훈요 10조를 남겨 통치의 교훈으로 삼게 하였습니다. 대외적으로는 고구려 계승 의식을 바탕으로 북진 정책을 추진하여 고구려의 수도였던 평양을 수복하고 서경으로 삼아 중시하였습니다. 그리고 북쪽으로 영토를 넓혀 청천강 유역까지 진출하였으며, 발해를 멸망시킨 거란에 대해서는 적대적인 관계를 유지했습니다.

태조가 죽은 뒤 왕위 계승을 둘러싸고 외척 세력 사이에 치열한 다툼이 일어나 불안정한 정치 상황이 전개되었습니다. 이러한 상황에서 왕위에 오른 4대 왕인 광종은 호족과 외척 세력을 억누르고, 왕권 강화 정책을 추진하였습니다. 광종은 불법적으로 노비가 된 사람을 해방하는 노비안검법을 시행하였습니다. 그 결과 양인의 수가 증가하여 국가 재정 기반이 확충되었고, 반면 공신과 호족의 경제·군사적 기반은 약화되었습니다. 또한 과거제를 도입하여 유교적 소양을 갖춘 관리를 등용하였고, 관리들의 복장인 공복을 제정하여 관리의 위계를 세웠습니다. 그리고 수많은 공신과 호족 세력을 숙청하여 왕권을 강화하였습니다. 이러한 정책을 바탕으로 왕권이 강화되고 정치가 안정되면서 황제 칭호와 '광덕', '준풍' 등 독자적 연호를 사용하였습니다. 또한 개경을 '황도'로 칭하는 등 고려가 황제국이라는 것을 대내외적으로 드러내 왕의 권위를 과시하였습니다.

토지 제도인 전시과를 실시한 경종에 이어 왕위에 오른 성종은 최승로의 시무

28조의 건의를 받아들여 유교 정치 이념을 바탕으로 중앙과 지방의 통치 체제를 정비하였습니다. 중앙 통치 기구는 기존의 제도를 바탕으로 중국의 제도를 수용하여 2성 6부제로 정비하였으며, 지방에는 12목을 설치하고 처음으로 지방관을 파견하였습니다. 태조 때의 사심관은 중앙 고위 관료를 자기 출신 지역의 사심관으로 삼았던 것으로 지방관의 개념은 아니었습니다. 또한 중앙의 국자감을 정비하고, 지방에는 경학박사를 파견하는 등 유학 교육을 장려하였습니다. 이로써 지방 호족 연합으로 세워진 고려가 중앙 집권 체제로 변화하게 되었고, 왕권도 상당 부분 강화되었습니다.

고려 초기 국가 기틀 확립 과정

태조	• 민생 안정 : 세금 인하, 흑창(빈민 구제 기관) 설치 • 호족 통합·견제 : 혼인 정책, 왕씨 성 하사, 사심관 제도와 기인 제도 실시 • 북진 정책 : 서경 중시, 영토 확장(청천강까지 확보) • 훈요 10조 : 후대 왕에게 정책 방향 제시
광종	• 노비안검법 시행 : 공신 및 호족 세력의 경제력과 군사력 약화 및 국가 재정 기반 강화 위한 목적 • 과거제 실시 : 학문적 소양을 갖춘 신진 관료 등용 • 공신 및 호족 세력 숙청, 황제라 칭하고 독자적 연호 사용(광덕, 준풍)
성종	• 최승로의 시무 28조 수용 • 체제 정비 : 중앙 관제 마련, 국자감 정비, 지방에 12목 설치 및 지방관 파견, 향리 제도 마련

09
고려의 통치 체제 정비

　고려는 중국의 3성 6부제를 실정에 맞게 수용하여 중서문하성과 상서성의 2성과 6부를 중심으로 중앙 정치 체제를 운영하였습니다. 그리고 중서문하성의 낭사(간관)와 특별 감찰 기구인 어사대의 대관을 합쳐 대간을 설치하고, 왕과 관리의 잘못을 지적하거나 관리의 임명과 해임에 동의할 수 있도록 하여 권력의 견제와 균형을 꾀하였습니다. 국방 문제를 논의하는 도병마사와 새로운 제도의 시행 규칙을 제정하는 식목도감 같은 고려만의 독자적인 정치 기구도 두었습니다. 이 두 기구는 중서문하성의 고위관료인 재신과 중추원의 고위 관료인 추밀(합쳐서 재추)로 구성되었는데, 고려만의 특징 있는 중앙 정치 기구였습니다.

　고려 초기에는 호족의 세력이 강하여 정부가 지방을 제대로 통제하지 못하였습니다. 성종 때 처음으로 12목을 설치하여 지방관을 파견하였고, 향리제를 정비하여 호족을 향리로 삼았습니다. 현종 때는 전국을 5도 양계로 나누고, 그 밑에 군현과 진을 설치하였습니다. 군현에는 지방관이 파견된 주현과 파견되지 않은 속현이 있었으며, 특수 행정 구역으로 향·부곡·소 등을 두었습니다. 속현과 특수 행정 구역은 주현에 파견된 지방관이 그 지역 향리의 도움을 받아 다스렸습니다. 이밖에 수도 주변에 설치한 경기와 풍수지리설에 따라 설치한 3경(개경·서경·동경, 나중에 동경은 남경으로 변화)이 있었습니다.

　한편 고려는 과거와 음서 등을 시행하여 관리를 선발하였습니다. 과거는 문신을 선발하는 문과, 승려에게 승계를 내려 주는 승과, 기술관을 뽑는 잡과로 구성되었습니다. 무신은 거의 선발하지 않았고, 대부분 공훈을 세우면 승진하는 형식으로 운영되었습니다. 또한 음서는 종실이나 공신, 고위 관리의 자손에게 관직을 내려 주는 제도였는데, 고려는 조선과는 달리 승진에 제한이 없었습니다. 그리고 학식과 덕행이 뛰어난 인물을 특별히 추천하여 관리로 삼는 천거도 시행하였습니다.

고려는 신라에 비해 다양한 방식으로 관리를 등용하여 고대 사회의 폐쇄성을 극복하려 하였습니다.

과거제와 더불어 중요한 학교도 세워졌습니다. 유교가 정치 이념으로 강조되면서 유학 교육이 중시되어 개경에 국립대학인 국자감(국학)이 설치되고, 각 주마다 향교가 설립되어 유교적 소양을 갖춘 인재를 양성하였습니다. 국자감에서는 유학 교육 외에도 율·서·산학 등 기술 교육도 실시되었습니다. 유학 교육을 담당한 국자학, 태학, 사문학은 각각 3품, 5품, 7품 이상 관리의 자제가 입학했고, 율·서·산학에는 양민 이상의 자제면 입학할 수 있었습니다.

군사 제도도 이전에 비해 한층 정비되었습니다. 중앙군과 지방군으로 구분하였는데, 중앙군은 국왕의 친위 부대인 2군과 수도와 국경을 방어하는 6위로 구성되었습니다. 이들 중앙군은 직업 군인으로서 복무에 대한 대가로 군인전을 지급받았으며 그 역을 자손에게 세습할 수 있었습니다. 또 전공을 세우면 무신으로 신분을 상승시킬 수 있었습니다. 지방군은 5도의 일반 군현에 주둔하는 주현군과 양계 지역에서 북방 민족의 침입에 대비해 국경을 지키는 주진군으로 구성되었으며 16세 이상 60세 미만의 양인 장정으로 편성되었습니다.

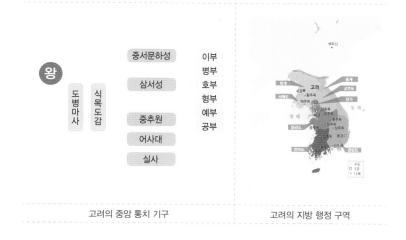

한국사 쉬어 가기 **고려의 중앙 통치 기구와 지방 행정 제도**

고려의 중앙 통치 기구　　　고려의 지방 행정 구역

고려의 중앙 통치 기구

2성 6부	• 중서문하성 : 최고 관서, 문하시중(장관)이 국정 총괄 • 상서성 : 6부(실무 행정 부서)를 통해 정책 집행	
중추원	군사 기밀과 왕명의 출납 담당	
삼사	화폐와 곡식의 출납, 회계 담당	
대간	어사대(감찰 기구)의 관원 및 중서문하성의 낭사로 구성, 정치 권력 간의 견제와 균형의 역할 담당	
도병마사	국방 문제 담당 → 원 간섭기에 도평의사사로 개편	• 고려의 독자적 기구 • 중서문하성과 중추원의 고위 관리로 구성된 회의 기구로 합의제 운영
식목도감	법률, 제도 등의 제정·시행 논의	

지방 행정 제도

5도	일반 행정 구역, 안찰사 파견, 하위 행정 구역으로 주·군·현 설치
양계	군사 행정 구역, 병마사 파견, 국방 요충지에 진 설치
특징	주현보다 속현이 다수 차지, 특수 행정 구역(향·부곡·소) 존재, 향리가 향촌에서 조세·공물 징수와 역 징발 등 행정 실무 담당

관리 등용 제도

과거	• 종류 : 문과(문관 등용), 잡과(기술관 등용), 승과(승려 대상) • 응시 자격 : 법제적으로 양민 이상 응시 가능(문과는 주로 귀족과 향리 자제가 응시)
음서	공신·왕실·5품 이상 고위 관리의 자손에 대해 과거를 거치지 않고 관리로 채용하는 제도, 고위 관료의 지위 세습 가능(문벌 형성)

군사 제도

중앙군	2군(국왕 친위 부대), 6위(수도 경비와 국경 방어)
지방군	주현군(5도에 주둔), 주진군(양계에 주둔, 국경 방어)

10
고려 전기의 대외 관계

　10세기 동아시아에서는 고려·송(중국)·거란(북방)을 중심으로 다원적 국제 질서가 형성되었습니다. 중국의 5대 10국 혼란기를 통일한 송은 북방 거란과 대립 관계가 지속되었습니다. 고려는 선진 문물의 수용을 위해 송과 국교를 맺고 잘 지내면서, 발해를 멸망시킨 거란은 적대하였습니다. 거란은 송을 공격하기 전 후방을 안정시키기 위해 고려를 침입하였습니다(993). 이때 고려의 서희는 거란과 담판을 지어 송과 관계를 끊고 거란과 외교 관계를 맺을 것을 약속하고 강동 6주를 확보하였습니다. 그럼에도 고려가 송과 지속적인 친선 관계를 유지하자 거란은 다시 고려를 침략하여 개경을 함락하기도 하였습니다. 그러나 거란의 3차 침입 때 강감찬이 귀주에서 거란군을 크게 물리쳤습니다(귀주대첩, 1019). 그 결과 고려·송·거란 사이에 세력 균형이 이루어지면서 동아시아 국제 질서가 안정되었습니다.

　12세기에 들어서면서 동아시아 국제 관계에 변화가 나타났습니다. 천리장성 북쪽에 거주하던 여진의 부족들이 통합하는 과정에서 고려와 충돌이 잦아졌습니다. 이에 고려는 윤관의 건의로 별무반이라는 특수 부대를 편성하고, 여진을 공격하여 북쪽으로 내쫓고 동북 9성을 쌓았습니다. 그러나 이 지역을 찾으려는 여진의 끊임없는 침입으로 방비가 어려워지자 여진의 충성 맹세를 받고 동북 9성을 돌려주었습니다. 이후 여진에서 아골타가 등장하면서 부족들을 모두 통합하여 금을 건국하고 형제 관계를 요구하였으나 고려는 이를 거부하였습니다. 이후 거란을 멸망시킨 금이 고려에 군신 관계를 요구해 왔습니다. 고려에서는 반대하는 신하들이 있기는 했으나 권력을 장악하고 있었던 이자겸 등의 문벌 세력이 전쟁의 위험을 강조하면서 금의 요구를 수락하였습니다. 따라서 고려는 금과는 전쟁을 하지 않고 친선 관계를 유지할 수 있었습니다.

　고려는 대외적으로는 중국 및 북방 민족과 친선 관계와 군신 관계를 맺고 있었기도 하지만, 대내적으로는 광개토 대왕과 장수왕 시절의 고구려와 같이 독자적인 천하관을 형성하고 있었습니다. 특히 고려 초기 광종을 중심으로 고려왕은 '해동 천자'를 자처하면서, 여진·우산·탐라 등을 제후국으로 삼아 '해동 천하'를 형성하였습니다. 대표적으로 '천자', '폐하' 등의 용어와 황제의 복색을 사용하였으며, 황제만이 하늘에 올릴 수 있는 제천 의식인 환구제를 시행하기도 하였습니다. 동아시아 국제 관계가 복잡해지고, 유학자 중심의 문벌이 형성된 중기에는 차차 독자적 천하관의 빛을 잃어 갔습니다. 그러나 고려 초기의 독자적 천하관은 10~11세기 동아시아에서 고려의 자신감을 보여주었다고 할 수 있습니다.

한국사 쉬어 가기 고려 초기 대외 관계와 국제 정세

| 12세기 동아시아 정세 변화 | 강동 6주 |

거란의 침입과 격퇴

1차 침입	소손녕의 침입 → 서희가 외교 담판으로 강동 6주 확보
2차 침입	개경 함락, 양규 등 활약
3차 침입	강감찬의 대승(귀주대첩)
결과 및 영향	• 세력 균형(고려 – 송 – 거란) • 국방 강화 : 개경에 나성을 쌓고 국경에 천리장성 축조

여진과 고려의 관계

여진 정벌	• 별무반 : 여진의 침입에 대응하여 윤관의 건의로 편성 • 동북 9성 : 여진 정벌 후 축조 → 여진의 간청 및 수비 곤란 등으로 1년여 만에 반환
사대 관계	금을 세운 여진이 거란 정복 이후 고려에 군신 관계 요구 → 이자겸 등의 문벌 세력이 수용

고려의 독자적 천하관

〈황제국을 표방한 고려〉
• 천자, 폐하, 표 등의 용어와 황제의 복색 사용
• 황제가 하늘에 올리는 제천 의식인 환구제 시행
• 여진, 탐라, 우산 등을 제후국으로 삼아 천자국 체제 구축

11
고려 사회의 동요와 무신 정권의 성립

　　성종 이후 국가 체제가 안정되었으나 과거와 음서 등을 바탕으로 여러 세대에 걸쳐 중앙의 고위 관직을 차지한 문벌이 형성되었습니다. 문벌은 왕실 및 다른 문벌 가문과 폐쇄적인 혼인 관계를 통해 권력을 독차지하면서 개경 세력을 형성하였습니다. 그중에서도 경원 이씨 가문은 여러 대에 걸쳐 왕실과 혼인 관계를 맺어 견제 세력이 없을 정도의 권력을 장악하였습니다. 이자겸 대에 이르러 경원 이씨 가문의 세력은 왕권을 위협할 정도가 되었고, 인종 때 외척인 이자겸은 난을 일으키고 스스로 왕위에 오르려 하였지만 실패하였습니다(1126).

　　이자겸의 난으로 왕실의 권위가 떨어지고 지배층의 분열이 심화되었습니다. 인종은 실추된 왕권을 회복하기 위해 새롭게 대두하는 서경 세력을 중심으로 개혁을 추진하였습니다. 서경 세력은 새롭게 중앙 관료로 진출한 친왕 세력으로 문벌 중심의 개경 세력에 대항하였습니다. 묘청 등 서경 세력은 풍수지리설을 내세워 서경으로 수도를 옮길 것을 건의하고, 나아가 황제를 칭하고 연호를 사용하며, 사대를 요구한 금을 정벌할 것을 주장하였습니다. 이를 적극적으로 수용한 인종도 서경 천도를 추진하였으나 김부식 등 개경 세력의 반대에 부딪혀 제대로 실행되지 못하였습니다. 이에 묘청은 나라 이름을 '대위', 연호를 '천개'라 정하고 서경에서 반란을 일으켰습니다(1135). 김부식이 이끄는 관군에게 묘청의 난이 진압되면서 서경 세력이 주도한 서경 천도 운동은 실패로 끝나고 말았습니다.

　　이자겸의 난과 서경 천도 운동 등 정치 혼란이 지속되면서 무신의 역할은 더욱 커졌습니다. 하지만 여전히 정치는 일부 문벌과 문신을 중심으로 운영되었고, 고려 초기부터 무신은 문신에 비해 낮은 대우를 받고 있었습니다. 인종의 뒤를 이어 즉위한 의종은 초기에 왕권 강화를 위해 무신을 총애하기도 하였지만 측근 세력과 향락에 빠지면서 무신을 푸대접하였습니다. 이에 불만을 품은 정중부와 이의방

등 무신 세력은 무신 정변을 일으켜 정권을 잡았습니다(무신정변, 1170).

　무신 정권 초기에는 정중부와 이의방의 권력 다툼과 이의민의 폭정으로 혼란하였으나 최충헌이 이의민을 제거하고 권력을 잡으면서 점차 안정되었습니다. 최충헌은 집권 초기에는 개혁안을 제시하고 혼란을 극복하려는 시도도 했지만 실제로는 자신의 농장을 확대하는 등 정권 유지에만 주력하였습니다. 최고 집권 기구로 교정도감을 설치하여 권력을 독점하였고, 사병 기구였던 도방을 확대하여 무력을 장악하였습니다. 최충헌의 뒤를 이은 최우는 정방을 설치하여 인사권을 장악하고 삼별초를 조직하여 군사적 기반을 더욱 다졌습니다. 이를 바탕으로 최씨 정권은 몽골의 침입을 받으면서도 4대에 걸쳐 60여 년간 지속되었습니다.

　무신 정변 이후 일어난 무신들의 권력 투쟁으로 정부의 지방 통제력은 약화되었으며, 정권을 잡은 무신들은 토지를 약탈하고 농민들에게 과도한 세금을 부과하였습니다. 피지배층의 생활은 더욱 곤궁해졌고, 불만들이 쌓여갔습니다. 결국 특수 행정 구역인 공주 명학소에서는 망이·망소이 형제가, 경상도 지역에서는 운문의 김사미와 초전의 효심이 봉기하는 등 전국 곳곳에서 농민과 하층민의 봉기가 잇따랐습니다.

　한편 무신 정변 이후 천인 출신 권력자인 이의민이 등장하면서 고려의 신분 질서가 흔들렸습니다. 이에 신분 차별에 저항하여 전주의 관노비가 봉기하였으며, 최충헌의 사노비인 만적도 개경에서 봉기를 계획하였지만 사전에 발각되어 실패하고 말았습니다.

　문신들의 잘못된 정치와 무신 정권의 혼란으로 피지배층만 어렵게 되었던 것입니다. 이러한 상황에서 피지배층은 자신들의 입장을 표출하기 위해 끊임없이 봉기하였던 것입니다.

문벌 사회의 성립

성립	호족 출신, 신라 6두품 계통의 유학자 등이 여러 세대에 걸쳐 중앙 고위 관직 진출 → 성종 이후 문벌화하며 새로운 지배층 형성
특징	음서·공음전, 왕실 및 문벌 세력 상호 간의 혼인 등으로 지위 유지

문벌 사회의 동요

이자겸의 난	외척 이자겸 일파의 권력 독점 → 인종과 측근 세력의 이자겸 축출 시도 → 이자겸, 척준경 등이 난을 일으켜 정권 장악 → 인종이 척준경을 포섭해 이자겸을 제거하고 이후 척준경을 정계에서 축출
서경 천도 운동	이자겸의 난으로 왕의 권위 실추, 민심 동요 → 개경파와 서경파의 대립 → 묘청, 정지상 등 서경 세력의 서경 천도 시도 → 개경 세력의 반발로 서경 천도 시도가 좌절된 묘청 등이 서경을 근거지로 난을 일으킴(1135) → 김부식 등이 이끄는 관군이 진압

개경 세력과 서경 세력의 특징 비교

개경 세력	묘청, 정지상 등, 서경 천도 추진, 칭제 건원(황제 칭호 및 연호 사용) 및 금 정벌 주장
서경 세력	김부식 등, 서경 천도 및 금 정벌 반대

무신 정변

배경	문벌 귀족 사회의 동요, 무신에 대한 차별 대우, 하급 군인들의 불만 고조
전개	무신 정권의 수립 : 이의방, 정중부 등 무신이 정변을 일으켜 정권 장악 → 중방을 중심으로 권력 행사 → 무신 간의 권력 쟁탈전 전개(이의방 → 정중부 → 경대승 → 이의민 → 최충헌)
결과	• 최충헌 집권 이후 60여 년 동안 최씨 집안에서 권력 장악 • 최충헌 : 개혁안(봉사 10조) 제시, 교정도감(최고 권력 기구) 설치, 도방(사병 기구) 확대 • 최우 : 정방(인사권 장악)·삼별초 설치

무신 정권 시기의 농민·천민 봉기

배경	무신 정권의 수탈 심화, 중앙 정부의 지방 통제 약화, 하층민 출신 최고 권력자 등장 → 하층민의 신분 해방 의식 성장
발생	망이·망소이의 봉기(공주 명학소), 김사미·효심의 봉기(경상도 운문·초전), 만적의 봉기 모의(개경) 등

12
몽골의 침략과 권문세족의 등장

고려는 거란의 침입을 잘 막아내고, 금과는 사대 관계를 유지하면서 비교적 국제 관계를 잘 운영하였습니다. 그러나 북방 지역에서 큰 변화가 일어났습니다. 거란 등에 밀려 힘을 쓰지 못하던 몽골족이 강력한 국가를 건설하였습니다. 13세기 초 칭기즈 칸이 몽골을 통합하며 주변으로 세력을 확대하였습니다. 고려는 몽골에 쫓겨 고려에 들어온 거란족을 격퇴하는 과정에서 몽골과 외교 관계를 맺게 되었습니다(1219). 이를 핑계 삼아 몽골은 과도한 공물을 요구하며 고려를 압박하였고, 몽골 사신이 고려에 왔다가 귀국하던 길에 살해된 사건을 구실로 고려를 침략하였습니다(1231).

준비가 안 되어 있었던 최씨 무신 정권은 서둘러 몽골과 강화를 맺은 후, 수도를 강화도로 옮겨 장기 항전을 준비하였습니다. 다시 몽골이 쳐들어오자 처인성에서는 김윤후가 부곡민들을 이끌고 적장 살리타를 사살하였습니다. 충주성에서는 노비가 주축이 되어 몽골군을 물리쳤습니다. 몽골과의 항쟁 과정에서 최씨 무신 정권은 강화도로 피신하여 자신들의 안전을 유지하는데 급급하였지만, 일반 백성과 하층민들은 몽골군에 대항하여 승리를 거두기도 하였습니다. 그러나 몽골의 거듭된 침략으로 경주 황룡사 9층 목탑과 초조대장경이 불타는 큰 피해를 입었습니다. 또한 국토는 황폐해졌고, 백성의 고통은 날로 심해졌습니다. 결국 최씨 무신 정권의 무대책에 반대하는 세력이 등장하여 최씨 무신 정권을 무너뜨리고 몽골과 강화를 맺은 후 개경으로 환도하였습니다(1270). 한편 개경 환도를 반대한 삼별초는 진도, 제주도로 근거지를 옮기며 항전하였지만 고려와 몽골의 연합군에게 진압되고 말았습니다(1273).

몽골(원)과 강화 이후 고려는 고려의 왕이 원의 공주와 혼인하는 원의 부마국이 되었고, 고려 왕실의 용어와 관제도 제후국 체제로 격하되었습니다. 원은 다루가

치라는 관리와 일본 원정을 위해 설치되었던 정동행성을 통해 고려의 내정에 간섭하고, 고려 영토에 쌍성총관부, 동녕부, 탐라총관부 등을 설치하였습니다. 또한 금, 은, 인삼 등의 물품과 공녀, 환관 등을 수시로 요구하였습니다. 원의 무리한 요구를 들어 주기 위하여 고려 정부는 백성들에 대한 수탈을 극대화 하였습니다.

한편 원 간섭기에는 친원적 성향의 권문세족이 새로운 지배 계층으로 등장하였습니다. 기존의 지배 세력 중 원과 결탁한 일부와 몽골어를 잘하는 통역관 등이 음서를 이용하여 새롭게 권력을 장악하게 되었던 것입니다. 권문세족은 도병마사를 개편한 최고 기구인 도평의사사를 장악하여 국정을 좌지우지하였고, 농장과 노비의 소유를 확대하여 부를 축적하였습니다. 그 결과 양인의 수가 줄어들면서 국가 재정은 더욱 악화되었습니다.

반면 고려가 원의 간섭을 받았던 약 80년간 양국 사이에는 활발한 인적 교류와 함께 경제·문화적 교류가 이루어지기도 하였습니다. 이에 따라 몽골의 풍속(몽골풍)이 고려에 유행했으며, 원의 지배층 사이에 고려의 풍습(고려양)이 전해지기도 하였습니다.

한국사 쉬어 가기 — 몽골풍

100여 년 간 몽골의 지배를 받으면서 많은 몽골 병사들과 관리들이 고려에 들어와 통치자로 지냈으며, 몽골 여자를 고려의 왕비로 삼아야 했기 때문에 고려에는 몽골 풍속이 자연스럽게 스며들었습니다. 특히 고려 지배층을 중심으로 몽골 풍속이 크게 유행하였고, 이는 일반 백성에게까지 영향을 많이 끼쳤습니다. 또한 몽골을 통해 외국 상인들이 빈번하게 출입하면서 몽골풍 문화가 자연스럽게 유행하였습니다.

오늘날까지 전해지는 대표적인 몽골 풍속으로는 결혼할 때 머리에 쓰는 족두리, 신부의 볼에 찍는 연지, 남녀 옷고름에 차는 작은 칼인 장도 등과 임금님의 밥상인 '수라'와 '장사치'·'벼슬아치'처럼 명사에 치를 붙이는 언어 습관 등 언어적 흔적들도 남아 있습니다. 전통 소주 같은 술도 몽골에서 유래되었습니다. 제주도에는 몽골 풍속이 아직도 많이 남아 있으며, 말의 사육에 관계되는 용어 중에는 몽골말과 흡사한 것이 많습니다.

이와는 반대로 한국의 생활풍습도 몽골에 많은 영향을 미쳤는데, 이를 고려양이라 부르며 고려병(과자)·고려아청(검은색을 띤 푸른 빛)·고려만두 등이 대표적입니다.

몽골과의 항쟁

배경	몽골의 지나친 공물 요구로 고려와 몽골의 관계 악화, 몽골 사신 피살을 구실로 침략(1231)
항쟁 과정	강화도로 천도하여 장기전 대비(최우), 처인성 전투(김윤후 등이 몽골 장수 살리타 사살), 충주성 전투에서 하층 민중의 항쟁 등
강화	최씨 무신 정권 붕괴 → 고려 정부의 개경 환도(1270)
삼별초 항쟁	개경 환도에 반대하며 배중손과 김통정 등이 진도와 제주도로 근거지를 옮기며 항쟁(1270~1273)
피해	국토 피폐, 백성 생활 악화, 몽골 군대에 의해 초조대장경판과 황룡사 9층 목탑 등 소실

원(몽골)의 내정 간섭

고려의 지위 격하	국왕이 원 황실의 공주와 혼인(부마국의 지위) → 왕실의 호칭과 관제 격하
영토 강탈	영토 강탈 : 쌍성총관부(철령 이북 지역), 동녕부(자비령 이북 지역), 탐라 총관부(제주도)
일본 원정 동원	정동행성 설치 → 두 차례의 일본 원정에 전쟁 물자와 인적 자원 동원
내정 간섭	정동행성 유지(내정 간섭 기구로 변환), 다루가치(감찰관) 파견
인적·물적 수탈	공녀 요구, 특산물(금·은·베·인삼·약재·매 등) 징발
영향	친원 세력 성장(권문세족 등), 자주성 손상, 몽골풍 유행

권문세족의 등장

배경	원과 결탁(기철 등), 몽골어 가능자
권력 장악	음서 이용 → 도평의사사 장악, 농장 및 노비 확대
폐단	왕권 약화, 백성들에 대한 수탈 심화

13
공민왕의 개혁과 신진 사대부의 대두

14세기 중엽, 중원 지역에서 변화가 일어났습니다. 한족의 반란이 빈번해지면서 원이 쇠퇴하기 시작하였습니다. 이를 계기로 공민왕은 적극적인 반원 자주 정책과 국내 정치 개혁을 추진하였습니다. 변발(북방 민족의 머리 모양), 몽골식 의복 등 몽골식 풍습과 제도를 폐지하였으며, 기철 등 친원 세력을 제거하였습니다. 또한 고려 정치에 간섭하던 정동행성 이문소를 폐지하고, 쌍성총관부를 공격하여 철령 이북의 땅도 되찾았습니다. 이전의 동녕부와 탐라총관부는 설치되고 나서 얼마 안 되어 몽골로부터 돌려받아 쌍성총관부만 남아 있었습니다.

한편 국내 정치에서는 신돈을 등용하고 전민변정도감을 설치하여 권문세족 등이 불법으로 빼앗은 토지와 억울하게 노비로 삼은 양민을 되돌려 놓고자 하였습니다. 그리고 성균관과 과거제를 정비하여 개혁을 뒷받침할 신진 사대부를 등용하였습니다. 그러나 공민왕의 개혁은 권문세족의 반대와 홍건적과 왜구의 잇달은 침입에 따른 혼란 등으로 성과를 거두지 못하였습니다. 공민왕의 개혁 추진은 동력을 잃으면서 결국 신돈이 제거되고 공민왕이 시해되면서 개혁은 중단되었습니다. 그러나 공민왕의 개혁으로 신진 사대부가 성장하는 등 개혁의 토대는 만들어 놓았습니다. 신진 사대부는 신분상 지방 향리의 자제가 많았고, 경제적으로는 중소 지주가 대부분이었습니다. 이들은 과거를 통해 중앙 정치 무대에 진출하여 권문세족을 비판하고, 성리학을 받아들여 고려 말의 사회 모순을 개혁하려 하였습니다. 또한 원을 배척하고 대륙의 신흥 국가인 명에 우호적인 태도를 취하였습니다.

신진 사대부는 성리학을 기반으로 성장하였습니다. 송에서 주자에 의해 성립된 성리학은 종래의 글자와 문장 해석에 힘쓰던 한·당 시대의 훈고학과는 달리 인간의 심성과 우주의 원리 문제를 철학적으로 탐구하는 유학이었습니다. 충렬왕 때 원에 유학한 안향이 성리학을 고려에 들여와 전해졌고, 충선왕이 원에 세운 만권

당에서 이제현이 원의 학자와 교류하면서 성리학에 대한 이해를 심화시켰습니다. 성리학이 고려 과거 시험의 과목에 포함되면서 성리학을 공부하는 사람도 늘어났습니다. 특히 공민왕 때 성균관을 재정비하고 성리학을 본격적으로 교육하면서 신진 사대부가 성장할 수 있는 토대가 마련되었습니다.

고려 후기에 전해진 성리학은 철학적 측면보다는 실천적 기능을 강조하였고 신진 사대부들은 이러한 성리학 이념을 바탕으로 토지 문제, 불교의 폐단 등을 비판하며 적극적으로 현실을 개혁하려 하였습니다.

공민왕의 개혁 정치

배경		원·명 교체의 국제 정세, 권문세족의 횡포 심화(농장 확대로 국가 재정 악화 등)
정책	반원 자주	기철 등 친원 세력 숙청, 정동행성 이문소 폐지, 쌍성총관부를 공격하여 철령 이북의 영토 회복, 관제 복구, 몽골풍 금지
	왕권 강화	• 정방 폐지 • 전민변정도감 설치(신돈 주도, 권문세족의 경제 기반 약화 및 국가 재정 확대 추진) • 성균관 정비
결과		권문세족의 반발로 신돈 제거, 공민왕 시해로 개혁 실패
영향		신진 사대부의 성장

신진 사대부의 대두

배경	무신 정권기부터 과거를 통해 중앙 정계에 진출, 공민왕의 개혁 정치에 힘입어 성장
특징	지방 향리·중소 지주 출신 대다수, 성리학 수용, 불교의 폐단과 권문세족의 비리 비판, 이성계 등 신흥 무인 세력과 연합하여 개혁 추진(정도전·조준 등 → 조선 건국 주도)

14
고려의 신분 제도

　고려는 엄격한 신분제 사회였지만 제한적이나마 신분 상승의 가능성이 열려 있었습니다. 지방의 향리가 과거에 급제하여 고위 관리가 될 수 있었고, 군인은 전쟁에서 공을 세워 무신으로 출세할 수 있었습니다. 외거 노비도 재산을 모아 주인에게 바치고 양민으로 해방될 수 있었습니다. 이러한 모습은 고려 사회가 신라의 혈연에 바탕을 둔 골품제 사회에 비하여 개방적 사회였음을 보여주는 것입니다.

　고려의 신분 제도는 법제적으로 양인과 천인으로 구분된 양천제였는데, 양인은 자유민으로 납세와 군역의 의무를 졌으며, 관직에 진출할 수 있었습니다. 양인은 다시 관직 등 국가의 직역을 맡은 정호와 직역이 없는 백정 등으로 구분되었습니다. 천인은 비자유민으로 대부분이 노비로 구성되어 있었습니다.

　지배층의 상위에는 대대로 고위 관직에 진출한 문벌이 자리하고 있었습니다. 문벌은 개경에 거주하면서 많은 특권을 누렸습니다. 왕실이나 다른 문벌 가문과 혼인하여 권력을 독점하였고, 과거, 음서 등으로 관직에 진출하였습니다. 이들은 직역의 대가로 받은 전시과의 토지, 녹봉, 물려받은 재산으로 화려한 삶을 살 수 있었습니다.

　상위 지배층의 변화는 무신 정변을 계기로 일어났습니다. 무신 정변으로 종래의 문벌 세력이 약화되면서 무신이 권력을 잡았으나, 몽골 침략 이후 무신 정권이 붕괴되면서 권문세족이 등장하여 권력을 장악하고 특권을 누렸습니다.

　지배층의 하위에는 향리, 직업 군인, 서리 등이 지배 기구의 말단 행정 실무를 담당하는 중류층이 자리 잡았습니다. 이들은 대대로 직역을 세습하였으며 직역의 대가로 전시과의 토지를 받았습니다. 특히 향리는 지방의 토착 세력이자 속현과 특수 행정 구역의 실질적 운영을 담당하는 세력으로 지방에서 많은 영향력을 행사하였습니다. 향리 중 최고직인 호장은 특정 가문에서 세습하는 경우가 많았으며 서로 비슷한 가문끼리 혼인하여 지역에서 기득권을 유지하였습니다. 또한 일부 상층 향리는 과거를 통해 중앙 관직에 진출하여 문벌로 성장하기도 하였는데, 무신 집권기 이후 활발하게 중앙으로 진출하였습니다.

양인 중 피지배층의 대부분은 농민으로 국가에 대한 직역이 없는 신분층인 백정이라 불렸으며, 국가 재정의 기본이 되는 조세, 공납, 역을 부담하였습니다. 백정은 법적으로 과거에 응시할 수 있었지만 과거에 합격해 신분을 상승하는 것은 어려운 일이었습니다. 일부 백정은 군공을 세워 정호가 되기도 하였습니다. 백정 외에 기술자인 공장과 상인도 양인에 포함되었으나 백정에 비하여 낮은 대우를 받았습니다.

향·소·부곡 등의 특수 행정 구역의 주민은 법적으로는 양인에 속했지만 일반 군현민에 비해 차별 대우를 받았습니다. 교육이나 과거 응시, 거주 이전에 제한이 있었고 일반 군현민보다 많은 세금을 부담하였습니다.

천인은 고려 신분 제도의 최하층을 이루었습니다. 천인의 대다수는 노비였는데 재산으로 간주되면서 매매·증여·상속이 가능하였습니다. 부모 중 한 명이 노비이면 자녀도 노비가 되는 일천즉천의 원칙이 적용되었으며, 소유권은 어머니 쪽 소유주에게 귀속되었습니다. 노비는 크게 개인이 소유한 사노비와 국가에 속한 공노비로 나뉘는데, 사노비는 다시 주인집에 사는 솔거 노비와 주인과 따로 사는 외거 노비로 나뉘었습니다. 외거 노비는 주인에게 일정한 몸값(신공)을 바치면 재산을 소유할 수 있었습니다. 공노비는 국가 기관에서 역을 담당한 공역 노비와 주로 국유지를 경작하는 외거 노비로 구분되었습니다. 이들은 60세가 되면 역에서 벗어날 수 있어 사노비에 비해 대우가 나은 편이었습니다.

고려 시대에는 가문의 근거지인 본관을 중시하는 본관제가 시행되었습니다. 사람들에게 특정 지역을 본관으로 정해 주어 그곳에 거주하게 하였던 것입니다. 본관제는 태조 왕건이 후삼국 통일 과정에서 각 지방의 호족에게 성씨를 하사하면서 시행되었습니다. 성씨 앞에는 출신 지역을 밝혔는데, 지역은 주현, 속현, 특수 행정 구역과 같이 등급이 정해져 있었습니다. 이에 따라 거주인 본관의 행정 구역 명칭에 따라 남경 사람, 다인철소 사람 등으로 불렸습니다.

본관이 일반 군현인지 향, 부곡, 소인지에 따라 사회적 지위에도 차이가 있었습니다. 이처럼 고려 시대 사람들은 본관에 매여 있었기 때문에 거주지를 이동하는 데 제한을 받아 사실상 과거에 합격하거나 군인이 되는 경우를 빼놓고는 다른 지역으로 이주하기 어려웠습니다. 관리가 중범죄를 저지르면 본관지로 돌려보내는 귀향형에 처했는데, 귀향형을 받은 관리는 중앙 정치에서 소외되기 때문에 중형에 해당하였습니다. 농민 항쟁기에 많이 나타나는 유망민이란 곧 본관을 떠난 농민을 의미하였습니다.

고려의 신분 제도

문벌	• 최고 지배층 : 왕족·고위 관료 등 • 유력 가문 간의 혼인 관계, 음서와 공음전의 혜택 • 지배 세력 변천 : 문벌 세력 → 무신 → 권문세족
중류층	• 중간 지배층 : 서리, 남반, 향리, 하급 장교 등 • 직역의 대가로 토지 지급, 자손에게 직역과 토지 세습
양민	• 농민 : 백정으로 불리며 양민의 대다수 차지, 조세·공납·역 부담 • 상인, 수공업자 : 일정한 세금과 역 부담 • 특수 행정 구역 주민 : 일반 군현의 주민에 비해 차별 대우 받음, 거주 이전의 자유 제한
천인	• 노비 : 천민의 대다수 차지, 재산으로 취급(매매, 상속, 증여 가능), 일천즉천 원칙 - 공노비 : 입역 노비(관청 등에서 잡역), 외거 노비(신공 납부) - 사노비 : 솔거 노비(주인집에서 잡일), 외거 노비(주인과 따로 거주, 신공 납부)

15
고려의 사회와 경제생활

고려 시대에는 일부일처제가 일반적이었으며, 혼인 후에는 일반적으로 처가에서 살아 여성을 중심으로 부부와 자녀 중심의 소가족으로 구성되었습니다. 호적에는 남녀 구분 없이 태어난 순서대로 기록되었으며 여성이 호주가 되는 경우도 있었습니다. 부모의 재산은 아들과 딸의 구분 없이 고르게 상속되었습니다. 이에 따라 자녀 간에 구분 없이 부모를 봉양했으며 아들이 없는 경우에도 양자를 들이지 않고 딸이 부모의 제사를 지냈습니다.

고려 시대에는 부계와 모계를 모두 포함하여 친족으로 인식하여 부계와 모계의 차별 없이 의무와 혜택이 동등하게 적용되었습니다. 대를 이을 아들이 없을 경우 외손자가 대를 잇기도 하였으며, 친조부모와 외조부모의 상례 기간에 차이를 두지 않았습니다. 음서의 혜택도 친손자와 외손자가 동등하게 받았습니다. 여성이 결혼을 하더라도 자신이 소유한 재산을 그대로 유지하였습니다. 이혼과 재혼도 비교적 자유로웠으며 재혼으로 태어난 자손도 별다른 차별을 받지 않았습니다.

고려 시대에는 토지 문제 등 여러 가지 경제 제도도 정리되었습니다. 중앙 집권 체제가 안정되어 가면서 이에 맞춰 전시과 체제가 마련되었습니다. 전시과는 관리나 직역 담당자에게 전지(토지)와 시지(임야)를 나누어 주고, 세금을 국가 대신 받아서 사용하는 수조권을 행사할 수 있게 한 제도였습니다. 처음에는 인품과 공복 등을 기준으로 지급되었으나(경종, 시정 전시과), 통치 체제의 기틀이 갖추어진 10세기 말에는 관직의 높낮이에 따라 18등급으로 구분해 지급하도록 개정되었습니다(목종, 개정 전시과). 그 후 나누어 줄 수 있는 토지가 점차 부족해지자 현직 관리에게만 지급하도록 다시 고쳤습니다(문종, 경정 전시과). 전시과 체제는 12세기 이후 이자겸 등 문벌 귀족의 대토지 집적으로 제대로 운영되지 못하다가 무신 집권자들이 다투어 대토지를 차지하면서 붕괴되고 말았습니다.

전시과 체제에서 문무 관리에게는 관직의 높낮이에 따라 관직 복무의 대가로 과전이 지급되었습니다. 따라서 관리가 죽거나 관직에서 물러나면 반납해야 하였습니다. 5품 이상의 관리에게는 자손에게 세습할 수 있는 공음전이 지급되었는데, 과전과 공음전은 귀족의 지위를 유지하는 경제적 기반이 되었습니다.

수취 체제도 정비하였습니다. 조세는 토지를 논과 밭으로 구분한 뒤, 비옥도에 따라 3등급으로 나누어 수확량의 10분의 1을 부과하였고, 지방의 토산물을 거두는 공물은 호(戶) 단위로 부과하여 농민에게는 조세보다 더 큰 부담이 되기도 하였습니다. 백성의 노동력을 무상으로 징발하는 역은 군대에 동원하는 군역과 토목 공사 등에 동원하는 요역으로 나누어 16세에서 60세 미만 남자(정남)에게 부과하였습니다. 이외에도 상인에게는 상세, 어민에게는 어염세 등을 거두었습니다.

고려는 건국 초부터 상업도 적극 육성하였습니다. 개경에 도시 생활에 필요한 물품이나 관수품을 파는 시전을 지어 상인에게 빌려 주었습니다. 이들의 상행위를 감독하기 위해 경시서를 설치하기도 하였습니다. 개경과 서경, 동경(경주) 등 대도시에는 서적, 약, 술, 차 등을 파는 관영 상점을 설치했고, 도시 거주민이 일용품을 구매할 수 있는 비정기 시장이 열리기도 하였습니다. 후기에는 상업이 더욱 발달하면서 부를 축적해 관리가 되는 상인, 수공업자도 생겨났습니다. 상업 활동이 활발해지면서 건원중보(철전), 삼한통보, 해동통보, 해동중보(동전) 등의 여러 가지 화폐가 주조되었으나 널리 유통되지는 못하였습니다. 일반적인 거래는 주로 곡식이나 삼베를 사용하였습니다. 후기에는 대규모 거래에 사용되는 고가의 활구(은병)가 만들어지기도 하였습니다.

무역은 공무역이 주를 이루었지만 사무역도 있었습니다. 신라 때부터 이어져 온 사무역은 건국 초에는 활발했으나 국가의 통제로 점차 쇠퇴하였습니다. 사무역의 형태도 상인이 사신과 동행하여 교역하는 방식으로 자리 잡아갔습니다. 무역로는 북방에 거란, 여진이 있었던 까닭에 주로 바닷길이 이용되어 개경에서 가까운 예성강 어귀의 벽란도가 무역항으로 번창하였습니다.

고려 시대의 가족 제도와 여성의 지위

가족 제도	부부와 자녀 소가족 제도 중심, 일부일처제, 처가 거주 다수, 자녀에게 재산을 고르게 상속, 제사도 자녀가 동등하게 부담
여성의 지위	남녀 구분 없이 태어난 순서대로 호적에 기재, 여성도 호주 가능, 사위·외손자에게도 음서 혜택 적용, 여성의 재가가 비교적 자유로움

고려의 토지 제도의 변화

역분전(태조)	논공행상적 성격
시정전시과(경종)	인품과 공복을 기준으로 지급
개정전시과(목종)	관직 높낮이에 따라 지급, 전·현직 관리 모두에게 지급
경정전시과(문종)	현직 관리 중심으로 지급, 5품 이상 관리에게 지급하는 공음전 마련
무신 정변 이후	붕괴

※ 민전 : 귀족이나 일반 평민이 소유한 토지, 매매·상속·임대·기증 등 가능

수취 제도

조세	생산량의 10분의 1 징수(토지를 비옥도에 따라 3등급으로 구분)
공납	토산물 징수(중앙 정부에서 주현에 부과 → 지방관이 관할 행정 구역별로 할당 → 향리가 호를 기준으로 부과)
역	• 노동력 징발(16세 이상 60세 미만의 양민 남자) • 요역(토목 공사 등에 동원), 군역(주진군·주현군 등에서 국방 의무 수행)

상업과 무역의 발달

상업	도시	개경에 시전을 설치하고 경시서를 통해 상업 활동 관장, 대도시에 관영 상점 설치(서적·약·차 등 판매)
	지방	시장이 열려 일반 백성이 물품 교환, 행상 활동
화폐		건원중보, 삼한통보, 해동통보, 활구(은병) 등 발행 → 유통 부진, 일반적인 거래에는 곡식이나 삼베 사용
무역		벽란도가 국제 무역항으로 번성, 송·거란·여진·일본·아라비아 상인 등 왕래

16
고려의 종교와 사상

    고려 사회는 다양한 종교와 사상이 공존하였습니다. 원칙적으로 불교를 국가의 근본 이념으로 삼고 있었으나, 불교가 가지고 있는 개방성과 융통성으로 다른 종교와 사상들이 서로 큰 간섭 없이 나름대로 발전하였던 것입니다. 특히 불교는 국가 이념으로, 유교는 통치 이념으로 양립하는 모습을 보여 주었으며 다른 사상들에 대해서도 관대한 입장이었습니다.

    먼저 불교에 대해 살펴보겠습니다. 유교가 통치 이념으로 강조된 데 비하여 불교는 고려인의 정신세계와 일상생활에 큰 영향을 끼친 국가 종교였습니다. 불교는 국가의 안녕과 개인의 행복을 기원했을 뿐 아니라 외세가 침입했을 때 국가를 지키는 정신적 지주 역할도 하였습니다. 초조대장경(거란 침입 대비)과 팔만대장경(몽골 침입 대비)을 조판한 것이 대표적인 사례입니다. 고려는 건국 초부터 숭불 정책을 추진하여 국가 차원에서 팔관회와 연등회 등 불교 행사를 자주 열었습니다. 또한 승과를 실시하여 합격한 승려에게 승계를 주었으며, 신망 높은 승려를 왕과 국가의 스승으로 삼았습니다.

    고려 초기 불교는 선종과 교종으로 나뉘어 대립하였습니다. 문종의 넷째 아들로 송에 유학하였던 의천은 이를 해결하기 위해 천태종을 개창하고, 불교의 이론적 교리 공부(교학)와 실천적 수행(선)을 함께 닦아야 한다는 교관겸수를 내세워 교종을 중심으로 선종을 통합하려 하였습니다. 그러나 의천이 죽은 뒤 불교 교단은 다시 분열되면서 외형적 발전만을 추구하였습니다. 무신 정권 시기 지눌은 세속화된 불교를 비판하고 불교 본연의 모습을 찾으려 수선사(송광사)를 중심으로 결사 운동을 펼쳤습니다. 그리고 선과 교학을 치우침 없이 고루 닦아야 한다는 정혜쌍수와 내 마음이 부처와 다르지 않음을 깨닫고 꾸준히 실천할 것을 강조한 돈오점수를 내세워 선종을 중심으로 교종을 포용할 것을 주장하였습니다. 지눌을 계승한 혜심은 유불 일치설을 내세워 유학과 불교의 통합을 시도하여 후에 성리학을 받아들일 수 있는 사상적 토대를 마련하였습니다. 한편 요세는 천태종을 중심으로 백련사 결사를 결성하고 참회의 실천을 강조하여 대중적 호응을 얻었습니다.

원 간섭기에 들어 불교는 친원 세력과 연결되어 세속화되면서 농장을 형성하고 돈을 빌려주면서 높은 이자를 받는 고리대 등으로 백성을 괴롭히는 폐단을 드러냈기 때문에 이후 신진 사대부로부터 크게 비판받았습니다.

불교가 개인의 삶과 사회 질서를 이끌어 가는데 비하여 통치 면에서는 유교 이념이 강조되었습니다. 건국 과정에서 신라 6두품 출신 유학자들의 도움을 받은 태조는 서경에 학교를 세워 유학을 진흥하였고, 광종은 과거제를 실시하여 유교 소양을 갖춘 인재를 관리로 등용하였습니다. 최승로의 건의를 받아들인 성종은 유교 이념에 따라 통치 체제를 정비하였습니다. 그리고 개경의 국자감을 정비하고 12목에 유학 경전을 가르치는 경학박사를 파견하였습니다.

고려 중기에 문벌 중심의 사회가 자리 잡으면서 유교는 사회 개혁보다는 지배 체제의 안정을 추구하는 보수적 성격으로 변화하여 갔습니다. 인종 때 김부식은 금의 사대 요구 거부를 주장하던 묘청의 난을 진압하는 등 현실 안정을 추구하는 경향을 보였습니다. 한편 최충 등 이름난 유학자들은 사학을 설립하여 유교 교육을 활성화하였으나, 관학을 위축시키는 부작용을 만들기도 하였습니다. 원 간섭기에는 성리학이 도입되어 형이상학적 측면보다 실천적 기능이 강조되었습니다. 신진 사대부는 성리학을 바탕으로 원 간섭기 이후 나타난 정치·경제적 모순을 개혁하려 노력하였습니다.

유학의 발전과 더불어 유교적 역사 서술 체제가 확립되면서 많은 역사책이 편찬되기 시작하였습니다. 고려는 건국 초기부터 왕조실록을 편찬하였으나 거란의 침략으로 모두 불타 버렸습니다. 이후에도 실록을 편찬하였지만 지금은 전하지 않습니다. 고려 중기 인종 때에는 김부식이 왕명에 따라 유교적 합리주의 사관을 바탕으로 기전체인 《삼국사기》를 편찬하였습니다. 한의 사마천에 의해 처음 저술되기 시작한 기전체는 동아시아의 역사 서술 방법 중 하나로, 본기(제왕), 세가(제후), 열전(인물), 지(주제), 표(연표) 등으로 구성되었습니다. 유교적 인물 평가 중심으로 저술된 것이 특징입니다.

무신 정변과 몽골 침략을 거치면서 자주 의식을 강조한 역사서로 고구려 계승 의식을 강조한 이규보의《동명왕편》, 단군을 우리 민족의 시조로 내세운 일연의 《삼국유사》와 이승휴의《제왕운기》등이 서술되었습니다.

고려 시대에는 도교와 풍수지리설도 유행하였습니다. 고려 시대 도교는 불교와 함께 나라의 안정과 왕실의 번영을 기원하는 국가 종교로서의 역할을 했으며, 복을 기원하는 신앙으로 일반 백성들에게도 널리 유행하였습니다. 국가 차원에서 도교 사원을 세우고 도교 의례(초제)를 지내 국가의 안녕과 번영을 기원하였습니다.

신라 말부터 유행한 풍수지리설은 미래의 길흉화복을 예측하는 도참사상과 결합하여 고려 시대에도 널리 유행하였습니다. 풍수지리설은 3경의 설치와 서경 천도 운동 등의 근거가 되기도 하였습니다.

고려 시대의 불교

불교 정책	숭불 정책 • 태조 : 훈요 10조를 통해 후손에게 불교 장려 당부 • 광종 : 승과 제도 및 국사·왕사 제도 정비	
주요 승려	의천	• 해동 천태종 창시(교종을 중심으로 선종 통합 시도) • 교관겸수(이론의 연마와 실천을 모두 중시) 제창
	지눌	• 수선사를 중심으로 결사 운동 전개(수행과 노동 중시) • 선종의 입장에서 교종과의 조화 추구 • 돈오점수와 정혜쌍수 강조
	혜심	유·불 일치설 주장 → 성리학 수용의 토대 마련
	요세	백련사 결사 조직, 참회의 실천 강조
대장경 간행	초조대장경	거란 침입에 대응하여 제작 → 몽골의 침입으로 소실
	팔만대장경	몽골 침입에 대응하여 제작 → 경남 합천 해인사에 현존

고려 시대의 유학

유학의 발달	• 배경 : 과거제 시행 → 유학 교육 확산, 유교적 통치 체제 정비(성종) • 과정 : 고려 중기 유학의 보수화(김부식, 최충 등) • 성리학의 수용 : 원 간섭기 안향의 소개 → 이제현·이색 등의 이해 심화 → 　정도전·정몽주·권근 등 신진 사대부의 적극 수용
교육 기관	• 관학 : 중앙의 국자감(유학부와 기술학부), 지방의 향교 설치 • 사학 : 사학 12도 융성(최충의 9재 학당 등) → 관학의 위축 • 관학 진흥책 : 서적포 설치(숙종), 전문 강좌인 7재와 양현고 설치(예종) • 고려 말의 유학 교육 : 국자감을 성균관으로 개편, 문묘(공자를 모시는 　사당) 건립

역서사의 편찬

전기	• 왕조실록 편찬(전하지 않음) • 《삼국사기》 : 김부식 등 편찬, 기전체, 유교적 합리주의 사관 반영
후기	• 《동명왕편》(이규보), 《삼국유사》(일연), 《제왕운기》(이승휴) : 민족적 자주 　의식 표현 • 《사략》(이제현) : 성리학적 유교 사관을 반영

도교와 풍수지리설의 유행

도교	• 왕실과 국가의 안녕 기원 • 불로장생, 현세 구복 등을 추구 • 초제 거행(국가 행사)
풍수지리설	묘청의 서경 천도 운동과 남경(지금의 서울) 설치 등에 영향

고려 시대의 문화유산

불
상

논산 관촉사 석조 미륵보살   하남 하사창동 철조 석가여래 좌상
입상 (충남)

석
탑

개성 남계원지 7층 석탑   평창 월정사 8각 9층 석탑(강원)

건
축

성불사 응진전 (황해 사리원)   **영주 부석사 무량수전(경북)**
다포 양식으로 지어진 건물로 균형이 잘 잡혀 있고,   배흘림 기둥과 주심포 양식으로 단아하면서도
화려한 모습이다.   세련된 아름다움을 담고 있다.

17
조선의 성립

14세기 중엽 중국에서는 원의 국력이 쇠퇴하면서 한족 반란군(홍건적)이 일어났습니다. 이때 홍건적을 이끌던 주원장은 원을 만리장성 밖으로 몰아내는 한편 난징에서 명을 건국하였습니다. 원 대신 명을 중심으로 동아시아 사회가 재편된 것입니다. 일본에서는 무로마치 막부의 통제력이 약해지면서 왜구가 고려와 중국 해안을 노략질하여 큰 문제가 되었습니다.

고려도 대내외적으로 큰 혼란을 겪었습니다. 권문세족과 이들과 손잡은 불교 사원이 농장을 확대하면서 백성을 수탈하였고, 홍건적과 왜구도 자주 침입해 왔습니다. 이에 신진 사대부는 홍건적과 왜구의 침입을 물리치면서 성장한 이성계 등 신흥 무인 세력과 손잡고 권문세족의 횡포와 불교의 폐단을 비판하면서 고려를 개혁하려 하였습니다.

이성계와 신진 사대부는 사회 모순의 개혁 방향을 둘러싸고 당시 정치적 실권을 장악한 최영과 갈등을 빚었습니다. 최영이 권문세족의 권력 유지에 눈 감은 것과 달리, 이성계와 신진 사대부는 권문세족을 개혁의 대상으로 삼았습니다. 새로 건국된 명이 철령 이북의 땅을 직속령으로 요구하자 이에 반발한 고려는 요동 정벌을 추진하였습니다. 요동 정벌을 반대하던 이성계는 압록강 하류의 위화도에서 군대를 돌려 개경으로 돌아와 최영을 내쫓고 권력을 장악하였습니다(위화도 회군, 1388).

위화도 회군 이후 신진 사대부는 개혁을 둘러싸고 두 세력으로 나누어졌습니다. 이색과 정몽주 등 다수의 신진 사대부는 부패한 권문세족을 제거하고 대토지 소유를 시정하는데 동의했지만, 고려 왕조는 유지하려 하였습니다. 반면 정도전과 조준 등 급진 개혁파는 왕이 덕이 없어서 민심을 잃으면, 덕이 있는 다른 사람이 하늘의 명을 받아 나라를 세운다는 역성혁명론을 통해 새 왕조를 세우려 하였던 것입니다. 권력을 장악한 이성계와 정도전, 조준 등 급진 개혁파는 과전법을 시행하여 신진 관료의 경제적 기반을 마련하는 등 개혁 정책을 펼쳤고, 결국 온건 개혁파를 제거하고 조선을 건국하였습니다(1392). 조선을 건국한 태조 이성계는 나라 이름을 '조선'이라 하고, 한양으로 도읍을 옮겼습니다.

조선의 건국은 단순한 왕조 교체로 끝난 것은 아니었습니다. 고려 시대와는 달리 여러 가지 면에서 변화가 이루어진 사회 전환적 요소가 컸습니다. 특히 태조 이성계는 우리 민족이 처음 세운 나라인 고조선을 계승한다는 의미를 담아 국호를 '조선'이라 하면서 우리 민족의 독자적 성격을 강조하였습니다. 또한 나라의 중앙에 위치해 전국을 다스리기 쉽고, 한강을 끼고 있어 교통이 편리하며 물자가 풍부하고, 또 주변이 산으로 둘러싸여 있어 외적을 막는 데에도 유리한 한양으로 도읍을 옮겨 현재의 모습을 마련하였습니다. 또한 성리학을 국가 이념 및 통치 이념으로 통일하였습니다. 한양의 경복궁과 4대문 등의 주요 건물은 유교 이념에 따라 배치되고, 그 명칭도 유교 경전에서 가져와 붙였습니다. 이로써 조선은 고려와는 다른 유교 중에서도 성리학 정치의 구현을 위해 노력하는 새로운 국가의 모습을 갖추어 갔습니다.

신진 사대부의 분화

배경	고려 왕조 유지 여부
분화	• 온건 개혁파 ; 이색·정몽주 중심, 고려 왕조 유지(점진적 개혁) • 급진 개혁파 : 정도전·조준 중심, 새 왕조 건설 추진(역성혁명론)

조선의 건국

배경	위화도 회군(1388)으로 이성계 등 신흥 무인 세력과 신진 사대부가 정치적 실권 장악
과정	급진 개혁파 신진 사대부가 정몽주 등 일부 온건 개혁파 신진 사대부 제거 → 이성계를 왕으로 추대하여 조선 건국(1392)

18
조선의 통치 체제 정비

　조선은 성리학 이념을 바탕으로 민본 사상과 덕치주의를 내세우면서 통치 체제를 정비하였습니다. 태조 때의 정치는 정도전과 조준 등 개국공신에 의해 주도되었는데, 특히 정도전은 재상 중심의 정치를 강조하고,《조선경국전》을 편찬하여 성리학을 통치 이념으로 확립하는 등 새로운 문물제도를 정비하는 데 앞장섰습니다. 그러나 이방원(태종)을 비롯한 왕자들은 재상 중심의 정치에 불만을 품고 왕자의 난을 일으켜 정도전 등의 세력을 제거하고 정치적 실권을 장악하였습니다.

　정도전을 몰아내고 왕위에 오른 태종은 의정부의 권한을 약화시키고 6조의 판서가 직접 왕에게 보고하는 6조 직계제를 실시하여 왕을 중심으로 통치 체제를 정비하였습니다. 뒤를 이은 세종은 태종이 마련한 강력한 왕권과 경제력을 바탕으로 유교 정치의 이상을 추구하였습니다. 세종은 의정부 서사제를 실시하여 왕권과 신권의 조화를 꾀하였으며, 집현전을 설치하고 훈민정음을 창제하는 등 유교 정치 실현에 힘을 기울였습니다. 그러나 문종에 이어 어린 단종이 즉위하면서 왕권이 약화되고 정치적 실권은 재상에게 다시 넘어갔습니다. 이러한 상황에서 수양대군(세조)이 정변을 일으켜 김종서 등을 제거하고 권력을 장악하였고, 조카인 단종을 쫓아내고 왕위에 올랐습니다. 세조는 다시 6조 직계제를 실시하고, 집현전과 경연을 폐지하는 등 언론 활동을 제한하여 왕권을 강화하였습니다. 성종에 이르러 조선의 국가 통치의 기본 틀이 마련되었습니다. 이 시기에《경국대전》이 완성·반포되면서 성문 법전에 바탕을 둔 조선의 통치 체제가 확립되었습니다.

　조선은 중앙 집권 체제를 지향하면서도 유교 통치 이념에 따라 권력의 독점을 막는 통치 체제를 마련하였습니다. 중앙 정치 체제는 합의제를 기본으로 하는 의정부와 6조를 중심으로 운영되었습니다. 그리고 언론 담당 기구로 사헌부, 사간원, 홍문관의 3사를 두어 정사를 비판하고 관리의 비위를 감찰하게 하여 권력의 독점과 부정을 방지하였습니다. 한편 국왕의 비서 기관인 승정원과 국가의 큰 죄인을 다스리는 의금부는 왕권을 유지·강화하는 데 중요한 역할을 하였습니다. 이로써 조선은 왕권과 신권이 조화된 통치 체제를 갖추게 되었습니다.

한편 관리 선발에 있어서도 과거, 천거, 음서 등 다양한 방법을 운영하였습니다. 그중에서 문관을 뽑는 문과를 가장 중요하게 여겼으며, 고려와는 달리 무관을 뽑는 무과도 정기적으로 실시하였습니다. 천거와 음서는 고려 시대에 비해 대상과 범위가 크게 줄어들어 유학 실력에 의한 과거제가 각광받았습니다.

지방 행정 조직은 전국을 8도로 나누고, 그 밑에 부·목·군·현을 두었습니다. 각 도에는 관찰사를 파견하였고, 모든 군현에 지방관을 파견하였습니다. 특수 행정 구역도 모두 일반 군현으로 정리되는 등 고려 시대와는 달리 중앙 집권 체제가 완성되었습니다. 수령의 권한이 강화되어 지방의 행정·사법·군사 업무를 담당하였으며, 향리는 수령을 보좌하는 아전으로 지위가 낮아졌습니다. 한편 각 지방의 사족은 향촌 자치 조직인 유향소를 운영하여 수령을 보좌하고, 백성을 교화하였으며 향리를 감찰하였습니다. 이를 통해 조선은 향촌 자치를 부분적으로 허용하면서 중앙 집권 체제를 강화할 수 있었습니다.

한국사 쉬어 가기 조선의 중앙 통치 기구와 지방 행정 제도

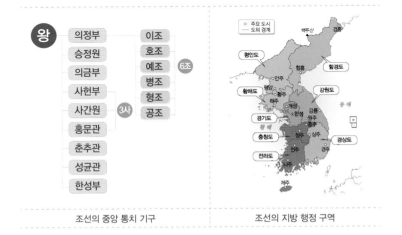

조선의 중앙 통치 기구   조선의 지방 행정 구역

조선 초기 체제 정비 과정

태조	• 한양 천도 • 정도전이 성리학적 통치 이념 확립에 기여
태종	• 6조 직계제 실시 : 국왕 중심의 정치 강화 • 사병 혁파 : 군사권 장악 • 호패법 실시 : 국가의 경제 기반 확충
세종	• 의정부 서사제 실시 : 왕권과 신권의 조화 추구 • 집현전 설치 : 학문과 정책 연구 • 4군 6진 지역 개척 : 여진 정벌, 영토 확장
세조	• 6조 직계제 부활 • 집현전과 경연 폐지 • 직전법 실시 : 신진 관료에게 지급할 토지 부족 문제 해소 　(현직 관리에게만 지급)
성종	• 학문 활성화 : 집현전을 계승한 홍문관 설치, 경연 부활 • 《경국대전》 완성 : 성문 법전 완성

조선의 중앙 통치 기구

의정부	• 국정을 총괄하는 최고 정무 기구 • 재상들의 합의로 정책을 심의·결정
6조	정책 집행 담당
3사	• 사헌부(감찰), 사간원(간쟁), 홍문관(자문)으로 구성 • 언론 기능 담당 : 권력의 독점과 부정 방지
기타	승정원(국왕 비서 기구), 의금부(국왕 직속 사법 기구), 춘추관(역사서 편찬과 보관) 등

조선의 지방 행정 조직

행정 구역	전국을 8도로 나눔 → 그 아래 부·목·군·현 설치
지방관 파견	8도에는 관찰사, 모든 군현에 수령 파견
향리	수령을 보좌하고 지방 행정 실무 담당
유향소	지방 사족으로 구성된 향촌 자치 기구 → 수령을 보좌하고 향리의 비리를 감시

조선의 군역과 군사 제도

군역	16세 이상 60세 미만의 양인 남자에게 부과
군사 제도	• 중앙군인 5위는 궁궐과 수도 수비 • 지방에는 육군과 수군 부대를 배치하여 방어

조선의 관리 등용 제도

과거	• 종류 : 문과(문관 선발), 무과(무관 선발), 잡과(기술관 선발, 역·율·의·음양과 등) • 응시 자격 : 원칙적으로 천인이 아니면 누구나 응시할 수 있었음
음서	고려 시대에 비해 대상 축소, 음서 출신은 고위 관리로 승진하기 어려움
천거	고위 관리의 추천으로 관직에 등용하는 제도

조선의 교육 제도

성균관	한성에 설치된 최고 교육 기관, 유학 교육 실시
향교	지방 군현에 설치되어 유학 교육 담당
서당	사립학교, 한문과 초보적 유학 교육 실시

19
사림 세력의 대두

고려는 문벌에서 무신으로, 무신에서 권문세족으로 지배 계층의 성격 자체가 변화하였습니다. 반면 조선에서는 신진 사대부 내에서 정치 세력이 분화하였습니다. 신진 사대부 중 급진 개혁파가 중앙 정치를 장악하여 운영한데 비하여, 온건 개혁파를 중심으로 일부는 조선 건국 이후에도 정치에 참여하지 않고 지방에서 성리학 연구와 제자 양성에 힘썼습니다.

이들은 15세기 중반 이후, 영남과 기호 지방을 중심으로 성리학에 투철한 지방 사족(사림)으로 성장하였습니다. 중소 지주적 경제 기반을 갖고 있던 이들은 도덕과 의리에 바탕을 둔 왕도 정치를 강조했고, 향촌 자치를 주장하며 사족 중심의 향촌 질서를 강화해 나갔습니다. 이 시기의 중앙 정치는 세조의 즉위 과정에서 공을 세운 훈구 세력이 장악하고 있었습니다. 이들은 고위 관직을 독점하였을 뿐 아니라 권세를 이용해 막대한 토지를 차지하고 상업 활동에도 관여해 재산을 축적하였습니다. 하지만 그 과정에서 각종 비리와 부정을 저질러 백성들로부터 지탄의 대상이 되었습니다.

15세기 후반 사림 세력은 중앙 정치에 본격적으로 진출하였습니다. 성종은 세조 때부터 권력을 장악하고 있었던 훈구 세력을 견제하기 위해 사림을 3사의 언론 기관에 중용하였습니다. 사림이 훈구의 부정과 비리를 비판하자 두 세력의 대립은 깊어졌습니다.

연산군이 즉위하자 훈구 세력은 사림 세력을 공격했고, 연산군도 자신의 실정을 비판하는 사림 세력을 못마땅하게 생각하였습니다. 이에 무오사화와 갑자사화의 두 차례 사화가 일어나게 되면서 사림은 큰 피해를 입었습니다. 중종반정으로 연산군이 쫓겨나고 중종이 즉위하자, 이 과정에서 공을 세운 훈구 세력이 권력을 장악하였습니다. 이에 중종은 조광조를 비롯한 사림 세력을 등용하여 훈구 세력을 견제하려 하였습니다. 중종의 신임을 받은 사림 세력의 조광조는 유교적 도덕 정치의 시행을 주장하며 급진적인 개혁을 추진하였습니다. 현량과를 실시하여 사림을 등용하였고, 중종반정의 공신을 조사하여 자격이 없는 사람의 공훈을 삭제하였습니다(위훈삭제). 그러나 공신들의 반발과 조광조의 급격한 개혁에 대한 중종의 부담으로 기묘사화가 일어나면서, 조광조를 비롯한 대부분의 사림 세력이 처형되거나 중앙 정계에서 쫓겨났습니다. 사림 세력은 명종 때에도 사화를 겪었지만 서원과 향약을 기반으로 향촌 사회에서 꾸준히 세력을 확대하여 선조 대에는 정국을 주도하게 되었습니다.

훈구와 사림의 차이

훈구	세조의 집권을 주도한 공신 세력을 중심으로 형성, 조선 전기 국정 주도
사림	성종 때 본격적으로 중앙 정계에 진출, 주로 3사의 언관직에 임명되면서 훈구 견제

사화의 발생

내용	연산군~명종 때에 훈구와 사림의 정치적 대립 등을 배경으로 일어남(무오사화, 갑자사화, 기묘사화, 을사사화) → 이 중에서 훈구가 사림을 공격한 대표적 사화는 무오사화와 기묘사화
무오사화	• 배경 : 연산군 때 훈구 세력이 사초에 실린 김종직의 '조의제문'을 문제 삼아 사림 공격 • 결과 : 훈구 세력의 공격으로 사림 몰락
기묘사화	• 배경 : 중종이 훈구 세력을 견제하기 위해 조광조를 비롯한 사림 등용 • 조광조의 개혁 정치 : 현량과 실시 건의, 부당하게 공신이 된 일부 훈구 세력의 공훈 삭제 추진(위훈 삭제) • 결과 : 훈구 세력이 조광조를 비롯한 사림을 공격하여 제거

20
공론의 대두와 조선 후기 정비 운영의 변화

선조 대에 들어 사림이 정국을 주도하였으나, 왕과 외척 관계에 있었던 신하인 척신 정치의 잔재 청산과 관리 인사권을 맡고 있는 이조전랑 임명 문제로 사림 사이에서 대립이 일어났습니다. 사실 훈구 세력보다는 사림 세력이 훨씬 더 많았기 때문에 이들이 중앙으로 진출하자 관직의 수가 모자라는 현상이 일어나게 된 것입니다. 결국 척신을 배제할 것을 주장한 동인과 사림에 우호적인 척신을 포용하자고 주장한 서인으로 사림 세력이 갈라지며 붕당이 출현하였습니다. 붕당은 학연, 혈연, 지연을 바탕으로 정치적 이해관계가 합쳐져 더욱 복잡하게 갈라지게 되었습니다. 동인은 다시 북인과 남인으로 나뉘어졌는데, 광해군 때는 북인이 집권하면서 서인과 남인을 배제하고 권력을 독점하였습니다. 이에 반발하여 서인이 주도한 인조반정이 일어났고, 인조반정 이후에는 서인이 정국 주도권을 잡고 남인과 공존하면서 공론에 따른 정치를 추구하였습니다. 공론이란 '여러 사람의 의견'이란 뜻으로, 지방 사족의 의견까지 공론으로 받아들여 정치에 반영하였습니다. 그러나 현종 때 효종과 효종비가 죽은 후에 상복 입는 문제로 두 차례에 걸쳐 대립한 예송으로 서인과 남인의 대립이 심화되었습니다.

붕당 정치는 지방 사족의 의견까지 공론으로 폭넓게 수렴하고, 붕당 간에 비판과 견제가 가능하다는 긍정적 면이 있었습니다. 그러나 두 차례에 걸친 예송 이후 붕당 간의 권력 다툼이 심해지면서 붕당 정치의 성격은 점차 자신들이 속한 붕당의 이익만을 추구하는 쪽으로 변질되기 시작하였습니다.

숙종 때는 정권을 잡은 붕당이 자주 바뀌는 환국으로 서인과 남인이 번갈아 권력을 장악하면서 상대 붕당에 대한 탄압과 보복이 이어졌습니다. 결국 각 붕당은 상대 붕당을 인정하지 않고 권력을 독점하려 하였으며, 공론은 붕당의 이익을 대변하는 데 악용되었습니다. 붕당 간 대립으로 왕권이 위협받자 숙종 대에 탕평책이 제기되기도 하였으나 숙종 자신이 환국을 부추기는 행동으로 제대로 실시되지 못하였습니다.

본격적인 탕평책은 영조와 정조 때 시행되었습니다. 영조는 탕평론에 동의하는 탕평파를 중심으로 정국을 운영하면서 붕당의 근원인 서원을 대폭 정리하고, 이조 전랑의 권한도 약화시켰습니다. 영조는 강화된 왕권을 바탕으로 노론과 소론 사이의 세력 균형을 조정하여 정쟁을 억제하고 정국의 안정을 도모하였습니다.

영조의 뒤를 이은 정조는 영조의 외척 세력을 제거한 후, 노론·소론·남인을 고루 관직에 기용하는 탕평책을 실시하였습니다. 또한 자신의 권력과 정책을 뒷받침하기 위해 왕립 도서관 격인 규장각을 설치하고 관리를 재교육하는 초계문신제를 실시했으며, 친위 부대인 장용영을 설치하였습니다. 그리고 자신의 정치적 이상을 실현하기 위한 도시로 수원 화성을 건설하였습니다.

영조와 정조의 탕평 정치는 붕당 간의 정쟁을 완화하여 왕권 강화에 도움이 되었고, 이를 바탕으로 일련의 개혁을 추진해 민생을 안정시킬 수 있었습니다. 그러나 탕평책은 붕당 자체를 없앤 것이 아니라, 강력한 왕권을 바탕으로 붕당 간의 정쟁을 조정한 임시방편에 불과하였습니다. 따라서 정조가 죽은 뒤 나이 어린 왕인 순조가 즉위하자 왕권이 약해지면서 붕당 간의 정치 균형이 깨졌고, 결국 몇몇 가문이 권력을 독점하는 세도 정치가 등장하게 되었습니다.

한국사 쉬어 가기 · 조선 시대의 공론

공론은 누구나 그 옳고 그름을 따질 수 있는 공정하고 바른 의견을 의미합니다. 이이는 "인심이 함께 옳다 하는 것을 공론이라 하며, 공론의 소재를 국시라 한다. 국시란 한 나라의 사람이 의논하지 않고도 똑같이 옳다 하는 것이니, 이익으로 유혹하는 것도 아니고 위세로 무섭게 하지 않아도 삼척동자도 그 옳은 것을 아는 것이 국시이다"라고 공론에 대해 긍정적인 주장을 하였습니다. 조선은 3사의 관원, 지방 사족, 학생에 이르기까지 공론의 형성에 참여하면서 유교적 정치 이념을 정착시켜 갔습니다. 붕당 정치 중에도 각 붕당은 학문적 성향이나 지역적 특징으로 생길 수 있는 정치적 견해의 차이를 인정하며 상호 토론과 비판을 통해 조선의 공론 정치를 지탱하였습니다. 그러나 붕당 정치가 일당 전제화의 폐단으로 흐르고 결국 세도 정치가 시행되면서 공론을 통한 정치는 그 기능을 상실하고 말았습니다.

붕당의 형성

배경	사화로 피해를 입은 사림이 서원과 향약을 바탕으로 꾸준히 세력을 확대 → 선조 즉위 초부터 정국 주도
과정	척신 정치 청산과 이조전랑 임명 문제를 둘러싸고 기성 사림과 신진 사림 사이에 갈등 발생 → 동인과 서인의 붕당 형성
분화	• 동인 : 신진 사림 중심, 척신 정치 청산에 적극적, 이황과 조식의 문인 중심 (영남학파, 주리론 중심) • 서인 : 기성 사림 중심, 척신 정치 청산에 소극적, 이이와 성혼의 문인 중심 (기호학파, 주기론 중심)

붕당 정치의 전개

선조	사림이 동인과 서인으로 나뉨 → 다시 동인이 남인과 북인으로 나뉨
광해군	북인이 정국을 주도하였으나, 서인 주도의 인조반정으로 몰락
인조	서인이 남인 일부와 연합하여 정국을 운영 → 붕당 정치 본격적 전개(공론 정치의 대두)
현종	두 차례 예송 발생 → 서인과 남인의 대립 심화
숙종	탕평론 제기 → 세 차례의 환국(숙종 관여) → 서인이 노론과 소론으로 분화 → 노론의 일당 전제화

영조와 정조의 탕평 정치

영조	• 탕평 정책에 동의하는 인물(탕평파)을 등용 → 정국 운영 • 붕당의 근거지인 서원 정리 • 개혁 정치 : 균역법 시행, 신문고 제도 부활
정조	• 영조 때 득세하던 외척 제거 및 노론·소론·남인의 세력 균형 유지 • 왕권 강화 : 규장각 설치, 초계문신제 실시, 장용영 설치, 수원 화성 축조 • 개혁 정치 : 서얼 차별 완화, 금난전권 폐지

21

조선 전기의 대외 관계와 임진왜란의 발생

건국 초기 태조와 정도전은 요동 정벌을 추진하면서 명과 마찰이 있었지만 태종 즉위 이후에는 조공과 책봉 체제를 바탕으로 하는 사대 외교를 펼치면서 명과 친선 관계를 유지하였습니다. 사대 외교는 명에 대한 동아시아 각국의 일반적인 외교 형식으로, 서로의 독립성을 인정한 상태에서 이루어졌습니다. 명은 왜구의 침략이 빈번하자 사무역을 금지하였습니다. 때문에 조공은 사신 파견과 함께 이루어진 경제적·문화적 교류로, 선진 문물을 수용하는 중요한 통로이자 일종의 공무역이었습니다. 반면 책봉은 국왕의 지위를 국제적으로 인정받는 형식적인 절차로, 정치적 안정을 이루는 데 도움이 되었습니다. 따라서 명에 대한 사대 관계를 유지하는 것은 당연한 국제 질서로 조선은 명 중심의 국제 질서에 능동적으로 참여하여 약 200년 동안 평화를 누렸고, 경제적·문화적으로 실리를 취했습니다.

반면 조선은 일본, 여진 등과는 교린 관계를 맺고 회유책과 강경책을 함께 펼쳤습니다. 조선은 영토를 확보하고 국경 지역을 안정시키기 위하여 여진에는 귀순을 적극 장려하고 국경 지대에 무역소를 설치하여 교역을 허용하였습니다. 세종 때는 4군 6진을 개척하여 압록강과 두만강 지역까지 영토를 확보하였습니다.

조선은 일본에 대해서도 토벌과 회유의 양면 정책을 취하였습니다. 고려 말 극심했던 왜구의 침략이 조선 초기까지 지속되자 세종 때에 왜구의 근거지인 쓰시마섬을 토벌하였습니다. 이후 일본이 교역을 간청해 오자 삼포(부산포·제포·염포)를 개방하여 제한적으로 교역을 허용하였습니다. 또한 류큐나 시암, 자와 등 여러 나라와도 교린 정책을 중심으로 다양하게 교류하였습니다.

16세기에 접어들면서 여진과 왜인이 국경에서 자주 소란을 일으켰습니다. 조선은 국방 문제를 전담하는 비변사를 새로이 설치하는 등 변화하는 국제 정세에 대비하려 하였으나 군역이 문란해지면서 국방력은 점차 약화되었습니다.

일본에서는 도요토미 히데요시가 전국 시대를 통일하였습니다. 도요토미 히데요시는 자신에 대한 불평 세력의 관심을 밖으로 돌리고 대륙 침략의 야욕을 채우기 위해 조선을 침략하였습니다(임진왜란, 1592). 조선은 20일 만에 수도인 한성을 빼앗기면서 일방적으로 후퇴하였습니다. 그러나 이순신이 이끄는 수군이 제해권을 장악하여 왜군의 수륙 병진 작전을 좌절시켰고, 전국 각지에서 의병이 일어나 활약하면서 왜군의 공격을 저지하였습니다. 관군도 전열을 정비하여 명군과 함께 평양성을 탈환하면서 전세를 역전시켰습니다. 이후 남해안 일대로 밀려난 왜군은 휴전 회담을 제의하였으나 3년 만에 협상이 결렬되고, 왜군은 다시 침략해 왔습니다(정유재란, 1597). 그러나 전세가 불리해지고 도요토미 히데요시가 죽으면서 왜군은 일본으로 철수하여 7년에 걸친 임진왜란은 끝이 났습니다.

임진왜란은 단순히 조선과 일본의 전쟁이 아니라 명까지 참전한 국제 전쟁이었습니다. 따라서 조선뿐 아니라 동아시아에 큰 영향을 끼쳤습니다. 조선은 전쟁으로 국토가 황폐해졌고 수많은 사람이 희생되었으며, 불국사 등 중요한 문화유산이 소실되었습니다. 중국에서는 명이 임진왜란 참전으로 국력이 쇠퇴하자 만주 지역의 여진(후금)이 급속하게 세력을 확장하였습니다. 일본에서는 도요토미 히데요시 가문이 몰락하고 도쿠가와 이에야스에 의해 에도 막부가 성립되었습니다.

한국사 쉬어가기   조선이 명에 자주 사신을 파견한 이유

조선은 명과 사대 관계를 형성한 이후 정기적 · 비정기적으로 많은 사신을 명에 보냈습니다. 따라서 명에서는 너무 자주 오는 조선 사절단을 대접하는 데 큰 비용이 들었고 사절단이 돌아갈 때 답례품을 주어야 했기에 부담이 컸습니다. 결국 명 황제는 3년에 1회만 사신을 보내라고 요구할 정도였습니다. 일본이 10년에 1회로 제한된 것에 비하면 이 정도도 큰 허용이었습니다. 그러나 조선 정부는 1년에 3회 사신을 파견하겠다고 요구하여 통과시켰고, 부정기적 사절단까지 포함하여 많으면 1년에 7~8회의 사절단이 명을 왕래하였습니다. 그러면 조선은 왜 이렇게 명에 자주 사신을 파견하였을까요? 일본 식민 사관의 주장처럼 조선이 사대성에 찌들어 그런 것일까요? 아닙니다. 명은 일본 왜구의 침략과 조공 체제의 확립 등의 이유로 사적인 무역을 금지시키고, 공적인 무역인 조공만 허락하였습니다. 이런 상황에서 명의 선진 문물을 수입하기 위해서는 조공 무역을 확대할 수밖에 없었던 것입니다. 따라서 조선의 명에 대한 조공은 경제적 · 문화적 이유가 컸던 것입니다.

조선 초기 대외 관계

명	초기에는 요동 정벌로 대립 → 태종 이후 사대 외교 추진 → 정치적 안정을 추구한 실리 외교, 선진 문물 수용을 위한 문화 외교
여진	교린 정책 시행 • 회유책 : 여진족의 귀순 장려, 국경 지역에 무역소 설치(교역 허용) • 강경책 : 세종 때 4군 6진 개척
일본	교린 정책 시행 • 강경책 : 세종 때 이종무가 왜구의 소굴인 대마도 토벌 • 회유책 : 3포(부산포·제포·염포) 개방 → 제한된 범위 내에서 교역 허용
기타	유구(류큐), 시암(타이), 자와(인도네시아) 등 동남아시아 여러 나라와 교류

임진왜란의 발생과 극복

배경	• 조선의 국방력 약화 • 3포 왜란과 을묘왜변 등 조선과 일본의 갈등 심화 • 일본 도요토미 히데요시의 대외 침략 욕구
과정	왜군의 조선 침략 → 전쟁 초기 관군의 잇따른 패배 → 선조의 의주 피란 및 명에 지원군 요청 → 이순신의 수군과 의병의 활약 → 관군의 재정비와 명 지원군 도착 → 평양성 탈환 및 왜군 후퇴 → 휴전 회담 → 정유재란 → 직산 전투와 명량해전에서 조선군의 승리 → 도요토미 히데요시의 사망 → 왜군 철수
영향	• 조선 : 인구 감소, 농토 황폐, 여러 문화재 소실 및 약탈당함 • 명 : 왜란 참전으로 국력 쇠퇴 • 여진 : 왜란을 틈타 성장하여 후금 건국 → 명·청 교체로 이어짐 • 일본 : 도요토미 정권의 붕괴와 에도 막부의 성립, 조선에서 약탈한 문화재와 납치한 학자·기술자를 통해 성리학과 도자기 문화 발전

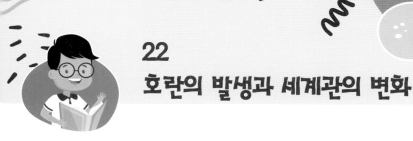

22
호란의 발생과 세계관의 변화

　선조의 뒤를 이어 즉위한 광해군은 왜란의 피해를 극복하기 위해 국가 재정을 확충하고 국방력을 강화하면서 적절한 전후 복구 사업을 펼쳤습니다. 대외적으로는 쇠퇴하는 명과 후금이 강해지는 국제 정세 속에서 신중하게 중립 외교를 추진하여 국가의 안정을 도모하였습니다. 그러나 광해군의 중립 외교를 반대하던 서인은 인조반정(1623)을 일으켜 정권을 잡고, 친명 배금 정책을 펼쳤습니다. 이에 후금이 조선을 침략하였으나 명과의 전쟁 때문에 형제 관계를 맺고 돌아갔습니다(정묘호란, 1627).

　세력을 키운 후금이 이름을 청으로 바꾸고 중국의 대부분 지역을 확보하자 조선에 군신 관계를 요구하였습니다. 이에 조선은 주화론과 척화론으로 나뉘어 대립하였습니다. 결국 조선에서 척화론이 우세해지면서 청의 요구를 거부하자 청이 조선을 다시 침략하였습니다(병자호란, 1636). 조선은 남한산성에서 청에게 대항하였으나, 결국 삼전도에서 치욕적 굴욕을 당하면서 군신 관계를 맺을 수밖에 없었습니다.

　병자호란 이후 표면상 청과 사대 관계를 맺고 평화를 유지하면서 경제적·문화적 교류를 이어 갔습니다. 그러나 내부적으로는 청에 당한 치욕을 씻고 명에 의리를 지키자는 북벌 운동이 전개되었습니다. 특히 청에 볼모로 잡혀갔다 돌아와 왕위에 오른 효종은 송시열, 이완 등을 등용하여 군대를 양성하는 등 북벌을 준비하였습니다. 숙종 초에도 남인을 중심으로 북벌론이 제기되었습니다. 그러나 청의 세력이 더욱 강해지고, 늘어나는 군비로 재정이 악화되자 북벌 계획은 중단되고 말았습니다.

　청이 중국을 장악한 이후에도 조선의 지식인들은 여전히 청을 오랑캐로 인식하였습니다. 그러나 중국에 가서 청의 발전된 모습을 보고 자극을 받은 일부 실학자와 지식인은 청의 문물을 받아들여 조선을 발전시키자는 북학론을 제기하였습니다. 이들을 북학파라 하며, 이들의 주장은 19세기 후반 개화 사상으로 계승되었습니다.

조선 후기에는 중국에 갔던 사신을 통해 자명종과 천리경(망원경)이 들어오고, 세계지도인 '곤여만국전도'와 서양 역법인 시헌력이 전래되는 등 서양 과학 기술이 조선에 전래되었습니다. 특히 서양의 과학 기술은 실학자를 중심으로 한 조선의 지식인들이 중국 중심의 세계관에서 벗어나는 데 큰 영향을 끼쳤습니다. 대표적으로 이익은 지구가 둥글다고 주장하였으며, 김석문과 홍대용은 지전설을 내세웠습니다.

또한 호란 이후 조선의 지식인 사이에서는 멸망한 명을 대신하여 조선을 중화 문명의 정통을 계승한 유일한 나라로 보는 시각도 나타났습니다. 이는 우리의 역사와 국토에 대한 관심을 자극하여 국학 연구가 활발해지는 계기가 되었습니다.

한국사 쉬어 가기 ─ 곤여만국전도

곤여만국전도(坤與萬國全圖)는 1602년(선조 35)에 이탈리아인 선교사 마테오 리치가 북경에서 제작한 것을 1708년(숙종 34) 조선에서 모사한 세계지도이다. 이 지도에는 세계지도만 있는 것이 아니라 지도 주변에 여러 보조 도면들이 있고, 지도 안팎으로 우주, 천문, 지리, 지세, 역법, 자연에 이르기까지 당시의 지리 정보와 자연 과학 지식이 빼곡하게 기술되어 있어 백과사전식 세계지도라 할 수 있었다. 서양식 세계지도에 담긴 지구설과 동아시아 지역 바깥의 확대된 지리적 정보는 조선 지식인들의 세계관 변화에도 큰 영향을 끼쳤다.

광해군의 정치

전후 복구 사업	• 양안과 호적 재작성 : 국가 재정 확충 • 대동법 실시 : 농민의 공물 부담 감소와 국가 재정 확충 목적
대외 정책	• 배경 : 명이 쇠약해지고 후금이 강성해지는 상황에서 명이 조선에 지원군 파병 요청 • 내용 : 명과 후금 사이에서 실리를 취하는 중립적 외교 전개

정묘호란과 병자호란

정묘호란	• 배경 : 인조반정 후 집권한 서인 세력이 친명배금 정책 추진 → 후금 자극 • 전개 : 후금의 조선 침략 → 인조의 강화도 피신, 관군과 의병의 항전 → 화의 성립
병자호란	• 배경 : 국력이 강해진 후금(청)이 조선에 군신 관계 요구 → 조선이 군신 관계 거부 • 전개 : 청의 조선 재침략 → 인조의 남한산성 피신 및 항전 → 청에 항복 (삼전도의 굴욕)

북벌 운동과 북학론

북벌 운동	청에 당한 치욕을 씻기 위해 청을 정벌하려는 운동 → 효종 때 송시열 등을 중심으로 추진
북학론	연행사를 통해 청의 발전상이 조선에 소개 → 18세기 이후 일부 실학자를 중심으로 북학론 제기 → 개화 사상으로 계승

서양 과학 기술의 전래

계기	중국에 갔던 사신을 통한 서양 과학 기술의 전래
전개	자명종·천리경(망원경), 세계지도 '곤여만국전도'와 서양 역법 시헌력 전래 → 지전설 제기

23
조선 후기의 대외 관계

　왜란과 호란 이후 조선은 청에 연행사, 일본에 통신사를 파견하여 평화를 유지하면서 경제·문화적 교류를 이어 갔습니다. 원래 중국에 가는 사신은 천자를 뵈러 간다는 조천사 등으로 불러야 했으나, 청에 대해서는 굴욕적으로 여겼기 때문에 사신을 청의 수도인 연경을 다녀왔다는 의미의 연행사라 불렀습니다. 그러나 연행사는 청의 발전된 문물과 청에 들어온 서양 문물을 조선에 전하는 중요한 통로 역할을 하였습니다.

　왜란 이후 새롭게 성립된 일본의 에도 막부는 경제적 어려움을 해결하고 선진 문물을 받아들이기 위해 조선에 국교 재개를 요청하였습니다. 이에 조선은 기유약조를 맺고 제한된 범위 내에서 무역을 허용하는 한편, 에도 막부의 요청으로 통신사를 파견하였습니다. 통신사는 외교 사절의 역할을 하였고, 선진 문물을 전파해 일본 문화 발전에도 기여하였습니다.

　청은 중국을 차지한 뒤 자신들의 본거지인 만주 지역을 성역화하고 출입을 통제하였습니다. 하지만 함경도와 평안도에 거주하던 조선인 중에는 일찍부터 압록강이나 두만강을 넘어 만주에서 사냥을 하거나 인삼을 채취하는 사람이 많았습니다. 이에 청이 양국의 경계를 명확히 할 것을 요구하자 조선과 청의 관리가 백두산 일대를 답사하고 백두산정계비를 세웠습니다(1712). 그러나 백두산정계비에 "동쪽은 토문으로 한다"는 기록은 후에 조선과 청 간의 국경 문제를 불러오게 됩니다. 토문의 위치에 대해서는 지금까지 양국의 주장이 대립하고 있습니다. 우리나라에서는 백두산에서 기원하여 만주 송화강으로 흘러들어가는 토문강을 토문이라고 보고 있습니다. 반면 중국에서는 두만강이 시작하는 곳에 토문이라는 지명이 있는데, 이를 토문이라고 보고 있습니다.

　한편 우리나라는 일찍부터 독도가 우리 영토임을 인식하고 있었습니다. 그런데 조선 후기에는 일본 어민들이 울릉도와 독도를 자주 침범하였습니다. 숙종 때 동래 어민 안용복은 일본 어민들을 내쫓고, 일본까지 건너가 울릉도와 독도가 조선의 영토임을 확인받고 돌아왔습니다. 이를 계기로 조선 정부는 일본의 에도 막부와 울릉도 및 독도 귀속 문제를 확정하고, 정기적으로 관리를 파견하여 관리하였습니다.

양 난 이후 대청 관계

대청 관계	• 연행사 파견 : 표면적으로 사대 관계 유지 • 북벌 운동 추진 : 청에 대한 치욕을 씻기 위해 청을 정벌하려는 운동 → 효종이 송시열 등을 등용하여 북벌 추진
북학론 대두	• 연행사를 통해 청의 발전 상황이 조선에 소개 → 18세기 이후 일부 실학자들을 중심으로 북학론 제기(부국강병 목적)
백두산정계비	• 배경 : 조선과 청 사이에 국경 분쟁 발생 • 과정 : 숙종 때 압록강과 토문강을 경계로 국경을 확정하고 정계비 건립 → 19세기 후반에 토문강 위치에 대해 조선과 청이 서로 다른 주장을 펴면서 간도 영유권 문제 발생

양 난 이후 대일 관계

국교 재개	에도 막부의 요청으로 기유약조 체결
통신사 파견	에도 막부의 요청으로 대규모 외교 사절 파견 → 조선의 문화를 일본에 전파하여 일본 문화 발전에 큰 영향을 끼침
안용복의 활동	안용복이 울릉도에 침입한 일본 어민을 축출 → 일본에 건너가 울릉도와 독도가 조선의 영토임을 인정받음

24
조선 후기 수취 체제의 정비

조선의 토지 제도는 고려 말에 마련된 과전법 체제로 운영되었습니다. 과전법은 경기 지방의 토지에 한해 관리에게 등급에 따라 수조권을 지급하는 제도로, 과전은 받은 사람이 죽으면 국가에 반환하는 것이 원칙이었습니다. 그러나 관료가 죽으면 토지의 일부가 자손(휼양전)이나 부인(수신전)에게 세습되면서 새로 관직에 임명된 관리에게 줄 토지가 부족해졌습니다. 세조는 직전법을 실시해 현직 관리에게만 토지를 지급하게 되었습니다.

처음에는 과전을 받은 관리가 수확량을 조사해 농민에게 직접 수조권을 행사하였습니다. 그런데 관료들이 불법적으로 과다하게 수조권을 행사하는 일이 많아지자 농민의 불만이 커졌습니다. 이에 성종은 지방 관청이 수확량을 조사해 거둔 후, 관리에게 나누어 주는 관수관급제를 시행하였습니다. 16세기 중엽에는 직전법마저 폐지되어 관리에게 수조권을 지급하는 제도가 없어지고 녹봉만을 지급하게 되었습니다.

국가 재정을 확충하기 위한 수취 체제는 전세, 공납, 역을 중심으로 정비되었습니다. 전세는 과전법의 경우 1결당 30두를 거두었으나, 세종 때는 체계적으로 전세를 걷기 위해 토지의 비옥도에 따라 6등급으로 나누는 전분6등법과 풍흉에 따라 차등 징수하는 연분9등법을 실시하였습니다. 이에 1결당 최대 20두에서 최하 4두를 내게 되어 농민의 부담이 줄어들었습니다.

공납은 각 지역의 토산물을 현물로 거두는 방식이었습니다. 중앙 관청이 각 군현에 종류와 수량을 할당하면 군현에서 각 가호에 부과해 거두었습니다. 역은 16세 이상 60세 미만의 남자 장정(정남)에게 군역과 요역을 부과하였습니다. 군역은 직접 군사로 동원하거나 그 비용을 거두었고, 요역은 각종 토목 공사에 필요한 노동력을 징발하였습니다. 이 밖에도 염전, 광산, 산림, 어장, 상인, 수공업자 등으로

부터 세금을 거두었습니다.

16세기 들어 조세 제도가 무너지면서 조선의 국가 재정이 악화되었습니다. 더구나 왜란과 호란으로 인구가 줄어들고 경작지는 황폐해졌으며 농민의 생활도 매우 어려워졌습니다. 정부는 수취 체제를 정비하여 농촌 사회의 안정과 재정 수입의 확대를 꾀하였습니다.

전세는 병자호란 이전부터 영정법을 시행하여 풍년과 흉년에 관계없이 토지 1결당 4~6두로 고정시켰으며, 공납에서는 국가 재정을 확보하고, 방납 등에 따른 농민 부담을 줄이기 위해 대동법을 실시하였습니다. 대동법의 시행으로 집집마다 토산물을 현물로 내던 공물을 토지 면적에 따라 쌀, 옷감, 동전 등으로 납부하게 되었습니다. 대동법은 국가에 필요한 물품을 조달하는 어용상인인 공인을 등장하게 하였고, 이들의 활동은 상품 화폐 경제 발달에 큰 영향을 끼쳤습니다.

군포도 농민에게 큰 부담으로 작용하였습니다. 정부는 오랜 논의 끝에 영조 때부터 균역법을 실시하여 농민이 부담하는 군포 2~3필을 전국적으로 균등하게 1필로 줄였습니다. 부족한 재정 수입은 지주에게 군포 대신 토지 1결당 쌀 2두(화폐도 가능)씩 거두는 세금인 결작과 일부 부유한 양민에게 선무군관이라는 칭호를 부여하고 포를 내게 하는 방법으로 보충하였습니다.

한국사 쉬어 가기 — 공인(貢人)

대동법 실시 이전에도 각 지방에서 관청에 바치는 공물을 중간에서 방납(防納)하는 상인들이 있었습니다. 방납하는 상인들의 횡포가 커서 농민이 쉽게 낼 수 있는 쌀 등으로 공납을 전환한 것이 대동법이었습니다. 대동법이 실시되면서 방납 상인이 아닌 정부가 공식적으로 인정한 특권적인 조달상인인 공인이 활동하게 되었습니다. 한마디로 비공식적 대납인이 아니라 국가가 물품을 구입하기 위해 허락한 상인인 것입니다. 공인은 경제 활동의 방식에 따라 상인적 공인과 수공업자적 공인으로 성격을 구분할 수 있습니다. 상인적 공인은 공가를 받아 공물을 매입 납품했지만, 수공업자적 공인은 공가를 받아 공물을 제조해 납부하였습니다. 따라서 양자는 같은 공인이지만 각기 상인과 생산자라는 차이가 있었습니다.

조선 시대 토지 제도의 변화

과전법(고려 말~조선 초기)	직전법(세조)	16세기
• 내용 : 관리에게 경기 지방의 토지를 과전으로 지급하는 제도 • 특징 : 전·현직 관리에게 토지의 수조권 지급, 원칙적으로 세습 불가(일부 토지는 수신전·휼양전 등의 명목으로 세습)	• 실시 배경 : 세습되는 과전의 증가로 새로운 관리에게 지급할 토지 부족 • 내용 : 수조권 지급 대상을 현직 관리로 축소, 수신전과 휼양전 폐지 ※ 관수관급제(성종) : 관리들이 수조권을 남용하여 과다하게 수취(농민 불만 고조) → 관청이 수확량을 조사하여 조세를 거둔 후 관리에게 지급	직전법 폐지 : 관리에게 수조권을 지급하는 제도 소멸, 녹봉만 지급

조선 시대 수취 체제의 변화

	조선 전기	조선 후기
전세	• 초기 : 토지 소유자에게 수확량의 10분의 1 징수 (1결당 30두 정도) • 세종 : 토지의 비옥도와 풍흉에 따라 차등을 두어 징수하는 전분6등법, 연분9등법 시행 (1결당 4~20두 징수)	• 배경 : 연분9등법 등이 원칙대로 시행되지 못함 → 최저율의 세액을 적용하는 것이 관행화 • 내용 : 풍흉과 관계없이 전세를 토지 1결당 쌀4~6두 징수 • 영향 : 전세 인하로 지주의 부담은 감소, 여러 명목의 부가세 증가로 농민의 부담은 거의 줄어들지 않음
공납	각 지역의 토산물을 현물로 징수, 각 군현에 종류와 수량을 할당하면 수령이 호(戶)마다 할당하여 징수	• 배경 : 16세기 이후 방납의 폐단 심화 • 시행 : 광해군 때 경기도에 처음 실시 → 숙종 때 평안도와 함경도 등을 제외한 전국에서 실시 • 내용 : 공납을 토지 결수에 따라 쌀(1결당 12두), 무명이나 베, 동전 등으로 징수 • 영향 : 토지가 적거나 없는 농민의 부담이 크게 감소, 관청에 물품을 납품하는 공인 등장, 상품 화폐 경제의 발달 촉진
역	군역(군사로 동원되거나 그 비용 부담), 요역(각종 토목 공사 등에 동원)	• 배경 : 군역 대신 군포를 징수하는 경우 증가 → 군적 정비 미비로 군포 징수 과정에서 규정보다 많이 징수하는 문제 발생 → 농민 부담 증가 • 내용 : 농민에게 군포 1필 징수 → 줄어든 군포 수입을 보충하기 위해 결작(토지 1결당 쌀 2두)과 선무군관포(1년 1필) 등을 징수 • 영향 : 농민의 군포 부담이 일시적으로 감소, 공명첩 발급 등으로 면역자 증가, 도망 등 → 군포 징수 과정에서 폐단 지속

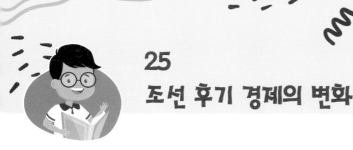

25 조선 후기 경제의 변화

　왜란과 호란 이후 모내기법(이앙법)이 보급되면서 농업 생산량이 크게 늘어났습니다. 모내기법을 적극적으로 사용하게 되면서 김매는 노동력이 줄어들고 수확량은 배로 늘어났습니다. 또한 벼와 보리의 이모작도 가능해지면서 보리는 수취 대상이 아니었기 때문에 농민의 입장이 좋아졌습니다. 밭농사에서도 이랑을 만든 후 생긴 고랑에 씨를 뿌리는 견종법이 일반화되어 수확량이 크게 늘어났습니다. 이러한 농법 개량으로 노동력이 절감되면서 한 사람이 농사지을 수 있는 경작지의 규모가 커져 대규모의 토지를 경작하는 농민이 나타났습니다. 또한 도시 인구가 증가하고 상품 유통이 활발해지면서 인삼, 면화, 담배, 채소 등 상품 작물의 재배가 확산된 것도 농민 수입 증가에 큰 영향을 끼쳤습니다. 이 과정에서 일부 농민은 부농층으로 성장하는 계기가 되었지만 토지 경작권을 뺏긴 농민들 대다수는 경작지를 잃고 임노동자로 전락하고 말았습니다.

　조선 후기에는 수공업과 광업에서도 변화가 나타났습니다. 조선 전기에는 국가가 수공업을 관장하였는데, 국가 재정의 부족으로 장인들을 관리할 수 없게 되었습니다. 이에 따라 민영 수공업이 발달하게 되었습니다. 초기의 민영 수공업자는 규모가 크지 않았고 선대제 수공업 체제로 상인에게 자본과 원료를 미리 빌려 물건을 생산하는 경우가 많았습니다. 그러나 점차 민영 수공업자들이 성장하면서 민영 수공업이 발달하였고, 주요 원료인 광물의 수요도 커졌습니다. 광물은 조선 전기 정부가 백성을 동원해 채굴하는 관영 공업 체제였지만, 관영 수공업처럼 국가 재정의 부족과 요역 체제의 붕괴로 점차 백성을 동원하기 어려워지게 되었습니다. 따라서 세금을 받고 민간 업자에게 채굴을 허용하는 체제로 전환하였습니다. 민영 광산 개발이 활기를 띠면서 토지를 잃은 농민들이 광산으로 몰리자 조선 정부는 민영 광업을 못하게 하였습니다. 그러자 금, 은 등이 필요한 상인들이 자금을 대면서 몰래 광산을 개발하는 잠채가 성행하였습니다. 광산은 주로 덕대라는 광산 경영인이 상인에게 자본을 조달하여 채굴업자와 노동자를 고용하는 형태로 운영되었습니다.

조선 전기에는 수공업이나 광업처럼 상업도 국가가 간섭하여 최소한의 상업 활동만을 허용하였습니다. 성리학에서 검약을 강조하는 사회적 분위기와 상업의 발달을 감당할 만한 정부의 능력이 없었기 때문입니다. 따라서 한양에 국가가 허락한 상점인 시전 정도만 개설되었고, 사상(개인 상인 등)들의 활동은 미비하였습니다. 지방도 보부상들의 활동으로 거래가 이루어진 정도였습니다.

그러나 조선 후기에는 농업 생산력이 향상되고 수공업 생산이 활발해지면서 상업이 크게 발달하였습니다. 정부가 의도하지는 않았지만, 대동법을 실시하게 되면서 등장한 공인은 국가에 물품을 조달하는 과정에서 자본을 축적하였을 뿐 아니라 수공업 생산을 촉진하였고 장시가 활성화되는 데 큰 기여를 하였습니다. 또한 정부의 간섭이 소홀해진 틈을 타서 사상도 성장하였습니다. 이들은 정부의 허가를 받지 않고 도성 안까지 진출하여 활발한 상업 활동을 펼쳤습니다. 이러한 상황에서 도성 안의 상업을 독점해 왔던 시전 상인은 정부에서 금난전권을 부여받아 사상의 활동을 억압하였습니다. 이에 사상은 자유로운 상행위를 요구하면서 금난전권의 폐지를 주장하였고, 결국 정부는 통공 정책을 실시하여 육의전을 제외한 시전 상인의 금난전권을 폐지하였습니다. 이후 사상의 활동은 더욱 활발해져 한성의 경강상인, 개성의 송상, 평양의 유상, 의주의 만상, 동래의 내상 등이 유통업과 대청, 대일 무역을 바탕으로 성장하였습니다. 이들 사상은 전국을 상대로 활동하면서 공인과 함께 독점적 도매상인인 도고로 성장하였습니다.

조선 전기부터 등장한 지방의 장시는 18세기 중엽 이후에는 5일마다 열리는 정기 시장을 형성하면서 전국에 1,000여 곳에 이르렀습니다. 보부상은 지방 장시를 무대로 활발하게 상업 활동을 펼쳐 각 장시를 유통망으로 묶어 전국 단위의 상업이 가능하게 하였습니다. 상품 교역량이 확대되면서 교통 요지와 포구에 있던 일부 장시는 상설 시장으로까지 발전하였습니다. 이에 따라 새로운 상인도 등장하였습니다. 운송업, 숙박업, 금융업 등 서비스업에 종사하는 객주나 여각이 나타났던 것입니다.

상공업이 발달하고 세금과 토지를 빌린 대가로 주인에게 내는 지대를 동전으로 낼 수 있게 되면서 금속 화폐의 수요가 늘어났습니다. 이에 동전인 상평통보가 주조되어 고려 시대와는 다르게 널리 사용되었습니다.

조선 전기에 중국 중원을 차지하고 있던 명은 사무역을 금지하였습니다. 그러나 중원의 새로운 주인이 된 청은 사무역을 허용하였습니다. 이와 더불어 국내 상업이 크게 발달하면서 중국, 일본과의 무역도 활기를 띠게 되었습니다. 17세기 이후 국경 지역에서는 개시(공무역)와 후시(사무역)가 이루어졌습니다. 청과의 무역은 의주의 중강과 중국 봉황성의 책문 등 국경을 중심으로 이루어졌으며, 일본과의 무역은 17세기 양국 관계가 정상화된 이후 동래의 왜관에서 활발하게 이루어졌습니다. 특히 17세기에는 중국의 비단과 조선의 인삼, 일본의 은이 집중적으로 교역되면서 조선을 중심으로 하는 동아시아의 은 유통이 활성화되었습니다.

한국사 쉬어가기　　**도고(都賈)**

박지원이 지은 한문 단편소설 〈허생전〉에 나오는 허생은 과거를 포기하고 한양 제일 부자인 변 부자에게 돈 만 냥을 빌려 과일과 양반이 꼭 써야 하는 말총을 매점매석하여 큰돈을 벌었습니다. 이러한 내용은 허구가 아니라, 조선 후기에는 허생처럼 자본을 운용하여 부를 축적한 상업 자본가(도고)가 많이 나타났기 때문에 소설화된 것입니다. 지금 같으면 공정거래법 위반으로 감옥에 갈 수도 있습니다.

이전에 대규모 상업 활동이 주로 권력을 가진 지배층의 주도로 이루어졌던 것과는 달리, 조선 후기에는 상품 화폐 경제의 발달로 권력에서 소외된 허생과 같은 인물이 스스로 자본을 운용하여 부를 축적할 수 있게 되었습니다. 이를 긍정적으로 받아들인 박지원은 글만 읽는 무능한 양반들을 비판하고, 백성들의 생활을 안정시키기 위해서는 상업과 공업을 발전시켜야 한다는 주장을 펼친 것입니다.

조선 후기 농촌 경제의 변화

농업 기술의 발달	• 논농사 : 모내기법(이앙법) 확산 → 노동력 절감, 단위 면적당 생산력 증대, 벼와 보리의 이모작 확대 • 밭농사 : 견종법 → 생산량 확대
농업 경영 방식의 변화	• 경작지 확대 : 모내기법이 확산되면서 노동력 절감 → 1인당 경작 면적이 확대되어 넓은 토지를 경작하는 현상 확산 • 상품 작물 재배 : 쌀의 상품화, 인삼·면화·담배·고추·채소 등의 재배 확대

수공업과 광업의 변화

수공업	• 배경 : 도시의 인구 증가와 대동법 시행으로 수공업 제품의 수요 증대 • 내용 : 민영 수공업 발달, 선대제 수공업 성행
광업	• 배경 : 수공업 발달에 따라 광물 수요 증대, 청과의 무역이 확대되면서 은의 수요 증가 → 은광 개발 촉진, 정부가 은광 설치를 허가하고 세금을 걷는 방식(설점수세)을 실시 • 내용 : 민영 광산 확대, 잠채(민간인이 몰래 광산 채굴) 성행, 상인 물주에게 자금을 지원받아 덕대가 경영을 담당하는 방식 등장

상업의 변화

배경	농업 생산력 증대, 수공업 생산 활발, 광업 생산력 증가, 대동법 시행에 따른 공인의 활동, 도시 인구의 증가 등
사상	한성의 경강상인, 개성의 송상, 의주의 만상, 동래의 내상 등이 성장 → 일부 사상은 독점적 도매상인인 도고로 성장하여 상업 자본 축적
장시	18세기 말 이후 전국적 유통망 형성, 보부상의 활동 활발
포구 상업	선상, 객주·여각(포구와 큰 장시를 무대로 상품을 위탁받아 판매하거나 매매 중개를 하는 업자) 등의 상업 활동 활발
화폐	조선 후기에 상평통보가 발행되어 전국적으로 유통
대외 무역	개시 무역(공무역)과 후시 무역(사무역) 발달

26
조선 후기 사회 변동과 새로운 사상의 대두

조선은 신분 제도를 자유민인 양인과 비자유민인 천인으로 구분하는 양천제로 법제화하였습니다. 양인은 조세와 국역의 의무를 져야 했지만 과거에 응시하고 벼슬을 하는 데 법적 제한이 없는 계층이었고, 천인은 각종 천역을 담당하면서 벼슬에 나가는 것이 불가능하였습니다. 그러나 양인층은 다시 지배층인 양반과 피지배층인 상민으로 구분하는 반상제가 일반화되었고, 지배층은 다시 양반과 양반 관리를 보좌하는 중인으로 나누어졌습니다. 따라서 조선의 신분 구조는 현실적으로 양반, 중인, 상민, 천민의 네 신분층으로 구분되었습니다.

양 난 이후 농업 생산력의 증대와 상품 화폐 경제의 발달로 부농층, 상업 자본가, 독립 수공업자 등 부를 축적한 새로운 계층이 등장했습니다. 반면 많은 농민은 농토에서 밀려나 임노동자나 영세 상인으로 몰락하였습니다. 치열한 정쟁이 일당 전제화의 추세로 이어지면서 양반들 사이에서도 중앙의 정치 권력을 차지하고 권세를 누리는 권반, 향촌 사회에서 위세를 유지하는 향반, 일반 농민과 다를 바 없는 잔반으로 나누어졌습니다.

한편 부유한 상민은 공명첩을 사거나, 족보를 구매 또는 위조하는 불법적인 방법으로 양반 신분을 취득하였습니다. 그 결과 상민의 수는 크게 줄어든 반면 양반의 수가 크게 늘어나는 현상이 나타났습니다. 이에 따라 양반 중심의 신분 질서가 크게 동요하면서 사회 변화가 일어났습니다.

사회·경제면의 변화에 따라 성리학이 더 이상 조선의 국가 이념으로 작용하지 못하는 상황이 일어났지만, 집권한 서인은 오히려 성리학을 절대화하면서 변화의 움직임을 억압하였습니다. 이에 성리학 체제를 벗어나 조선의 현실을 개혁하려는 움직임이 나타났습니다.

지행합일의 실천성을 강조하는 양명학이 연구되면서 정제두를 중심으로 하는 강화학파가 형성되기도 하였으나 구체적인 현실 개혁의 방안을 제시하지는 못하였습니다. 더불어 17~18세기의 사회·경제적 변동에 따른 해결책을 구상하는 과정에서 사회 개혁론인 실학도 등장하였습니다. 유형원·이익·정약용 등은 토지 소유의 불균형으로 농민 생활이 어려워졌다고 판단하여 토지 제도의 개혁을 적극 주장하였고, 이를 바탕으로 수취 체제와 군사, 행정 조직 등 국가 제도를 개혁하자는 논리를 전개하였습니다. 이들을 중농주의 실학자라 부릅니다.

반면 유수원, 홍대용, 박지원, 박제가 등의 실학자는 도시 인구 증가와 상품 화폐 경제의 발달 등 변화하는 사회 현실에 주목하여 적극적인 상공업 진흥과 기술 혁신을 통해 부국안민을 이루자고 주장하였습니다. 이들은 중상주의 실학자라 불리며 청과 적극 교류하면서 선진 문물을 수용하려 했기 때문에 북학파라고도 합니다. 특히 박제가는 무역선을 파견하여 청에서 이루어지는 세계 무역에도 참여해야 한다고 주장하기도 하였습니다. 이러한 북학파의 주장은 19세기 후반 개화 사상으로 계승·발전되었습니다.

그러나 실학 역시 집권한 서인 계층에게 일부 주장이 수용되기는 하였지만 조선 사회를 개혁하지는 못하였습니다. 이에 지배층의 수탈과 잦은 재난, 질병 속에서 농민들은 새로운 세상을 염원하는 상황에서 말세의 도래나 왕조의 교체 등을 예언하는 움직임이 수록되어 있는 《정감록》 등의 비기와 미륵불이 나타나 고통과 불안을 해결해 준다는 미륵 신앙 등이 널리 퍼졌습니다. 새로운 세상이 열리기를 꿈꾸는 민중의 변혁 의지를 담고 있는 비기나 미륵 신앙은 19세기 사회 변혁 운동의 이념적 기반을 제공하였습니다.

이때 서학과 동학도 등장하였습니다. 서학은 천주교(나중에는 서양문물 전체를 서학이라 함)로서 17세기경 베이징을 왕래하던 사신에 의해 서양 문물로 소개되었습니다. 학문적 호기심에서 연구되던 서학은 18세기 후반 현실 개혁을 꿈꾸던 일부 실학자에 의해 점차 신앙으로 받아들여졌습니다. 모든 인간이 천주 앞에 평등하다는 사상과 내세의 영생을 약속한 점이 피지배층 사이에서 확산될 수 있는 계기가 되었습니다. 경주의 몰락 양반인 최제우가 창시한 동학은 서양 세력과 연결된 서학을 배격한다는 뜻에서 붙여진 이름이었습니다. 동학은 '인내천(사람이 곧 하늘)'이라는 사상을 내세워 인간의 존엄성과 평등성을 강조했고, '보국안민'을 앞세워 서양과 일본 세력의 침략을 배격하였습니다. 또한 새로운 세상이 열린다는 후천 개벽 사상은 농민의 사회 변혁 운동에 큰 영향을 끼쳤습니다.

조선 전기의 신분 제도

양인	양반	• 과거 등을 통해 관직에 진출 • 좁은 의미로 문·무반을 아우르는 명칭 • 경제적 기반(과전·녹봉·자기 소유 토지·노비 등)을 갖춤
	중인	• 기술관(역관·의관 등)·향리(지방 하위직)·서리(중앙 하위직) 등 : 전문 기술, 행정 실무 담당 • 서얼(중서) : 양반의 첩에게서 태어난 자손 → 중인과 비슷한 신분 대우를 받음, 문과 응시 금지
	상민	• 농업·수공업·상업 등에 종사, 조세·국역 의무 부담 • 신량역천 : 신분은 양인이지만 천역을 담당하는 계층
천인	천민	• 대다수가 노비 • 노비 : 재산으로 취급되어 매매·상속·증여 가능, 일반적으로 부모 중 한쪽이 노비이면 그 자녀도 노비(일천즉천)

신분제의 동요

농민	• 부농층 : 1인당 경작지가 확산되는 등 농업 경영 방식의 변화로 일부 농민이 부농층으로 성장 • 임노동자 : 토지에서 쫓겨난 농민은 임노동자가 되거나 상업에 종사
양반	권력을 가진 일부 양반을 제외한 다수의 양반 몰락 → 향촌에서 위세를 겨우 유지하는 향반이나 경제적으로 몰락한 잔반으로 전락
신분 상승 노력	• 서얼 : 차별과 관직 진출의 제한을 없앨 것을 요구하는 집단 상소 운동 전개 → 영·정조 때 서얼의 등용 확대(정조 때 규장각 검서관으로 활약) • 기술관 : 전문적 지식과 실무 능력을 바탕으로 재산 축적, 관직 진출 제한을 없애 달라는 대규모 소청 운동 전개 → 정부의 거부 • 상민 : 납속책과 공명첩 이용, 족보를 사들이거나 위조하여 신분 상승 추구 • 노비 : 전쟁에서 공을 세우거나 납속책, 도망 등의 방법으로 신분 상승 추구, 노비종모법(노비의 신분은 어머니의 신분을 따라감) 실시와 공노비 해방 등 → 노비의 수 감소

양명학의 대두

배경	집권층의 성리학 절대화 → 사회 변화의 움직임 억압
특징	• 전개 : 정제두에 의해 집대성 → 강화학파 형성 • 학풍 : 지행합일의 실천성 강조

실학의 대두

중농주의 실학자	유형원	《반계수록》 저술, 균전론 주장, 자영농 중심의 군사·교육 제도 재정비와 노비 세습제 폐지 주장
	이익	《성호사설》 저술, 한전론 주장, 노비 제도와 과거제 등의 폐단 비판
	정약용	《목민심서》,《경세유표》 저술, 여전론 주장, 정전제를 현실에 맞게 실시할 것을 주장
중상주의 실학자 (북학파)	유수원	《우서》 저술, 사농공상의 직업적 평등화 주장
	홍대용	《의산문답》 저술, 기술 혁신 주장, 지전설 주장
	박지원	《열하일기》 저술, 수레와 선박 이용 및 화폐 유통 강조, 양반의 비생산성 비판
	박제가	《북학의》 저술, 소비를 통한 생산력 증대와 청과의 통상 확대 주장

새로운 사상의 등장

예언 사상	《정감록》, 미륵 신앙 등 유행 → 민중의 변혁 의지에 영향
서학 (천주교)	• 청을 왕래하던 사신(연행사)들에 의해 소개 • 평등과 내세 사상을 내세우며 확산 → 제사 의식 거부로 정부의 탄압
동학	• 최제우가 창시(1860) → 정부의 탄압(최제우 처형) • 제2대 교주 최시형이 《동경대전》,《용담유사》 등 정리, 인내천 사상

27
서민 문화의 발전

불교적 색채가 강했던 고려의 귀족 문화에 비하여 조선의 양반 문화는 유교적 색채가 강하게 나타났습니다. 초기에는 지배층이 성리학 외의 학문과 사상에 포용적인 태도를 취하면서 비교적 다양한 경향의 양반 문화가 전개되었으나, 16세기에 중앙 정계에 본격적으로 진출한 사림 세력은 선비적인 취향이나 유교적 가치관을 강조하였습니다.

조선 후기에는 서민의 경제력이 향상되고 서당 교육이 확대되면서 서민층이 새로운 문화의 주체로 성장하였습니다. 특히 역관이나 서리 등의 중인층과 부를 축적한 상공업자, 부농층의 문예 활동이 활발하였습니다.

서민 문화에서는 서민이 작품의 주인공이 되었고, 관념적 세계가 아닌 현실 세계가 작품의 배경이 되었습니다. 또한 인간의 감정을 솔직하게 표현하는 경향이 강해졌고, 판소리와 탈춤처럼 양반의 위선을 비판하거나 사회의 부정과 비리를 풍자하는 내용이 주류를 이루게 되었습니다. 이러한 서민 문화는 민중의 의식 수준을 높이고 현실 사회의 모순에 대한 비판 의식을 확산시키는 데도 큰 영향을 끼쳤습니다.

특히 조선 후기의 서민 문화는 문학의 저변이 서민층까지 확대되면서 한글 소설과 사설시조 등이 유행하였습니다. 대표적 한글 소설로는 서얼에 대한 차별 철폐와 탐관오리 응징을 주장한 허균의 〈홍길동전〉, 신분을 뛰어넘는 남녀 간의 사랑 이야기를 담은 〈춘향전〉 등이 유행하였습니다. 사설시조는 형식에 얽매이지 않고 서민들이 현실에서 느끼는 감정을 솔직하게 묘사하거나 익살스럽게 풍자하였습니다. 한편 한문학도 현실 사회의 문제점을 예리하게 비판하였는데, 박지원은 〈양반전〉과 〈허생전〉 등을 통해 양반 사회의 문제점을 폭로하면서 자신의 실학 정신을 표현하였습니다.

그림에 있어서도 큰 변화가 일어났습니다. 초기에는 지배층이 포용적인 태도를 취하면서 유교뿐 아니라 도교나 노장사상이 반영된 그림이 그려졌습니다. 15세기의 대표적 작품으로는 문인학자 강희안의 '고사관수도'와 전문 화원인 안견의 '몽유도원도'가 있습니다. 16세기에는 사림의 정신세계가 반영되면서 이정의 '묵죽도' 등 선비의 지조를 상징하는 사군자를 그린 문인화가 유행하였습니다.

후기에는 우리 문화에 대한 자부심이 높아지면서 그림에서도 우리의 고유한 정서를 표현하려는 경향이 강해졌습니다. 정선은 진경산수화라는 독자적 화풍을 개척하여 '인왕제색도'와 '금강전도' 등의 작품을 남겼고, 김홍도와 신윤복은 사회·경제적 발전을 배경으로 백성들의 일상적인 생활 모습을 그린 풍속화로 유명하였습니다. 또한 이름 없는 화가들이 그린 민화도 유행하였는데, 민화는 예술성을 추구하기보다는 건강과 장수 등 소박한 소망과 기원을 표현하여 백성들 사이에 크게 유행하였습니다.

서민 문화의 발달

배경	상공업 발달, 서민의 경제력 향상, 서당 교육 확대, 서민 의식 향상 등
문학	• 한글 소설 : 〈홍길동전〉, 〈춘향전〉, 〈심청전〉 등 • 사설시조 : 형식에 구애받지 않고 감정을 구체적으로 표현 • 한문학 : 박지원의 〈양반전〉, 〈허생전〉 등 → 양반 사회 비판 • 공연 : 판소리('춘향가', '심청가', '흥부가' 등), 탈놀이 등 성행
공예	분청사기(조선 초기) → 백자(16세기 이후) → 청화 백자(조선 후기)
그림	• 진경산수화 : 정선의 '인왕제색도', '금강전도' 등 • 풍속화 : 김홍도('씨름', '서당' 등)와 신윤복('단오풍정' 등) 활약, 일상적인 생활 모습 묘사 • 민화 : 민중의 소박한 소망과 기원 표현, 생활공간의 장식에 활용 ('까치와 호랑이' 등)

안견 몽유도원도

조선 전기

강희안 고사관수도

이정 묵죽도

조선 후기

김홍도 서당

신윤복 단오풍정

28

조선 후기 농민 봉기의 발생과 흥선 대원군의 등장

정조가 죽고 어린 순조가 즉위한 이후 3대(순조, 헌종, 철종) 60여 년 동안 안동 김씨, 풍양 조씨 등 몇몇 가문이 권력을 독점하는 세도 정치가 등장하였습니다. 세도 가문은 조선 후기 의정부를 대신하여 중앙 권력 기구가 된 비변사의 관직 등 주요 관직을 독점하고 정치를 운영하였습니다. 세도 정치로 왕권은 크게 약화되었으며 정치 기강이 무너지면서 관직이 공공연하게 매매되는 등 부정부패도 심해졌습니다. 또한 영정법, 대동법, 균역법으로 바뀐 수취 체제는 시행 초기에는 효과를 보았지만 시간이 지날수록 운영 과정에서 폐단이 나타나 농민들의 부담이 다시 가중되었습니다.

특히 세도 정치기에는 수령과 향리들의 수탈이 극심해지면서 수취 체제의 문란이 더욱 심해졌습니다. 전정(전세)·군정(군역)·환정(환곡)을 삼정이라 하였는데, 삼정의 문란이 극심해졌던 것입니다. 더구나 권세가와 결탁한 대상인의 독점 횡포, 대지주의 불법 토지 겸병, 빈번하게 발생한 자연재해와 질병 등으로 농민의 삶은 더욱 고달퍼졌습니다. 지배층의 수탈로 생활이 피폐해진 농민은 지배 체제의 모순에 저항하기 시작하였습니다. 처음에는 소극적 형태로 저항했으나 점차 농민 봉기라는 적극적 형태로 사회 개혁을 요구하였는데, 대표적인 것이 홍경래의 난과 임술 농민 봉기였습니다.

홍경래의 난은 몰락 양반인 홍경래가 평안도에 대한 지역 차별 정책과 지배층의 수탈에 항거하여 신흥 상공업 세력과 광산 노동자, 빈농 등을 모아 일으킨 봉기였습니다(1811). 부패한 세도 정권의 부실한 대처로 한때는 청천강 이북 지역을 5개월 동안 장악하여 기세를 올리기도 하였지만 결국 관군에 의해 진압되고 말았습니다.

1862년에는 단성 농민 봉기와 진주 농민 봉기를 시작으로 농민 봉기가 전국의

30여 곳 이상으로 확대되었습니다. 1862년이 임술년이므로 이 해에 일어난 자연 발생적 모든 봉기를 묶어 임술 농민 봉기라 합니다. 농민들이 봉기를 일으킨 주된 이유는 삼정의 문란이었습니다. 조선 정부는 암행어사를 파견하고 삼정의 문란을 고치기 위한 기구인 삼정이정청을 설치하여 삼정의 문란을 개선하려 하였으나 임시방편이었기 때문에 성과를 거두지 못하여 농민들의 불만은 더욱 쌓여갔습니다.

세도 정치기의 집권자들은 조선 후기의 삼정의 문란 등 현실을 개혁하려는 의지와 능력이 없었습니다. 또한 이전부터 해안에는 이양선이라 불리는 서양 열강의 배들이 나타나 통상을 요구하기도 하였습니다. 이러한 상황에서 철종이 공주만 남기고 뒤를 이을 세자 없이 죽게 됩니다. 세도가였던 안동 김씨의 핍박과 멸시를 받던 왕족 이하응은 이 기회를 놓치지 않고 풍양 조씨였던 대왕대비에게 접근하여 자신의 둘째 아들로 왕위를 잇게 하였습니다. 그리고 자신은 흥선 대원군이 되어 권력을 잡았습니다.

명목상으로는 나이 어린 고종을 대신해 대왕대비가 수렴청정을 하지만, 실제로는 고종의 아버지인 흥선 대원군이 국정을 주도하게 되었던 것입니다. 이로써 세도 정치는 끝나게 되었습니다. 원래 왕위를 이을 자식이 없어 다른 왕족이 뒤를 이으면 그 아버지를 대원군으로 부릅니다. 조선 시대에 총 세 명의 대원군이 존재했습니다. 흥선 대원군 이전의 두 대원군은 자식이 왕위에 올랐을 때 죽은 상태였으므로 큰 문제가 없었으나, 흥선 대원군은 살아서 대원군이 되면서 정치의 큰 변화를 가져오게 되었습니다.

한국사 쉬어 가기 **이양선(都賈)**

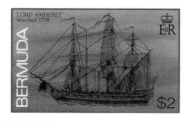

로드 암허스트 호를 배경으로 만든 우표
조선 후기 연안에 나타난 서양 배의 모습이 우리나라 전통적인 배의 모습과는 다르다 하여 붙인 명칭이다. 최초로 교역을 요구한 이양선은 1832년 충청도 해안에 나타난 영국의 상선 로드 암허스트호였다.

세도 정치

배경	정조 사후 어린 순조가 즉위 → 일부 외척 세력이 권력 장악
전개	3대(순조, 헌종, 철종) 60여 년 동안 안동 김씨, 풍양 조씨 등 몇몇 가문이 권력 독점 → 비변사의 고위 관직과 군영 장악
결과	왕권의 약화, 정치 기강의 문란
폐단 사례	• 과거 시험의 부정과 돈을 받고 관직을 파는 행위인 매관매직의 성행 • 삼정의 문란 : 탐관오리가 수취 제도를 악용해 농민 수탈 → 전정·군정·환곡의 폐단 심화

홍경래의 난(1811)

원인	평안도 지역민에 대한 차별과 세도 정권 지배층의 수탈
전개	홍경래가 신흥 상공업 세력과 광산 노동자, 빈농 등을 규합하여 봉기 → 청천강 이북의 일부 군현 점령 → 관군에 패배

임술 농민 봉기(1862)

원인	지배층의 수탈(삼정의 문란)
전개	단성·진주 농민 봉기를 시작으로 전국에 확산
정부 대책	암행어사 파견, 삼정의 문란을 개혁하기 위해 삼정이정청 설치 → 미봉책에 불과

2

근대 국가
수립 운동

29

흥선 대원군의 내정 개혁과 대외 정책

고종이 왕위에 오르면서 섭정의 자리를 차지하였으나, 흥선 대원군은 정치적 기반이 약했습니다. 이에 지지 세력을 확보하기 위해 종실을 관장하던 종친부를 권력 기구로 만들어 종친을 우대하였으며, 오랫동안 정권에서 소외되었던 남인과 북인을 등용하고 무신들도 적극 포섭하여 세력을 확대하였습니다.

그는 우선 정치 기강을 확립하기 위해 세도 가문이 장악하고 있던 비변사를 혁파하고 의정부와 삼군부의 기능을 부활시켜 정치와 군사를 장악하였습니다. 더불어 통치 질서를 바로 잡기 위하여 《대전회통》과 《육전조례》 등 법전을 정리하여 편찬하였습니다.

또한 흥선 대원군은 국가 재정 확보와 사족 세력 견제의 목적으로 붕당의 근거지인 서원을 사액 서원 47곳만 남기고 모두 철폐하였습니다. 서원에 소속되었던 토지와 노비는 향교와 지방 관아 등에 귀속시켰습니다. 서원으로부터 가혹한 수탈을 당하던 농민은 서원 철폐를 지지했으므로, 흥선 대원군은 각지 유생들의 서원 철폐 반대 운동에는 강력히 대응하였습니다.

한편 흥선 대원군은 왕실의 권위를 높이기 위해 임진왜란 때 불탔던 경복궁을 중건하였습니다. 그러나 경복궁 중건 사업이 계획보다 공사 규모가 커지면서 재정이 부족해지자 원납전(지금의 성금 성격)을 강제로 징수하고, 당백전을 발행해 경제적 혼란이 발생하는 부작용을 낳았습니다. 또한 많은 농민이 공사에 동원되어 고통 받으면서 농민들의 지지를 잃는 결과를 초래하기도 하였습니다.

흥선 대원군은 민생 안정과 국가 재정 확충에 가장 중요한 수취 체제 개편에 주력하였습니다. 전정의 문란을 해결하기 위해 세력가들이 함부로 농민의 토지를 빼앗지 못하게 하고, 양전 사업으로 토지 대장에서 빠진 토지를 찾아 조세를 부과하였습니다. 군정의 문란을 바로잡기 위해 군포를 개인이 아닌 호를 기준으로 내게 하고, 양반 호에도 군포를 부과하는 호포제를 실시하였습니다. 환곡은 향리가 중간에서 환곡을 착복하는 폐단을 막기 위해 환곡 운영을 민간에게 맡기는 사창제를 시행하였습니다. 이러한 개혁으로 국가 재정은 다소 확충되고 농민의 생활은 안정되기도 하였습니다.

흥선 대원군의 각종 개혁 정책은 통치 체제를 재정비하여 국가 기강을 바로잡고 백성의 생활을 안정시키는 데 일부 기여하였습니다. 그러나 그의 개혁은 조선 왕조의 전통적 질서 안에서 전제 왕권의 강화를 목표로 추진된 보수 반동적 개혁이라는 점에서 한계를 뚜렷하게 가지고 있었습니다.

제2차 아편 전쟁으로 베이징이 서구 열강에 함락되고, 연해주를 차지하여 조선과 국경을 접하게 된 러시아가 조선에 통상을 요구하는 분위기가 전개되면서 조선의 위기감이 강해졌습니다. 흥선 대원군은 국내에 있던 프랑스 신부를 통해 프랑스와 접촉하여 러시아를 견제하고자 하였으나 프랑스 신부의 거부로 실패하였습니다. 이후 러시아의 위협에 대한 불안감이 적어지고, 청이 천주교를 탄압한다는 소식이 전해지면서 흥선 대원군은 자신의 요구를 거절했던 천주교 탄압에 나섰습니다. 그 결과 9명의 프랑스 신부를 비롯해 많은 천주교도가 처형되는 사건이 발생하였습니다(병인박해, 1866). 프랑스는 병인박해로 자국 신부가 처형된 것을 구실삼아 1866년 극동 함대를 파견하여 강화도를 불법 점거하였습니다(병인양요). 프랑스군은 병인박해 책임자 처벌과 통상 조약 체결을 요구하였으나 조선은 프랑스의 요구를 거부하고 강화도 수복에 나섰습니다. 양헌수가 이끄는 조선군이 정족산성에서 프랑스군을 공격하여 승리를 거두자 프랑스군은 외규장각 도서와 은괴 등 약탈한 각종 물품을 가지고 철수할 수밖에 없었습니다. 프랑스군 철수 이후 조선은 천주교도가 내부에서 호응한다고 판단해 철저히 수색하고 처벌하였습니다.

한편 병인박해가 일어나고 프랑스 함대가 보복하러 올 것이라는 소문이 퍼진 가운데 1866년 7월 무장한 미국 상선 제너럴 셔먼호가 대동강변까지 진출하여 교역을 요구하며 난동을 부렸습니다. 이에 분개한 평양 주민은 관군과 함께 배를 불태워 침몰시켰습니다(제너럴 셔먼호 사건). 미국은 제너럴 셔먼호 사건을 구실로 여러 차례 배상금 지불과 통상 조약 체결을 요구하였지만 조선 정부는 거절하였습니다. 1871년 베이징 주재 미국 공사가 청을 통해 조선에 미국 함대의 파견과 협상 의사를 통보했으나 조선은 미국과 협상할 의사가 없다는 뜻을 밝혔습니다. 그러나 미국은 조선의 반응을 기다리지 않고 함대를 파견하여 강화도에 상륙한 후 덕진진을 점령하고 광성보를 공격하였습니다(신미양요). 어재연이 이끄는 조선군이 광성보에서 격렬하게 항쟁하였지만 결국 패배하였습니다. 그럼에도 조선 정부가 수교 협상에 응하지 않자 미군은 개항을 요구하는 서한을 남기고 돌아갔습니다.

병인양요 이후 흥선 대원군은 본격적으로 군사력을 강화하기 위해 노력하였습니다. 우선 강화도에 있는 군영인 진무영에 조총병인 포군을 배치하였으며, 무기와 전함도 개발하였습니다. 1868년에 오페르트가 흥선 대원군의 아버지인 남연군의 묘를 도굴하려다 실패한 것을 계기로 전국 각 지방에도 포군을 본격적으로 배치하였습니다. 새로운 무기를 개발하기 위해 중국에서 간행된 서적을 참고해 수뢰포를 제작하여 시험하고, 각종 화포도 개발하였습니다.

신미양요 이후 흥선 대원군은 전국에 척화비를 세워 서양과의 통상을 거부한다는 뜻을 알리면서 항전 의지를 계속 높였습니다. 전근대적인 세계관을 가지고 있었고, 왕권을 유지하려던 흥선 대원군에게는 당연한 정책이었습니다.

한국사 쉬어가기 오페르트 남연군묘 도굴 미수 사건(일명 오페르트 사건)

1868년(고종 5년) 상인이자 학자인 독일인 에른스트 오페르트가 두 번에 걸쳐 조선에 통상을 요구했으나 거절당하였습니다. 이에 오페르트는 1868년 고종 5년에 미국 상인의 지원으로 차이나호를 타고 충청도 아산만의 덕산군에 상륙하여 흥선 대원군의 부친인 남연군 묘를 도굴하려다 실패했습니다. 급보를 받고 충청 감사가 군병을 급히 파견했을 때는 오페르트 일행이 돌아가고 난 뒤였습니다. 오페르트 일행은 다시 북쪽으로 항해하여 인천 영종도 앞바다에 들어와 개국 통상을 교섭하고자 관리 파견을 요청했지만 조선 수비병과 충돌해 아무 성과도 없이 상하이로 돌아갔습니다. 오페르트가 남연군의 묘를 도굴하려 한 것은 남연군의 시신을 볼모로 통상을 요구하기 위해서였습니다. 동양 풍습에 대해 잘 알고 있었던 오페르트는 남연군의 시신을 볼모로 삼는다면 흥선 대원군이 통상에 응했을 것이라고 생각했기 때문입니다. 그러나 남연군 분묘 도굴 사건은 오히려 흥선 대원군의 통상 수교 거부 정책을 강화하는데 영향을 미쳤습니다.

흥선 대원군의 내정 개혁 정책

세도 정치 폐단 시정		안동 김씨 세력 등 세도 정권 축출
정치 기구 개혁		비변사의 기능 축소(이후 폐지) → 의정부의 기능 회복, 삼군부 부활
법전 편찬		통치 체제 정비 위해《대전회통》,《육전조례》등 편찬
삼정 문란 시정	전정	양전 사업 실시 → 토지 대장에서 누락된 토지를 찾아 조세 부과
	군정	호포제 실시 → 양반에게도 군포 징수
	환곡	마을 단위로 사창제 실시 → 향촌에서 자치적 운영
서원 철폐		• 배경 : 붕당의 근거지로 폐단 초래, 면세의 혜택으로 국가 재정 악화 및 백성 수탈 • 시행 ; 전국의 서원을 47개소만 남기고 철폐 → 유생들의 반발 초래, 국가 재정의 확충에 기여, 유생들의 횡포로부터 농민 보호

통상 수교 거부 정책과 양요

병인박해 (1866)	흥선 대원군이 프랑스를 이용하여 러시아를 견제하려 하였으나 실패, 천주교 금지 여론 고조 → 병인박해 발생
제너럴 셔먼호 사건 (1866)	무장한 미국 상선 제너럴 셔먼호가 대동강변까지 진출하여 통상 요구 및 난동 → 평양 주민이 관군과 함께 배를 불사르고 침몰시킴
병인양요 (1866)	병인박해를 구실로 프랑스 함대가 강화도 침략 → 문수산성에서 한성근 부대, 정족산성에서 양헌수 부대가 항전 → 프랑스군이 강화도의 외규장각 도서와 각 종 문화재를 약탈하고 철수
오페르트의 남연군 묘 도굴 사건 (1868)	독일 상인 오페르트가 통상을 요구하였으나 조선 정부가 거절 → 오페르트 일 행이 흥선 대원군의 아버지인 남연군의 묘를 도굴하려다 실패
신미양요 (1871)	미국이 제너럴 셔먼호 사건(1866)을 빌미로 조선에 통상 요구 → 조선 정부 거 부 → 미국 함대의 강화도 침략 → 미군이 초지진에 상륙하고 덕진진 점령 → 미군이 광성보 공격 → 어재연 부대의 항전 → 미군 철수
척화비 건립 (1871)	흥선 대원군이 전국 각지에 척화비를 건립하여 서양과의 통상 수교 거부 의지 를 널리 밝힘

30
개항과 불평등 조약의 체결

흥선 대원군 집권기에도 박규수, 오경석, 유홍기 등을 중심으로 외국과 통상해야 한다는 통상 개화론이 주장되고 있었습니다. 그들은 서양의 침략에 맞서려면 자주적으로 문호를 열고 그들의 문물을 받아들여 부국강병을 이루어야 한다고 주장하였습니다.

메이지 유신을 단행한 일본은 조선과의 조공 체제 대신 새로운 외교 관계를 맺자고 요구해 왔습니다. 흥선 대원군이 무례하다고 거절하자(세계사건), 일본에서는 조선을 포함 외교로 굴복시키자는 '정한론'이 일어나기도 하였습니다.

흥선 대원군이 물러나고 고종이 직접 정치를 챙기면서 통상 수교 거부 정책이 완화되기 시작하였습니다. 이러한 상황을 틈타 일본은 자신들을 개항시킨 미국의 포함 외교를 모방하여 운요호 사건을 일으켰습니다(1875). 일본의 운요호가 허가 없이 강화도에 접근하자 강화도에서 포격을 하였습니다. 이를 구실삼아 운요호는 초지진을 포격하고 군대를 영종도에 상륙시켜 살인과 약탈을 저지르고 돌아갔습니다. 이후 일본은 다시 군함을 보내 조선에 문호 개방을 강요하였고, 결국 조선은 준비가 부족한 상태에서 일본의 요구를 거의 그대로 받아들여 강화도 조약(조·일 수호 조규, 1876)을 체결하여 문호를 개방하였습니다.

강화도 조약은 조선이 외국과 맺은 최초의 근대적 조약이기는 하지만 일본에 전적으로 유리한 불평등 조약이었습니다. 강화도 조약에는 조선에 대한 일본의 정치적·경제적·군사적 침략 의도가 담겨 있었습니다. 1조에 조선을 자주국으로 명시하였지만 이는 조선에 대한 청의 간섭을 배제하여 조선 침략을 쉽게 하려는 일본의 의도였을 뿐이었습니다. 그 외에도 조선이 부산을 비롯한 3개 항구의 개항과 일본 상인의 자유로운 무역 활동을 보장하였고, 일본에게 조선 연안에 대한 측량권을 허용하였으며 영사 재판권(치외 법권)도 인정하였습니다. 이어 조선은 일본과 조·일 수호 조규 부록과 조·일 무역 규칙을 맺었는데, 강화도 조약에 담지 못한 세부적인 경제 침략 내용이 주를 이루었습니다. 이를 통해 조선은 개항장에서 일본인 조계(거류지) 설정과 일본 화폐 유통, 양곡 유출 등을 인정하였습니다. 반면 조선은 일본으로 양곡이 유출되는 것을 제한하지 못했고, 일본 상품에 관세를 부과하는 규정도 마련하지 못하였습니다. 이로 말미암아 조선은 일본의 경제 침략에 사실상 무방비 상태에 놓이게 되었던 것입니다.

조선은 강화도 조약을 맺은 뒤 김홍집을 일본에 수신사로 파견하여 불리한 조항의 개정을 논의하고, 세계 정세를 알아보려 하였습니다. 김홍집은 일본에서 일본 주재 청의 외교관인 황준헌의 《조선책략》을 들여왔는데, 여기에는 러시아의 남하를 막기 위해 조선이 중국, 일본, 미국과 연합하여야 한다는 내용이 담겨 있었습니다. 미국도 일본을 통해 조선과의 수교를 추진하고 있었지만 일본의 거부로 진척되지 못하고 있는 상황이었습니다. 이를 틈타 청은 러시아와 일본을 견제하기 위하여 조선에 미국과의 수교를 적극 알선하였습니다.

조선 정부 내에서도 미국에 우호적인 여론이 형성되면서 서양 국가로는 처음으로 미국과 수호 통상 조약을 체결하였습니다. 조·미 수호 통상 조약에는 양국 중 한 나라가 다른 나라의 핍박을 받을 경우 반드시 서로 돕고 분쟁을 원만히 해결하도록 주선한다는 거중 조정과 관세 부과(협정 관세라고 해서 미국과 협의하여 관세를 결정) 등 강화도 조약과는 달리 조선에 유리한 조항도 있었습니다. 그러나 영사 재판권과 함께 조약 체결 이후 다른 나라에 더 좋은 조건을 허용할 경우에 조약 개정 없이 자동으로 그 조건을 부여받는 최혜국 대우 등이 포함된 불평등 조약이었습니다. 이후 조선은 청의 중재로 영국, 독일과 수교하였으며 러시아, 프랑스와도 수교하였는데, 이들과 맺은 조약 역시 불평등 조약이었습니다.

이로써 조선은 대외적으로 근대적 조약 체제에 입각한 국제 질서에 편입되었으나 열강에 침략의 발판을 내주고 말았습니다.

조선 개항의 배경

통상 개화론의 대두	박규수, 오경석, 유홍기 등이 문호 개방의 필요성 주장
흥선 대원군의 하야	고종이 친정을 실시하며 통상 수교 거부 정책 완화
일본의 문호 개방 요구	일본에서 정한론(조선 침략론) 대두

강화도 조약

배경	운요호 사건(1875)
내용	조선이 자주국임을 규정, 부산 외 2개 항구 개항, 해안 측량권 허용, 영사 재판권(치외 법권) 인정 등의 12개 조항
성격	외국과 맺은 최초의 근대적 조약, 조선의 자주권을 침해한 불평등 조약
부속 조약	• 조일 수호 조규 부록 : 개항장에서의 일본 화폐 사용과 일본인 거류지 설정 등을 규정 • 조일 무역 규칙 : 양곡의 수출입 허용 등을 규정 → 조일 무역 규칙 체결 이후 수출입 상품에 대한 무관세 허용 등을 규정

조·미 수호 통상 조약

배경	• 제2차 수신사 김홍집이 들여온 《조선책략》의 유포
내용	• 청의 알선 : 러시아와 일본을 견제하고 조선에 대한 종주권을 국제적으로 인정받으려는 의도
성격	• 영사 재판권, 최혜국 대우, 거중 조정, 관세 부과 등을 규정 • 서양과 맺은 최초의 조약이자 불평등 조약

31
개화파의 형성과 개화 정책의 추진

18세기 북학파의 문제 인식을 계승한 박규수, 유홍기, 오경석 등 초기 개화 사상가들은 흥선 대원군 집권 시기에도 꾸준히 통상 개화론을 주장하였습니다. 초기 개화 사상가들은 중국에서 들여온 《해국도지》, 《영환지략》 등의 서적을 통해 서양의 기술과 문물, 국제 정세 등에 대한 이해를 높였습니다. 이를 바탕으로 서양인의 침략에 맞서려면 자주적으로 문호를 열고 통상하면서 우수한 기술을 받아들여 부국강병을 이룩해야 한다고 주장하였습니다.

박지원의 손자로 양반 출신인 박규수의 주변에는 중인 오경석, 유홍기뿐 아니라 개화에 뜻을 함께하는 김옥균, 서광범, 박영효 등 젊고 유능한 양반 자제들이 모여들어 개화파를 형성하였습니다. 개화파는 조선이 기존의 중국 중심의 질서에서 벗어나 서양의 제도와 과학 기술을 수용해야 할 필요성을 절감하였습니다.

조선은 강화도 조약 체결 이후 일본에 수신사를 파견하여 일본과 세계의 정세를 파악하려 하였지만 개항에 대한 반대 여론으로 제1차 수신사를 파견한 이후 4년 만에야 김홍집을 대표로 하는 제2차 수신사를 파견할 수 있었습니다. 이어 정부는 관제를 개편하여 기존의 의정부 – 6조 체제와는 별도로 개화 업무를 총괄할 기구로 통리기무아문을 설치하고, 그 아래 12사를 두어 사무를 나누어 맡게 하였습니다. 또한 국방력 강화를 위해 별기군을 창설하여 근대식 군대를 양성하였고, 군제를 개편하여 기존의 5군영을 2영으로 축소하였습니다.

한편 고종은 일본에 조사 시찰단을 파견하여 각 부의 사무 및 세관, 군사 등에 관한 일을 세밀하게 조사하게 하였고, 청에는 영선사를 파견하여 근대식 무기 제조 기술과 군사 훈련법을 배워 오도록 하였습니다. 이들의 보고서를 바탕으로 조선 정부는 개화 정책을 적극적으로 추진하였습니다.

그러나 개화파 내에는 개화의 개념과 방향을 두고 입장 차이가 있었는데, 특히 임오군란 이후 개화 정책의 추진 방법과 청·일 양국에 대한 인식 등을 둘러싸고 온건 개화파와 급진 개화파로 나누어졌습니다.

김홍집, 김윤식 등 온건 개화파는 청의 양무운동을 본받아 유교 질서를 유지하면서 서양의 과학 기술을 받아들여 사회를 점진적으로 개화시켜야 한다고 주장하였습니다. 이러한 입장을 동도서기론이라 하며 특히 임오군란 이후에는 청의 내정 간섭을 인정하는 가운데 개화를 추진하였습니다.

반면 김옥균, 박영효 등을 중심으로 한 급진 개화파는 청의 내정 간섭에서 벗어나 일본의 메이지 유신처럼 서양의 과학 기술뿐 아니라 사상과 제도까지도 수용해야 한다는 입장을 취하였습니다. 그들은 민권 신장과 군주권 제한, 신분 제도 폐지, 상공업 진흥, 종교의 자유 등을 실현하여 정치·사회 체제를 근본적으로 개혁하려 노력하였습니다.

한국사 쉬어 가기 | 서양에 파견한 첫 공식 한국 사절, 보빙사

보빙사는 조·미 수호 통상 조약을 맺은 뒤 공사 L.H. 푸트가 조선에 부임하자 고종이 1883년 미국에 파견한 일종의 답례 사절로 서양에 최초로 파견한 외교 사절단입니다. 이때 전권대사를 맡아 보빙사를 이끌고 미국을 방문한 민영익은 명성황후의 조카로 24살이었지만 조정 내의 실력자였습니다. 그는 개화파들과 친하게 지내면서 개화의 필요성을 인식했고, 민씨 일족의 대표로 개화파의 활동을 후원해주었습니다. 사절단은 홍영식 · 유길준을 포함하여 개화파 인사들로만 구성되었습니다. 인천항에서 출발하여 1883년 샌프란시스코 항에 도착하였고, 9월 18일 뉴욕에서 체스터 아서 대통령을 접견하여 고종 황제의 국서와 신임장을 전달하였습니다. 사절단의 일원이었던 유길준은 일행과 떨어져 미국에 유학한 뒤 유럽을 거쳐 귀국하여 기행문인 《서유견문》을 남겼습니다. 고종은 강대국의 틈바구니에서 자주독립을 지키는 데 미국이 힘이 되어줄 것이라 판단하여 보빙사를 파견하였습니다.

개화파의 형성과 분화

형성	배경	통상 개화론의 대두(박규수, 오경석, 유홍기 등이 개화의 필요성 주장)
	과정	박규수 등의 영향을 받은 김옥균, 박영효, 김홍집 등이 개화 정책에 참여
분화	시기	임오군란을 전후한 시기
	내용	개화의 방법과 속도, 외교 정책을 둘러싸고 온건 개화파와 급진 개화파로 분화

급진 개화파와 온건 개화파 비교

구분	주요 인물	개혁 방법	대외 인식
온건 개화파	김윤식, 김홍집, 어윤중 등	청의 양무운동을 본받아 동도서기론 입장에서 점진적 개혁 추구	청과의 전통적 관계 중시
급진 개화파	김옥균, 박영효, 홍영식, 서광범 등	일본의 메이지 유신을 본받아 문명 개화론 입장에서 급진적 개혁 추구	청의 내정 간섭과 사대 외교에 반대

개화 정책의 추진

정치	통리기무아문 설치(1880) : 개화 정책 총괄 - 12사
군사	• 신식 군대인 별기군 창설 : 일본인 장교 초빙 → 근대식 군사 훈련 시행 • 5군영(구식 군대) : 2영(무위영과 장어영)으로 개편
근대 시설	기기창(근대식 무기 제조), 박문국(근대식 인쇄 업무 담당, 한성순보 발행), 전환국(근대식 화폐 발행), 우정총국(근대식 우편 업무 담당)

외교 사절과 시찰단의 파견

수신사	• 강화도 조약 체결 이후 일본에 파견된 공식 외교 사절 • 제1차 김기수(1876), 제2차 김홍집(1880) 파견(《조선책략》 들여옴)
조사 시찰단	• 파견 목적 : 일본의 근대 문물 시찰과 개화 정책에 대한 정보 수집 등 • 국내의 개화 반대 여론 때문에 비밀리에 파견(1881) • 박정양, 어윤중, 홍영식 등으로 구성, 시찰 후 보고서 제출
영선사	• 파견 목적 : 청의 근대식 무기 제조법과 군사 훈련법 습득 등 • 김윤식이 유학생과 기술자 인솔(1881) : 귀국 후 기기창 설치 주도
보빙사	• 미국과 수교 후 미국 공사의 파견에 대한 답례로 파견(1883) • 민영익, 홍영식, 유길준 등으로 구성, 일부는 유럽을 거쳐 귀국

32
개화 정책 추진에 대한 반발
(위정척사 운동과 임오군란)

　성리학을 신봉하던 조선의 보수적 유생들은 서양과 일본을 조선의 유교 문화를 무너뜨리려는 오랑캐로 인식하고 위정척사 운동을 펼쳤습니다. 위정척사란 바른 것[正]을 지키고 사[邪] 물리친다는 의미입니다. 즉 유교 문화에 기반을 둔 조선의 전통 질서[正]를 지키기 위해 천주교와 서양 문화와 함께 서양 세력의 경제적·군사적 침략[邪]까지 물리쳐야 한다는 주장이었습니다.

　1860년대 병인양요를 전후한 시기에 이항로 등은 통상 반대론을 주장하면서 서양의 침략에 맞서 싸우자는 척화 주전론(斥和主戰論)을 펼쳤습니다. 1870년대 강화도 조약 체결 무렵에는 최익현이 왜양 일체론(倭洋一體論)을 제기하면서 개항 반대 운동을 전개하였습니다. 그는 외세에 굴복하여 문호를 개방하면 경제가 파탄 나고 자주권이 손상될 것이라 주장하였습니다. 1880년대에 정부가 개화 정책을 추진하고 『조선책략』을 유포하여 미국과 수교하려 하자 영남 유생들은 이만손을 중심으로 만인소를 올리며 반발하였습니다. 이에 고종은 '척사윤음(서학을 배척하겠다는 임금의 교서)'을 내려 유생들을 달래기도 하였지만, 홍재학의 상소를 계기로 위정척사 운동을 탄압하는 등 개화를 추진하겠다는 입장을 강하게 내세우면서 위정척사 운동은 점차 약화되었습니다. 위정척사 운동은 1890년대 이후 일본의 침략에 저항하는 항일 의병으로 계승되었습니다.

　개화 정책이 시행되면서 구식 군인과 도시 하층민은 정부의 개화 정책에 불만을 나타냈습니다. 개항 후 일본과의 무역으로 쌀이 빠져나가고 흉년까지 겹쳐 쌀값이 폭등하자 도시 빈민들의 정부와 일본을 향한 반감이 커졌습니다. 또한 별기군에 비해 열악한 대우를 받던 구식 군인의 불만도 높았습니다. 집권층의 부정부패로 구식 군인들에게 오랫동안 급료가 지급되지 않았고, 13개월 만에 급료로 지급된 쌀에는 겨와 모래가 섞여 있었습니다. 이를 계기로 누적된 불만이 폭발한 구식 군인들이 봉기하였습니다(임오군란, 1882).

구식 군인은 흥선 대원군에게 지지를 요청하면서 정부 고관의 집과 일본 공사관, 궁궐 등을 공격하였고, 이 과정에서 도시 하층민도 가담하였습니다. 다음 날 임오군란 세력이 궁궐을 습격하여 고관을 살해하고 왕비마저 피신하자 고종은 사태를 수습하기 위해 흥선 대원군에게 정권을 맡겼습니다. 흥선 대원군은 통리기무아문과 별기군을 폐지하면서 개화 정책을 중단하려 하였습니다. 그러나 민씨 일파의 요청을 받은 청이 군대를 파견하여 군란을 진압하고, 군란의 책임을 물어 흥선 대원군을 청으로 납치하였습니다.

이후 청은 군대를 조선에 계속 주둔시키면서 조선을 청의 속국으로 규정한 조·청 상민 수륙 무역 장정을 체결하였고, 청의 마건상과 독일인 묄렌도르프를 고문으로 파견해 조선의 내정과 외교에 일일이 간섭하였습니다.

일본도 인천에 대규모 군대를 파견하면서 일본인에게 피해를 입힌 군란의 책임을 물었습니다. 이에 굴복한 정부는 제물포 조약을 체결하여 배상금을 지불하고, 공사관 경비를 위한 일본군의 주둔을 허용하였습니다.

한국사
쉬어 가기

청이 파견한 외교 고문, 묄렌도르프

묄렌도르프는 할레비텐베르크마르틴루터대학교에서 동양어와 법률을 전공한 후, 주청 독일영사관에서 근무했습니다. 그러나 1869년 청의 세관리가 되면서 청의 조정과 긴밀한 관계를 맺게 되었습니다. 1882년 임오군란 이후 청의 강요에 의해 한국 최초의 서양인 고문으로 부임하였습니다. 그는 통리아문의 외무협판이 되어 외교 고문 역할을 담당하면서 해관 총세무사로 해관 신설 등 통상 무역 업무도 총괄했습니다. 그러나 묄렌도르프는 러시아와 긴밀한 관계가 되었습니다. 1884년 톈진 주재 러시아 공사 베베르가 내한하자 교섭에 나서서 조선과 러시아의 수호 통상조약이 체결되는 데 큰 영향을 끼쳤습니다. 급진 개화파와는 일본 차관 도입을 놓고 대립하기도 했으며, 갑신정변 때 청 군대가 개화파 정부를 무너뜨리고 민씨 정권을 복귀시키는 데 앞장섰습니다. 1885년 고종의 허락을 받고 부사 자격으로 일본에 가서 주일 러시아 공사 다비도프와 러시아 훈련 교관 초빙 문제를 비밀리에 협의했습니다. 이에 조선 정부 관리들과 청·일 양국으로부터 강한 반발을 사게 되면서 외무협판과 해관 총세무사에서 해임되었습니다. 그 후 조선을 떠나 청의 닝보에서 죽었습니다. 청에 의해 조선에 외교 고문으로 왔지만 러시아와 긴밀해진 이유에 대해서는 알 수 없습니다.

위정척사 운동

구분	1860년대	1870년대	1880년대	1890년대
배경	서양 열강의 통상 요구	강화도 조약 체결	정부의 개화 정책 추진, 《조선책략》 유포	을미사변 발생, 을미개혁 때 단발령 공포
활동	통상 반대 운동 전개, 척화주전론 주장	개항 반대 운동 전개, 왜양일체론 주장	개화 정책 반대 운동 전개, 미국과의 수교 반대(영남 만인소)	항일 의병 운동 전개
주요 인물	이항로, 기정진 등	최익현 등	이만손, 홍재학 등	유인석, 이소응 등

임오군란

배경	• 신식 군대인 별기군 창설 및 구식 군인 차별 • 개항 이후 일본의 경제 침탈 → 민중의 생활 악화
전개	구식 군인 봉기, 도시 빈민 합세 → 일본 공사관과 궁궐 습격, 명성 황후 피신 → 흥선 대원군의 재집권(별기군 폐지, 5군영 부활, 통리기무아문 폐지 등을 단행하여 개화 정책 중단) → 청군의 개입(군란 진압, 흥선 대원군의 납치) → 민씨 세력의 재집권(친청 정권 수립)
결과 및 의의	• 청의 내정 간섭 : 청군의 조선 주둔, 청이 조선에 마건상과 묄렌도르프를 고문으로 파견하여 내정 간섭 • 조선과 일본 사이에 제물포 조약 체결 • 조선과 청 사이에 조·청 상민 수륙 무역 장정 체결

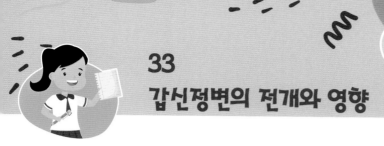

33
갑신정변의 전개와 영향

임오군란 이후 청이 내정 간섭을 강화하자 청에 대한 입장과 개화를 추진하는 방법을 둘러싸고 온건 개화파와 급진 개화파 관료 간의 갈등이 커졌습니다. 급진 개화파는 온건 개화파가 청의 내정 간섭에 소극적 태도를 보이며 개화 정책을 지연시키는 모습에 강한 불만을 품었습니다. 이에 급진 개화파는 일본에서 차관을 도입하여 개혁을 추진하려 하였지만 일본의 거부로 실패하면서 정부 내에서 입지가 더욱 좁아졌습니다.

마침 베트남에서 청과 프랑스의 대립이 격화되면서 청은 프랑스와의 전쟁에 대비하여 조선에 주둔한 군대 일부를 철수하였습니다. 이를 기회로 급진 개화파는 정변을 일으켜 정권을 잡으려 계획하였습니다. 그들은 처음에 미국의 도움을 받으려 했지만 미국의 거부로 이루어지지 않았습니다. 이에 조선 내 세력 확대를 꾀하던 일본 측의 군사 지원을 약속받은 후, 우정총국 완공 축하 연회에서 민씨 일파의 고위 관리들을 살해하고 궁궐로 들어가 고종의 허락을 받고 개화당 정부를 구성하였습니다(갑신정변, 1884).

개화당 정부는 청에 대한 사대 관계 청산, 내각 중심 정치 등을 내용으로 하는 개혁 정강을 발표하고 근대적 개혁 정치를 추진하려 하였습니다. 그러나 주둔해 있던 나머지 청군이 개입하자 아직 청군을 상대하기에는 어렵다고 생각한 일본이 약속을 어기고 군대를 철수하면서 정변은 3일 만에 실패로 끝나고 말았습니다. 이후 정변을 주도했던 김옥균, 박영효 등은 도망가는 일본 공사를 따라 일본으로 망명할 수밖에 없었습니다. 일본으로 망명한 급진 개화파는 서재필을 미국으로 보내 근대 문물을 배워 오도록 조치하는 등 재기를 꿈꾸었으나 일본 정부는 조선과의 관계 때문에 지원을 끊었습니다. 김옥균은 일본을 떠나 청으로 갔지만 결국 민씨 세력에 의해 암살되면서 급진 개화파는 세력을 잃고 말았습니다.

갑신정변 때 소수의 급진 개화파는 급진적 방식으로 너무 성급하게 개혁을 추진하였습니다. 또한 이들은 일본에 지나치게 의존하였고, 농민들의 가장 큰 소원이었던 토지 개혁을 추진하지 않는 등 민중의 지지를 이끌어내지 못하는 한계를 보였습니다. 그러나 갑신정변은 전통적인 사대 관계였던 청의 간섭에서 벗어나 근대 국가 건설을 목표로 한 최초의 정치 개혁이라는 점에서 큰 의의가 있습니다. 또한 갑신정변에서 추진하고자 한 개혁 내용 중 일정 부분은 이후 정부가 시행한 여러 근대적 개혁 정책에 반영되기도 하였다는 점에서 긍정적 평가를 받기도 합니다.

갑신정변 이후 일본은 일본 공사가 갑신정변에 관여한 사실은 무시하고 조선에 피해 배상을 요구하였습니다. 이에 조선은 공사관 신축 비용을 부담하는 등의 내용을 포함한 한성 조약을 일본과 맺었습니다. 청과 일본도 조선에서 군대를 철수하고, 이후 군대를 파견할 경우에는 상대국에 미리 알리도록 하는 톈진 조약을 맺었습니다.

한편 갑신정변을 진압한 청은 조선의 내정에 더욱 깊숙하게 개입하였습니다. 이에 고종은 청을 견제하기 위해 비밀리에 러시아와 교섭하려 하였으나, 청의 방해로 실패하였습니다. 이렇듯 복잡한 상황에서 영국이 조선에 접근하는 러시아를 견제하려고 거문도를 불법 점령하는 사건이 벌어졌습니다(거문도 사건, 1885). 조선은 청에 중재를 요청하면서 영국군의 철수를 주장하였으나 영국은 3년 동안 거문도를 점령한 채 버티었습니다. 결국 러시아가 조선에 진출하지 않겠다는 약속을 하자 거문도에서 철수하였습니다. 이 과정에서 중재를 한 청의 내정 간섭은 더욱 심해졌습니다.

조선을 둘러싼 열강의 대립이 심해지는 상황이 전개되자 조선에 외교관으로 와 있던 독일의 부들러는 조선에 중립화안을 제안하였습니다. 그러나 국제 정세를 안이하게 판단한 조선 정부는 받아들이지 않았습니다. 보빙사로 갔다가 미국에서 돌아온 유길준도 열강에게 조선의 중립을 보장받아 독립을 유지해야 한다는 '중립화론'을 구상하였으나 성과는 거두지 못하였습니다.

갑신정변

배경	• 임오군란 이후 청의 내정 간섭으로 개화 정책 후퇴 → 급진 개화파의 불만 고조 • 급진 개화파의 입지 약화 : 민씨 정권과 갈등 심화, 일본으로부터 차관 도입 실패 • 국제 정세의 변화 : 조선에 주둔한 청군 일부 철수, 일본의 군사적 지원 약속
전개	• 정변 발발 : 급진 개화파가 우정총국 개국 축하연을 이용하여 민씨 세력의 고관들을 살해하고 권력 장악 • 개화당 정부 수립 : 개혁 정강 발표(청과의 사대 관계 청산, 인민 평등권 마련, 능력에 따른 인재 등용 등) • 정변 실패 : 청의 개입과 일본군의 철수로 3일 만에 실패 → 김옥균, 박영효 등 주요 인물은 일본으로 망명
결과 및 영향	• 청의 내정 간섭 심화 : 민씨 세력의 재집권, 개화 세력의 약화 • 한성 조약(조선·일본 간의 조약) : 조선이 일본 공사관 신축 비용을 부담할 것과 일본인 피살에 대한 배상금을 지불할 것 등 규정 • 톈진 조약(청·일 간의 조약) : 청·일 양국 군대의 동시 철수, 이후 조선 파병 시 상호 통보 내용 등 규정
의의	• 의의 : 근대 국가 수립을 위한 정치·사회 개혁 운동 • 한계 : 일본에 군사적으로 의존, 민중의 지지를 받지 못함

갑신정변 이후의 국내외 정세

거문도 사건	조선과 러시아 간에 비밀 교섭 진행 → 러시아 견제를 구실로 영국이 거문도를 불법 점령(1885~1887) → 청의 중재로 영국군 철수
조선 중립화론 대두	• 헤르만부들러 : 한반도를 둘러싼 열강의 충돌을 막기 위해 조선의 영세 중립화를 조선 정부에 건의 → 수용하지 않음 • 유길준 : 열강의 침략으로부터 조선의 안전을 강대국에 보장받는 중립화론 구상 → 성과 없음

34
동학 농민 운동의 발생

갑신정변이 위로부터의 개혁을 추구한 것이라면 아래로부터의 개혁을 추구한 것은 동학 농민 운동이라 할 수 있습니다. 갑신정변 이후 집권 세력의 부정부패로 매관매직이 성행하고 관리들의 수탈이 여전히 계속되고 있었습니다. 또한 개화 비용 마련, 외국에 대한 배상금 지급 등으로 국가 재정이 어려워지면서 농민의 조세 부담이 더욱 늘어났습니다. 지주들은 일본으로 쌀을 유출하는 과정에서 소작농을 수탈하였으며, 일본 상인이 들여온 면제품이 유통되면서 농촌 가내 수공업도 큰 타격을 입었습니다. 이에 농민들의 집권 세력에 대한 불만과 일본에 대한 반감이 더욱 커지면서 각지에서 농민 봉기가 일어났습니다.

이런 분위기에서 고통스러운 현실에서 벗어나고자 하던 농민들을 중심으로 동학이 급속히 확산되었습니다. 정부는 교조 최제우에게 세상과 백성들을 현혹한다는 혹세무민의 죄를 씌워 처형하였지만, 2대 교주 최시형이 교리와 교단 조직을 정비하면서 동학은 전라도, 경상도, 충청도의 삼남 지방에 널리 확산되었습니다. 정부는 동학을 사교로 규정하여 탄압하였으며, 지방관들은 동학을 금한다는 명분으로 동학교도의 재산을 수탈하거나 잡아 가두기도 하였습니다. 이에 동학교도는 동학에 대한 탄압을 중지하고, 교조의 억울한 누명을 벗겨 달라며 대규모 집회를 열었습니다(교조 신원 운동). 1892년 공주와 삼례의 집회에 이어 한양의 광화문 앞에서 복합 상소로 교조의 억울함을 벗겨 줄 것과 포교의 자유를 요구하였지만, 요구가 받아들여지지 않았습니다. 이에 동학교도들은 1893년에 보은과 금구에서 대규모 집회를 개최하였습니다. 이 집회에서는 종교적인 요구 외에 탐관오리의 처벌과 일본 및 서양 세력의 축출 등 정치·사회적 요구가 제기되면서 농민을 대변하는 정치 운동으로 나아가는 모습을 보여주었습니다.

이와 같은 상황에서 전라도 고부의 농민 봉기가 동학 농민 운동의 기폭제가 되었습니다. 고부는 여러 물산이 모이는 교통의 요지로, 전라도에서 번성하던 지역 중 하나였습니다. 이곳에 군수로 부임한 조병갑은 각종 명목으로 농민들을 수탈하였습니다. 특히 기존에 있던 보 아래에 농민들을 동원하여 만석보라는 저수지를 만들고, 오히려 보를 만든 농민들에게 세금을 거두는 만행을 저질렀습니다. 이에 분노한 농민들은 전봉준의 주도로 봉기를 일으켜 고부 관아를 점령하였습니다. 정부는 고부 농민 봉기가 일어나자 조병갑을 파면하고 군수를 새로 파견하였으며, 안핵사를 보내 사태를 수습하게 하였습니다. 그러나 안핵사로 파견된 이용태가 봉기 주동자를 동학교도로 몰아 가혹하게 탄압하면서 농민들의 불만은 점차 높아져 갔습니다.

고부 농민 봉기에 참여하였다가 무장으로 피신하여 안핵사의 횡포를 지켜본 전봉준은 동학의 접주인 손화중, 김개남 등과 전라도 일대에서 군사를 모아 봉기하였습니다. 전라도 무장에서 봉기한 동학 농민군은 백산에 집결하여 '포악한 관리를 몰아내고 백성을 구하자(제폭구민)', '나라를 바로잡고 백성을 편안하게 하자(보국안민)'는 구호와 농민군 4대 강령을 내걸었습니다(1894). 이어 농민군은 태인을 점령하고, 황토현에서 보부상이 포함된 전주 감영의 군대를 격파하여 기세를 올렸습니다. 이 승리를 계기로 정읍, 고창, 장성 등으로 이동하면서 세력을 확대해 나갔습니다. 정부가 한성의 경군을 파견해 농민군을 공격하자 농민군은 장성 황룡촌에서 이를 격파하고, 승세를 굳힌 농민군은 전라감영이 있는 전주성을 점령하였습니다.

동학 농민 운동의 배경

일본의 경제 침탈	일본 상인의 곡물 유출 → 곡물 가격 폭등, 외국산 면직물 유입 → 농촌의 가내 면직물 수공업 타격
정부의 무능과 수탈	일본에 대한 배상금 지불 등에 따라 재정 악화, 개화 정책을 위한 재정 지출 증가 → 농민의 세금 부담 증가, 수령과 아전 등의 수탈 심화
교조 신원 운동	동학교도가 교조 최제우의 신원과 동학의 합법화 요구 → 삼례 집회, 한양 복합 상소, 보은 집회 등이 개최되면서 종교 운동에서 점차 정치·사회 운동으로 발전

동학 농민 운동의 제1차 봉기(반봉건 성격)

고부 농민 봉기	제1차 봉기	전주 화약 체결
• 배경 : 고부 군수 조병갑이 만석보를 쌓게 하고 수세를 강제로 징수하는 등 비리와 수탈 자행 • 경과 : 전봉준 등이 사발통문을 돌려 봉기를 호소 → 농민들의 고부 관아 점령, 만석보 파괴 → 후임 군수의 회유로 농민들 자진 해산	• 배경 : 안핵사 이용태가 고부 농민 봉기 주모자 등을 탄압 • 경과 : 무장에서 농민군이 봉기하여 고부를 다시 점령 → 백산에서 4대 강령과 격문 발표 → 황토현과 황룡촌에서 관군에 승리 → 전주성 점령(1894. 4.)	• 배경 : 동학 농민군 진압을 위해 정부가 청에 지원병 요청 → 청군과 일본군의 조선 출병 • 경과 : 정부와 동학 농민군이 전주 화약 체결 → 정부의 폐정 개혁 약속과 동학 농민군의 자진 해산 → 동학 농민군이 전라도 각지에 집강소를 설치하고 폐정 개혁안 실천

35
동학 농민 운동의 전개와 영향

동학 농민군이 전주성을 점령하자 이를 해결할 능력이 없었던 정부는 청에 파병을 요청하였습니다. 청은 톈진 조약에 따라 일본에 파병 사실을 알리고 군대를 아산만에 상륙시켰습니다. 일본군도 공사관과 거류민 보호를 구실로 인천에 상륙하였습니다. 청에 이어 원하지 않던 일본까지 군대를 파견하자 정부는 사태를 빨리 마무리 짓고자 하였습니다. 농민군도 외세의 개입을 우려하여 청·일 양군의 철수와 폐정 개혁을 조건으로 관군과 전주 화약을 맺고 해산하였습니다(전주 화약).

이후 정부는 교정청을 설치하여 개혁에 나섰으며, 농민군도 전라도 각 지역에 농민 자치 조직인 집강소를 설치하여 탐관오리 처벌, 조세 개혁, 신분 차별 철폐와 같은 여러 폐정 개혁안을 실천에 옮겼습니다. 노비 문서를 불태워 천대받던 노비를 해방하였으며, 탐관오리와 부패한 양반을 징벌하고, 각종 잡세를 폐지하여 농가 부채를 탕감하기도 하였습니다.

전주 화약 후 정부는 조선에 주둔할 명분이 사라진 청·일 양군의 철수를 요구하였습니다. 그러나 일본군은 이를 거부하고 경복궁을 점령한 후 흥선 대원군을 섭정으로 하는 새로운 정권을 수립하여 내정 간섭에 나서는 한편, 이에 반발하는 청에 선전 포고도 없이 청·일 전쟁을 일으켰습니다. 청·일 전쟁에서 승리를 한 일본은 청이 조선에 대한 종주권을 행사할 수 없도록 하는 시모노세키 조약을 체결하여 조선 침략의 우선권을 확보한 후 조선의 내정에 더욱 깊이 간섭하였습니다. 이에 농민군은 일본군을 몰아내기 위하여 다시 봉기하였습니다(동학 농민군 제2차 봉기).

전봉준을 비롯한 전라도 지역 중심의 조직인 남접 지도부가 다시 봉기하자 그동안 포교 활동을 강조하며 농민 봉기에 반대하던 충청도 지역 중심의 북접도 반외세라는 목적 아래 참여하였습니다. 논산에서 합류한 농민군은 공주 우금치에서 격전을 벌였으나 근대식 무기로 무장한 일본군과 조선 관군의 연합 부대에 패배하였습니다. 이후에도 농민군은 여러 지역에서 항전을 계속하였으나 전봉준 등 지도부가 체포되면서 동학 농민 운동은 끝을 맺게 되었습니다.

동학 농민 운동은 반봉건과 반침략의 성격을 띤 아래로부터의 개혁 운동이라는 특징을 가지고 있었습니다. 농민층을 중심으로 봉건적 신분 질서에 반대하는 개혁 운동이었으며, 일본을 비롯한 외세의 침략에 맞선 민족 운동이었습니다(반봉건, 반외세). 동학 농민군이 제시한 폐정 개혁안의 내용 중 일부는 갑오개혁 때 실현되기도 하였습니다.

동학 농민 운동 제2차 봉기(반외세 성격)

배경	전주 화약 체결 후 조선 정부가 청·일군에 철수 요구 → 일본군이 경복궁을 기습 점령 → 내정 개혁 강요하고 청·일 전쟁 야기
전개	동학 농민군의 재봉기 → 논산에서 북접과 남접이 합류하여 서울로 북상 → 공주 우금치 전투에서 동학 농민군이 일본군과 관군에게 패배(1894. 11.) → 전봉준 등 동학 농민군 지도자 체포, 농민군 잔여 세력 진압

동학 농민 운동의 성격과 영향

성격	• 반봉건 : 신분제 개혁 등 정치·사회 개혁 요구 • 반외세 : 일본의 침략과 내정 간섭에 저항
영향	• 동학 농민군의 요구가 갑오개혁에 일부 반영 • 동학 농민군의 잔여 세력이 항일 의병 운동에 참여

36
갑오개혁의 시행

동학 농민 운동이 벌어지자 조선 정부는 더 이상 개혁을 미룰 수 없었습니다. 따라서 전주 화약에서 약속한 대로 중앙에 교정청을 설치하고 개혁을 시도하였습니다. 그러나 동학 농민 운동이 전개되는 상황에서 인천을 통해 상륙한 일본군은 우월한 무력을 앞세워 경복궁을 점령하였습니다. 그리고 조선 정부가 근대적 개혁을 위해 설치한 교정청을 폐지하고, 자신들의 침략을 쉽게 할 수 있도록 조선 정부에 강요하여 군국기무처를 설치하였습니다.

군국기무처에는 총재 김홍집을 비롯하여 어윤중, 유길준 등 개화 인사들을 참여시키고, 일본에 비우호적이었던 민씨 일파를 견제하기 위해 흥선 대원군을 다시 수반으로 추대하였지만 실권은 주지 않았습니다. 그러나 개혁은 일본의 의도대로만 진행되지 않았습니다. 군국기무처의 의원들은 일본의 간섭을 최대한 배제하면서 그동안 구상해 왔던 개혁을 실행하려 노력하였습니다. 또한 일본이 청·일 전쟁 중이었기 때문에 조선에 적극적으로 간섭하지 못하게 되면서, 개혁은 어느 정도 자주적으로 추진되었습니다. 이에 따라 군국기무처의 개화 관료들은 갑신정변과 동학 농민 운동의 요구를 반영하여 개혁을 추진하였습니다(제1차 갑오개혁).

제1차 갑오개혁에서는 중국 연호를 사용하던 관행을 버리고 개국 기년을 사용하였습니다. 또한 왕실과 정부의 사무를 분리하여 국왕의 전제권을 제한하고 의정부에 권한을 집중시켜 전제 왕권을 견제할 수 있는 기반을 마련하였습니다. 폭넓은 인재 등용을 위하여 과거제를 폐지하였으며, 경무청을 설치하여 경찰 제도를 실시하였습니다. 경제적으로는 국가 재정을 일원화하고 조세를 금납화하여 재정을 효율적으로 운영하고자 노력하였습니다. 가장 큰 변화는 사회적 측면에서 나타났습니다. 양반과 상민을 구별하는 차별적 신분 제도와 공사 노비 제도를 철폐하면서 근대 사회를 이루기 위한 법적 체제를 가지게 되었습니다. 한편 조혼을 금지하고 고문과 가족들까지 피해를 입는 연좌제를 폐지하였으며, 과부의 재가를 허용하는 등 좋지 못한 관습도 없앴습니다.

그러나 이러한 자주적 성격의 개혁은 오래가지 못하였습니다. 개혁이 한창 추진되고 있을 때 일본이 청·일 전쟁에서 승기를 잡으면서 조선 정부의 개혁에 적극 간섭하기 시작하였습니다. 자신들의 강요로 만들었던 개혁 기구인 군국기무처를 폐지하고, 일본에 망명해 있던 박영효 등을 귀국시켜 김홍집과 연합 내각을 수립하게 하였으며, 조선을 보호국으로 삼으려는 정책을 추진하였습니다. 그러나 박영효가 중심이 된 조선 정부는 국정 개혁의 기본 강령이라 할 수 있는 홍범 14조를 발표하여 군국기무처의 개혁을 계승해 나갔습니다(제2차 갑오개혁). 박영효가 비록 갑신정변 때 일본으로 망명하여 보호를 받고는 있었지만 이때까지는 친일파가 아니었기 때문입니다.

제2차 갑오개혁에서는 청에 대한 의존적 관계를 청산하였으며, 의정부를 내각으로 개편하고 지방 제도를 8도에서 23부로 바꾸었습니다. 재판소가 설치되어 사법권의 독립도 이루어졌다는 점이 특기할 만 합니다. 한편 교육 입국 조서가 반포되면서 한성 사범학교와 소학교가 세워지는 등 근대적 교육 제도도 마련되었습니다.

청·일 전쟁에서 승리한 일본은 시모노세키 조약을 체결하여 청에게 막대한 배상금과 함께 타이완과 랴오둥반도를 할양받았습니다. 하지만 만주에서 세력을 키우려던 러시아가 프랑스·독일과 함께 삼국 간섭으로 일본을 압박하여 랴오둥반도를 청에 반환하게 하였습니다. 고종과 명성황후는 일본이 러시아에게 약한 모습을 보이자 청 대신 러시아에 접근하여 친러 정책을 펼치면서 김홍집·박영효 내각은 붕괴되었고, 박영효는 다시 일본으로 망명하였습니다.

상황이 불리해지자 조선 공사로 부임한 미우라는 일본 세력을 회복할 목적으로 명성황후를 무참히 살해하는 을미사변을 일으켰습니다. 이후 일본의 강요로 친일적인 김홍집 내각이 수립되면서 을미개혁이 추진되었습니다(제3차 갑오개혁 혹은 을미개혁).

유길준 등이 내각에 적극 참여하면서 을미개혁에서는 태양력과 '건양' 연호가 사용되었으며 단발령이 내려졌습니다. 또한 종두법이 실시되고 갑신정변으로 중단되었던 우편 사무도 다시 실시되었습니다. 그러나 국민은 급진적 개혁과 을미사변에 대해 크게 분노하였는데, 특히 단발령에 반발한 유생을 중심으로 전국적으로 의병이 일어났습니다. 이러한 혼란 속에서 고종은 신변의 안전을 꾀하고 일본의 영향력 약화를 위해 러시아 공사관으로 피신하였습니다(아관파천).

갑오개혁은 일본이 조선을 침략하기 위한 발판을 마련하기 위하여 강요한 측면이 있습니다. 그러나 청·일 전쟁이나 삼국 간섭 상황에서 조선의 개화파 관료들이 자주적으로 추진하였으며, 개화파의 개혁 의지와 동학 농민군의 사회 변혁 요구가 반영된 근대적 개혁이라 할 수 있습니다. 특히 우리 역사상 처음으로 차별적 신분제를 폐지하여 평등 사회의 기틀을 마련했으며, 내각 중심의 정치를 실시하여 전제 군주제를 극복하려고 시도했다는 점은 높이 평가할 만합니다. 하지만 개혁에 대한 민중의 지지를 이끌어 내지도 못하였고, 국방력 강화에도 소홀하였다는 한계가 있었습니다.

한국사
쉬어 가기 **개화파에서 친일파로, 박영효**

박영효는 명문대가의 자제로 1872년(고종 9) 2월 철종의 딸 영혜옹주와 결혼하여 부마가 되었으나 3개월 만에 사별하였습니다. 김옥균 등과 함께 개화사상을 받아들였으며, 급진 개화파의 주요 인물이 되었습니다. 제3차 수신사로 갈 때는 태극기를 공식적으로 처음 사용했다고도 전해집니다. 그는 근대적 개혁을 추구한 갑신정변 및 갑오개혁의 주체로 참여했습니다. 갑신정변이 삼일천하로 끝나자 일본으로 망명하였습니다. 갑오개혁 때 일본의 후원에 힘입어 김홍집 내각의 내무대신으로 임명되어 제2차 갑오개혁을 주도했습니다. 그러나 명성황후의 압박으로 내무대신을 내놓고 다시 일본으로 망명하였습니다. 그가 개화파의 주요 인물이기는 하지만 일본의 문명개화론의 영향을 강하게 받았기 때문에 일본의 제국주의적 본질을 제대로 간파하지 못한 한계를 가지고 있었습니다. 이는 대부분의 급진 개화파가 가진 한계이기도 합니다. 국권 피탈 이후에는 일제의 회유책에 넘어가 후작 작위를 받고 조선귀족회 회장과 조선은행 이사를 역임하는 친일파로 변절하였습니다.

갑오개혁

제1차 갑오개혁	경과	일본군이 경복궁을 무력으로 점령하고 개혁 강요 → 제1차 김홍집 내각 수립, 군국기무처 설치 및 개혁 추진
	내용	• 정치 : 궁내부를 신설하여 왕실 사무와 정부 사무 분리, 6조를 8아문으로 개편, 과거제 폐지 • 경제 : 탁지아문으로 재정 일원화, 은 본위 화폐 제도 확립, 도량형 통일 • 사회 : 공·사노비 제도 혁파 → 신분제 철폐, 봉건적 악습 타파(조혼 금지, 과부 재가 허용)
제2차 갑오개혁	경과	청·일 전쟁에서 승기를 잡은 일본이 제2차 김홍집 내각(김홍집·박영효 연립 내각)을 수립하고 군국기무처 폐지 → 고종이 국정 개혁의 기본 강령인 홍범 14조 반포
	내용	• 정치 : 내각 제도 실시, 8아문을 7부로 개편, 8도를 23부제로 개편 • 사회 ; 재판소 설치, 지방관의 사법권 폐지 • 교육 : 교육입국 조서 반포, 한성 사범학교 관제 등 마련
제3차 갑오개혁 (을미개혁)	경과	일본이 청·일 전쟁에서 승리한 뒤 시모노세키 조약을 체결하여 랴오둥 반도 차지 → 러시아가 주도한 삼국 간섭으로 일본이 랴오둥반도를 청에 반환 → 고종과 명성황후가 미국 및 러시아와 가까운 인물들로 내각을 구성하고 일본 견제 → 일본이 명성황후 시해(을미사변) → 김홍집 내각이 구성되어 개혁 추진 → 아관파천(1896) 직후 김홍집 내각 붕괴 → 개혁 중단
	내용	태양력 사용, '건양' 연호 사용, 단발령 실시 등

갑오개혁의 의의와 한계

의의	갑신정변과 동학 농민 운동 등에서 제기된 개혁 요구 반영, 신분제 철폐 등 여러 분야에 걸쳐 추진된 근대적 개혁
한계	일본의 강요에 의해 추진되어 일본의 조선 침략을 용이하게 함, 상공업 진흥 및 국방력 강화와 같은 개혁에는 소홀

37
독립 협회

일본은 청·일 전쟁에서 승리하였지만 러시아가 주도한 삼국 간섭으로 조선에 대한 영향력은 위축되었습니다. 더욱이 친러정책을 펼치려던 명성황후를 살해하는 을미사변을 일으켰으나, 고종이 러시아 공사관으로 피신하는 아관파천으로 상황은 일본에게 더욱 불리해졌습니다. 아관파천 이후 러시아가 조선에 영향력을 강화하면서 각종 이권 침탈에 앞장섰고, 다른 열강도 조선의 이권을 침탈하였습니다. 이 무렵 미국 망명에서 돌아온 서재필은 자주독립을 위한 국민 계몽 방안을 모색하였고, 이의 필요성을 느끼고 있던 정부의 지원을 받아 독립신문을 발간하고, 석 달 뒤 독립문을 건설한다는 명목으로 독립 협회를 창립하였습니다.

설립 초기의 독립 협회는 관료와 지식인을 중심으로 운영되었지만 독립문 등을 세우는 데 기금을 내면 누구나 회원이 될 수 있도록 규정하면서 학생, 교사, 상인 등 다양한 계층이 참여할 수 있게 되었습니다.

자주 국권과 부국강병을 이루기 위해서는 국민의 참여와 지지가 필수적이었습니다. 독립 협회는 독립관에서 다양한 주제로 토론회를 개최하였는데, 주제는 교육 진흥, 산업 개발, 미신 타파 등 계몽적 내용으로 시작되었으나 점차 열강의 이권 침탈 반대, 민권 신장, 의회 설립 등 정치적 문제로 발전하였습니다. 토론회는 커다란 호응을 얻으면서 민중을 계몽하고 정치 의식을 높이는 효과를 거두면서 만민 공동회로 발전했습니다. 이 과정에서 독립 협회는 점차 임원이나 관료 중심에서 벗어나 민중의 입장을 대변하는 단체로 발전해 갔습니다.

고종이 환궁하고 대한 제국의 수립을 선포한 이후에도 열강의 이권 요구가 끊이지 않았습니다. 이 무렵 러시아는 한국을 보호국으로 만들기 위해 대한 제국이 요청한 군사 교관을 증파하고, 재정 고문을 파견하였습니다. 이후 러시아가 부산의 절영도를 조차해 줄 것을 요구하며 침략 의도를 드러내자 독립 협회는 만민 공동회를 열어 러시아의 침략 행위를 비판하고 러시아의 요구를 거절할 것을 결의하였습니다. 만민 공동회의 결의를 토대로 고종이 러시아에 완강한 태도를 보이자 러시아는 군사 교관과 재정 고문을 철수하고, 절영도 조차 요구도 철회하였습니다. 국민의 정치 참여 의식이 높아지자 독립 협회는 점차 다양한 부분으로 관심을 돌려 자유 민권 운동을 본격적으로 펼치기 시작하였습니다. 정부에 신체의 자유, 재산권 보호, 언론·출판·집회·결사의 자유를 요구하였고, 범죄를 저지른 사람의 가족까지 죽이는 노륙법 부활 저지 운동 등을 강력하게 전개하였습니다. 또한 민의를 반영하기 위한 의회 설립 운동도 함께 벌였습니다. 이에 고종은 내각을 해산하고 박정양 중심의 진보적인 내각을 구성하였습니다.

전국의 지회를 중심으로 민권 운동이 확산되는 과정에서 독립 협회는 개혁 지향적인 정부 대신과 학생, 시민이 함께 참석한 관민 공동회를 개최하고, 관민이 협력하여 국정을 운영하자는 헌의 6조를 결의하여 고종의 재가를 받아 냈습니다. 또한 관선 25명, 민선 25명의 의원으로 구성되어 법률의 제정과 개정 등을 심사하고 결정하는 권한을 가진 새로운 중추원 관제도 반포하게 하였습니다. 헌의 6조는 기득권을 지키려는 수구 세력의 방해로 고종의 마음이 변하면서 실현이 좌절되었습니다. 또한 독립 협회가 중추원을 통해 황제와 의정부의 권력 남용을 견제하며 개혁을 추진하려 하자 수구 세력은 독립 협회가 공화정을 실시하려 한다고 고종에게 모함하였습니다. 결국 고종은 보부상으로 구성된 황국 협회와 군대를 동원하여 독립 협회를 탄압하여 해산시켰습니다. 고종의 입장에서도 자신의 황권을 강화하는데 독립 협회가 필요하였지, 진정한 마음으로 개혁하려고 하였던 것은 아니었기 때문이었습니다.

독립 협회는 열강으로부터 우리의 주권을 수호하고, 내부적으로는 자유 민권을 신장하여 자강 개혁을 이루려고 노력하였습니다. 또한 국민을 계몽하여 국민의 의견을 토대로 근대 개혁을 추진하였습니다. 그러나 독립 협회의 외세 배척 운동은 제국주의 열강과 교류를 강화하고 근대적 제도와 문물을 받아들이는 데 역점을 둔 나머지 그들의 침략 의도를 제대로 간파하지 못했다는 한계를 가지고 있었습니다. 따라서 주로 러시아를 대상으로 배척 운동을 전개하면서 그 밖의 열강, 특히 미국이나 일본에 대해서는 우호적인 태도를 취하는 한계를 보였습니다.

독립 협회

창립 과정		한반도를 둘러싼 러시아와 일본의 대립 지속과 러시아를 비롯한 열강의 이권 침탈 가속 상황 전개 → 미국에서 귀국한 서재필이 정부의 지원을 받아 독립신문 창간 → 이후 독립 협회 창립
목표		자주 국권·자유 민권·자강 개혁 사상을 보급하여 민중의 정치 의식 고취 → 모금 운동을 통한 독립문 건립, 강연회·토론회 등을 통한 민중 계몽
활동	자주 국권 운동	• 고종의 환궁 요구 • 만민 공동회 개최 → 러시아의 절영도 조차 요구 저지 등 러시아와 서양 열강의 이권 침탈 저지
	자유 민권 운동	• 법률과 재판에 의한 신체의 자유와 재산권 보호 운동 전개 • 언론·출판·집회·결사의 자유 주장
	자강 개혁 운동	• 관민 공동회 개최 → 헌의 6조 결의 → 고종의 재가 • 의회 설립 운동 전개 → 고종이 중추원을 의회 형태로 개편하는 관제 반포
해산		독립 협회의 영향력이 확대되자 위기의식을 느낀 보수 세력이 독립 협회가 공화정을 추진한다고 모함 → 고종의 독립 협회 해산 명령 → 독립 협회는 만민 공동회를 개최하여 항의 → 황국 협회의 만민 공동회 습격 → 대한 제국 정부가 군대를 동원하여 만민 공동회 강제 해산 → 독립 협회 해산

독립 협회의 의의와 한계

의의	• 열강의 침략으로부터 국권 수호 노력 • 자유 민권 신장에 기여, 민중 계몽을 통한 근대화 운동 전개
한계	러시아만 견제 → 열강의 침략적 의도를 제대로 간파하지 못함

38
대한 제국과 광무개혁

아관파천 이후 조선은 열강의 이권 침탈 경쟁의 무대가 되었습니다. 조선에서 러시아의 영향력이 점점 강화되어 가자 러시아를 견제해야 한다는 여론이 높아졌지면서 고종의 환궁을 요구하는 상소가 빗발쳤습니다. 독립 협회도 고종의 환궁을 강력하게 요구하였습니다. 또한 일본을 비롯한 국제 사회에서도 고종의 환궁에 대하여 압력을 가하였습니다. 이에 고종은 1년 만에 경운궁(현재 덕수궁)으로 돌아왔습니다. 이후 열강의 간섭에서 벗어나 자주독립 국가임을 대내외에 과시해야 한다는 주장이 대두하였고, 정부 관리와 재야의 전직 관리들은 "황제가 없으면 독립도 없다"라는 주장을 내세우며 칭제건원(황제를 칭하고 자주적 연호 사용)을 건의하였습니다. 한편 러시아와 일본의 세력 균형이 팽팽해지면서 외세의 간섭이 약해진 상황도 대한 제국 탄생의 배경이 되었습니다.

고종은 실추된 국가의 위상을 높이고 개혁을 추진하고자 연호를 '광무'로 하고, 동양에서 황제만 하늘에 제사를 지낼 수 있는 환구단을 만들어 황제 즉위식을 열어 대한 제국 수립을 선포하였습니다(1897). 대한 제국 수립 이후 정부는 황제권 강화에 주력하였고, 반면 독립 협회는 민권의 확대를 추구하였습니다. 고종은 처음에는 독립 협회에 우호적이었으나 점차 민권을 확대하고 체제를 개혁하자는 주장에 부담을 느끼게 되었습니다. 이에 고종은 독립 협회를 해산시키고, 황제권을 강화하는 내용의 대한국 국제를 반포하였습니다(1899). 대한국 국제에 '대한국은 세계 만국에 공인된 자주독립국이며, 만세토록 불변할 전제 정치'라고 하는 규정을 명문화하여 황제가 전제 정치를 시행한다는 것을 강조하였습니다. 또한 황제에게 육·해군 통솔권, 입법권, 행정권, 사법권 등 모든 권한이 있다고 규정하여 대한 제국이 전제 군주 국가임을 분명히 하였습니다.

대한 제국은 갑오개혁의 급진성을 비판하면서 '옛것을 기본으로 하고 새로운 것을 참고한다'는 구본신참의 원칙 아래 점진적으로 개혁을 추진하였습니다(광무 개혁).

군사적으로는 원수부를 설치하여 모든 군사권을 황제에게 집중하였습니다. 또한 국방력 강화를 위해 중앙의 친위대와 지방의 진위대 병력을 늘렸으며, 신식 군대의 장교를 육성하기 위해 무관 학교도 설립하였습니다. 그리고 해군을 창설하여 근대식 군함을 도입하였습니다.

광무개혁에서는 특히 경제적 개혁에 주력하였습니다. 근대적 토지 제도와 지세 제도를 확립하고, 개혁 정책 추진에 필요한 재정을 충당하기 위해 양전 사업과 지계 발급 사업을 실시하였습니다. 이를 위해 양지아문을 설치하여 1898년부터 1904년까지 전국 토지의 약 3분의 2를 측량하고 토지 소유자를 조사하였으며, 지계아문을 설치하여 토지 소유자에게 소유 증명서인 지계를 발급하였습니다. 이를 통해 실제 경작 농지의 넓이를 정확히 파악하여 재정 수입이 늘어났습니다. 또한 개항장 외의 지역에서 외국인의 토지 소유를 금지하여 토지 약탈에 열을 올리던 제국주의 열강을 견제하려 노력하였습니다.

서양의 기술과 기계를 적극 도입하여 상공업을 진흥하기 위한 정책도 시행되었습니다. 섬유, 운수, 광업, 철도 등의 분야에서 근대적 공장과 회사가 설립되었으며, 한성은행·대한천일은행 등 금융 기관도 세워졌습니다. 그리고 전화를 가설하고 우편·전보망을 확충했으며, 전차 선로와 철도를 부설하는 등 통신·교통 산업도 발전시켜 나갔습니다. 이를 위해 대한 제국은 상공업 진흥에 필요한 인재를 양성하는 상공 학교와 광무 학교 등을 설립하였고, 유학생을 파견하여 서양의 근대 기술을 배워 오도록 하였습니다.

광무개혁은 국방력을 강화하고 교육과 상공업을 진흥시켰으며, 근대적 토지 소유 제도를 확립하려 했다는 점에서 의의가 있습니다. 즉 국가의 자주독립과 근대화를 지향하는 개혁이었다는 것입니다. 그러나 시대에 뒤떨어지는 황제권 강화에 역점을 둔 나머지 민권을 보장하는 데에는 소홀하였습니다. 또한 군사 개혁은 황실 근위와 치안 유지의 수준을 벗어나지 못하는 한계를 보였고, 일본 등 열강의 간섭에서도 완전히 벗어나지는 못하였습니다.

대한 제국의 수립

배경	• 국내 : 독립 협회 등 고종의 환궁을 요구하는 여론 고조, 자주독립 국가 수립의 필요성 자각 • 국외 : 러시아를 견제하려는 국제적 여론
경과	고종이 경운궁으로 돌아와 '광무'라는 연호 제정 → 환구단에서 황제 즉위식 거행 이후 '대한 제국' 수립 선포
대한국 국제 반포(1899)	독립 협회를 강제로 해산시킨 후 반포 → 대한 제국이 자주독립국임을 국내외에 천명하고, 황제의 무한한 군주권 규정

광무 개혁

특징		구본신참의 원칙에 따른 점진적 개혁 표방
개혁 내용	정치	궁내부를 확대하여 황제권 강화
	군사	• 원수부를 설치하여 황제가 군대 통솔 • 친위대(중앙)·진위대(지방) 병력 확충, 시위대(중앙) 설치
	경제	• 양전 사업 추진 : 재정 수입 증대를 목적으로 토지 측량 및 소유자 조사 → 토지 소유자에게 지계 발급 • 식산흥업 정책 전개 : 근대적 회사·공장과 시설 마련 지원 • 근대 시설 도입 : 전화 가설, 전차·철도 부설 등 통신·교통 시설 확충 시도
	교육	기술과 실업 교육을 강조하고 유학생 파견

대한 제국의 의의와 한계

의의	자주독립과 근대화를 지향하고, 외세의 간섭을 배제하고자 한 자주적 개혁
한계	집권층의 보수성과 부패, 열강의 간섭 등으로 성과 미흡

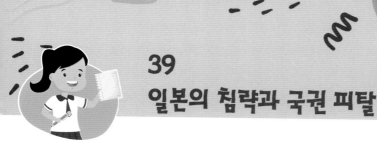
청·일 전쟁 이후 러시아와 일본은 대한 제국을 차지하기 위하여 대립하였습니다. 러시아는 아관파천을 이용하여 대한 제국에 정치적 영향력을 확보하면서 압록강 하류의 용암포에 군사 기지를 설치하려 하였습니다(1903). 한반도 진출의 야욕을 보인 러시아를 견제하기 위하여 영국과 일본은 동맹을 체결하였습니다(1902, 제1차 영·일 동맹). 미국도 러시아를 견제하기 위하여 일본을 지지하였습니다.

이를 배경으로 1904년 일본의 연합 함대가 인천과 뤼순에서 러시아 군함을 공격하면서 러·일 전쟁을 일으켰습니다. 일본군은 뤼순 요새를 함락시키고 봉천에서 러시아군을 격파하여 북쪽으로 몰아냈습니다. 다급해진 러시아는 발트 함대를 동아시아로 급파해 전세를 만회하려 하였지만 대한 해협에서 일본 함대의 공격을 받아 패배하고 말았습니다. 일본은 러시아와의 전투에서 연이어 승리하였지만 전쟁 비용 부담으로 국력은 크게 약화되었습니다. 반면 러시아도 1905년 상트페테르부르크에서 일어난 노동자의 평화 시위를 진압하는 대학살 사건을 벌이면서 내정이 불안하였습니다(피의 일요일 사건, 1905). 동아시아에 관심이 많았던 미국이 중재에 나서면서 1905년 미국 포츠머스에서 러시아와 일본 간의 강화 조약이 체결되었습니다.

러·일 전쟁이 벌어지기 직전에 대한 제국은 러시아와 일본의 각축 상황을 보고 국외 중립을 선언하였습니다. 하지만 일본은 이를 무시하고 인천에 군대를 상륙시켰으며, 전쟁 수행에 필요한 군사적 요충지를 임의로 사용할 수 있다는 내용의 한·일 의정서를 대한 제국에 강요하여 체결하였습니다. 이어 일본은 러·일 전쟁에서 승세를 잡자 대한 제국의 내정을 간섭하기 위한 제1차 한·일 협약도 강제로 체결하였습니다. 이 조약으로 대한 제국은 일본이 추천하는 외교와 재정 고문을 임명하고, 고문의 의견에 따라 외교와 재정 정책을 시행하게 되었습니다(고문 정치). 러·일 전쟁에서 승리하여 유리한 입장이 된 일본은 미국과는 가쓰라·태프트 조약으로, 영국과는 제2차 영·일 동맹을 체결하여 한국에 대한 지배권을 인정받았습니다. 러시아와는 포츠머스 조약을 맺어 러·일 전쟁을 끝내면서 한국에 대한 독점적 지배권을 확보하였습니다.

포츠머스 조약 체결 이후 일본은 대한 제국에 이토 히로부미를 파견하여 '보호 조약' 체결을 강요하였습니다. 일본은 군대로 궁궐을 포위하여 공포 분위기를 조성하면서, 일부 대신의 반대를 억압하고 이완용 등 을사 5적을 내세워 일방적으로 을사늑약을 체결하여 공포하였습니다(1905). 고종이 재가하지 않아 공식 명칭도 붙이지 못한 채 강제로 체결된 을사늑약으로 대한 제국은 외교권을 일본에 빼앗기고, 한성에는 일본 정부를 대표하는 통감부가 설치되었습니다. 초대 통감으로는 을사늑약 체결에 공을 세운 이토 히로부미가 부임하였습니다. 이에 따라 한성에 있던 각국 공사관은 폐쇄되었으며 외국에 파견되었던 한국 공사도 소환되는 등 대한 제국은 외교 능력을 상실하게 되었습니다.

고종은 육영공원에 교사로 왔던 헐버트를 미국에 특사로 파견하여 대한 제국의 독립을 호소하였지만 미국은 외면하였습니다. 이후 고종은 헤이그에서 열린 만국 평화 회의에 이위종, 이준, 이상설을 특사로 파견하여 을사늑약의 불법성을 알리려 하였으나 일본의 방해와 영국 등 열강의 외면으로 목적을 달성하지 못하였습니다.

헤이그 특사 파견을 구실로 일본은 고종을 강제 퇴위시키고 순종을 즉위시켰습니다. 또한 한·일 신협약(정미 7조약)을 강요·체결하여, 각 부에 통감이 추천하는 일본인을 차관으로 앉혔습니다. 결국 일본인 차관들이 각 부의 실권을 장악하면서 조선의 내정은 일본의 손아귀에 들어가고 말았습니다(차관 정치). 부수 각서로 대한 제국 군대도 해산하여 최소한의 무력적 대응도 무산시켰습니다. 한국인들의 격렬한 저항에도 일본은 대한 제국의 사법권과 경찰권까지 박탈하고, 일진회 등 친일 단체를 동원하여 '병합'을 청원하게 하였습니다. 결국 1910년 8월 22일에 일본은 군대와 경찰이 대포까지 동원하여 공포 분위기를 조성하고, '한·일 병합 조약'을 강제로 체결하였습니다. 8월 29일 조약이 공포되면서 순종의 퇴위가 발표되었고, 대한 제국은 일본의 식민지로 전락하였습니다(국권 피탈).

러·일 전쟁과 일본의 조선 침략

러·일 전쟁 발생 (1904. 2.)	한반도를 둘러싼 러시아와 일본의 대립 심화 → 대한 제국의 국외 중립 선언 → 일본의 러시아 기습 공격 → 전쟁 시작
한일 의정서 (1904. 2.)	일본이 한반도 내에서 군사적 요충지 사용권 확보
제1차 한일 협약 (1904. 8.)	외교 고문 미국인 스티븐스, 재정 고문 메가타 파견 → 대한 제국의 외교와 재정 업무 간섭(고문 정치)
일본의 한국 지배에 대한 열강의 인정	• 가쓰라·태프트 밀약(1905. 7.) : 일본은 미국의 필리핀 지배 인정, 미국은 일본의 한국 지배 인정 • 제2차 영일 동맹(1905. 8.) : 일본은 영국의 인도 지배 인정, 영국은 일본의 한국 지배 인정
러·일 전쟁의 종결	포츠머스 조약 체결(1905. 9.) → 일본이 한국에 대한 독점적 지배권 확보

을사늑약 체결(1905. 11.)

과정	러·일 전쟁 종결 후 일본이 대한 제국을 무력으로 위협하여 강제 체결
내용	일본이 대한 제국의 외교권을 박탈하고 통감부 설치
결과	초대 통감으로 부임한 이토 히로부미가 대한 제국의 내정과 외교 장악
대응	조약 무효 선언, 헤이그 특사 파견(1907)

한일 신협약(정미 7조약, 1907. 7.)

과정	헤이그 특사 파견을 빌미로 고종을 강제로 퇴위시킨 후 일본의 강요로 체결
내용	행정 각 부에 일본인 차관 임명(차관 정치)
결과	일제의 조선 행정부 장악, 비밀 각서에 따라 대한 제국의 군대 해산

국권 피탈(1910. 8.)

과정	일제가 일진회 등 동원 → 병합 분위기 조성
내용	일제가 대한 제국의 국권 강탈
결과	조선 총독부 설치

40
항일 의병 운동과 의열 투쟁

1895년 을미사변에 이어 단발령이 공포되자 반일 감정이 폭발하면서 각지에서 의병이 일어났습니다(을미의병, 1895). 유인석, 이소응 등 위정척사 사상에 바탕을 둔 반일 의식을 가진 유생층이 을미의병을 주도하였고, 동학 농민군의 잔여 세력을 비롯한 일반 농민이 의병에 참여하였습니다. 이들은 각지에서 일본군을 공격하고, 지방 관청을 공격하여 친일 관리를 처단하였습니다. 그러나 아관파천 이후 고종이 단발령을 폐지하고 의병 해산 권고 조칙을 내리면서 의병 부대는 대부분 해산하였습니다. 이때 일부 농민과 의병 잔여 세력은 활빈당, 학당 등을 조직하여 반침략·반봉건 활동을 계속합니다.

러·일 전쟁 이후 을사늑약으로 대한 제국의 외교권이 일본에 넘어가자 다시 의병이 일어났습니다(을사의병, 1905). 이 시기 의병 운동은 위정척사 운동을 극복하고 점차 국권 회복 운동의 성격을 가지기 시작하였습니다. 전직 관료인 민종식은 천여 명의 의병 부대를 이끌고 일본군과 교전하여 홍주성을 점령하기도 하였으나 일본군의 반격으로 패배하였습니다. 최익현도 태인에서 봉기하여 정읍·순창 일대를 점령하였습니다. 그러나 관군이 파견되자 같은 나라의 군대와는 싸울 수 없다면서 부대를 물리고 체포되었습니다. 이후 최익현은 쓰시마 섬으로 끌려가 순국하였습니다. 이 시기에는 유생뿐 아니라 평민 의병장이 이끄는 부대가 등장하여 큰 전과를 올렸습니다. 평민 신돌석이 이끄는 의병 부대는 평해와 영해 등지에서 활발히 유격전을 펼쳐 큰 전과를 올리기도 하였습니다. 그러나 신돌석은 부하의 배신으로 잡혀 처형되었습니다.

일제가 헤이그 특사 사건을 빌미로 고종을 강제로 퇴위시키고, 대한 제국의 군대를 해산하자 의병 운동은 새로운 모습을 갖추었습니다. 해산 군인이 의병에 합류하면서 의병의 조직력과 전투력이 한층 강화되었고, 전국적인 의병 전쟁으로 발전하였습니다(정미의병, 1907). 의병 주도 계층도 다양해지면서 유생보다는 농민, 군인 등 평민 의병장이 다수를 차지하였습니다.

의병 운동이 전국으로 확산되면서 이인영을 총대장으로 하는 13도 창의군이 결성되었습니다. 이들은 각국 외교 사절에 통문을 보내 의병 부대를 국제법상 교전 단체로 인정해 줄 것을 요구하였습니다. 경기도 양주에 집결한 13도 창의군은 서울 진공 작전을 전개하였으나 일본군의 우세한 전력에 밀려 패퇴하고 말았습니다. 서울 진공 작전이 실패한 뒤에도 의병은 전국 각지에서 끈질긴 투쟁을 이어 가며 일본군에 타격을 주었습니다. 1909년에 접어들면서 의병 운동은 점차 약화되었지만 호남 지역에서는 여전히 의병 항쟁이 치열하게 전개되었습니다. 이에 일제는 호남 의병의 근거지를 포위 공격하는 '남한 대토벌' 작전을 전개하였습니다. 그 결과 수많은 의병이 체포되거나 순국하였으며, 일본군의 공격으로 국내에서 활동이 어려워진 의병 중 일부는 간도와 연해주로 이동하여 무장 독립 투쟁을 준비하였습니다. 일부이기는 하지만 국내에서 지속적으로 항쟁을 이어 가는 의병도 있었습니다.

을사늑약 소식이 전해지면서 한국인들은 사실상 국권을 빼앗긴 것으로 인식하여 거국적인 을사늑약 반대 투쟁을 펼쳤습니다. 전국에서 전·현직 관료와 유생들이 을사늑약에 반대하는 상소를 올렸지만 성과가 없자 민영환과 조병세 등을 시작으로 많은 애국지사가 자결하여 반대 의사를 분명히 드러냈습니다. 언론도 을사늑약의 부당성을 직접 규탄하거나 을사늑약에 저항하는 한국인의 소식을 실어 일본의 침략에 저항하였습니다.

또한 국권 침탈에 앞장선 일제 침략자와 이에 협조한 매국노를 처단하려는 의사와 열사들의 의거 활동도 잇달았습니다. 나철(나인), 오기호는 자신회를 조직하여 을사 5적을 처단하기 위한 활동을 하였고, 장인환과 전명운은 샌프란시스코에서 일본의 대한 제국 침략을 옹호하고 미화하던 스티븐스를 사살하였습니다(1908). 이재명은 명동 성당 앞에서 을사늑약과 한일 신협약 체결을 주도하던 이완용을 저격하여 중상을 입히기도 하였습니다(1909). 한편 연해주에서 의병을 이끌고 활약하던 안중근은 러시아와 만주 문제를 협상하기 위해 하얼빈에 온 을사늑약의 주역 이토 히로부미를 저격하여 처단하였습니다(1909). 의거 성공 직후 현장에서 체포된 안중근은 사형을 선고받아 뤼순 감옥에서 순국하였습니다. 안중근은 재판 과정에서 평화를 교란한 일본의 침략 행위를 '동양 평화론'에 입각하여 비판하였습니다.

항일 의병 운동

을미의병	배경	을미사변, 단발령 실시(1895)
	주도	유인석 등 위정척사 사상을 가진 유생층
	활동	친일 관리 처단, 지방 관청과 일본군 공격
	결과	아관파천 후 고종이 단발령을 철회하고 의병 해산 권고 조칙 발표 → 대부분 활동 중단(피지배 계층은 활동 지속)
을사의병	배경	을사늑약 체결(1905)
	주도	민종식(전직 관리), 최익현(유생), 신돌석(평민 출신) 등
	활동	민종식이 홍주성·최익현이 태인에서 거병, 평민 의병장 신돌석이 태백산 일대에서 큰 전과를 거둠
정미의병	배경	고종의 강제 퇴위, 대한 제국의 군대 해산(1907)
	주도	해산 군인의 가담으로 의병의 전투력 강화, 의병 전쟁으로 발전, 각국 영사관에 의병을 국제법상 교전 단체로 인정할 것 요구
	활동	의병 연합 : 13도 창의군 결성 → 서울 진공 작전 전개(1908) → 일본군에 패배
	결과	호남 의병 활동 → 일제의 '남한 대토벌 작전'으로 연해주와 간도로 이동 → 독립 전쟁 준비

을사늑약에 대한 항거

상소 및 자결	상소 활동 및 민영환 등의 자결
언론 활동	황성신문에 '시일야방성대곡(장지연)' 게재
의열 활동	나철 등의 5적 암살 시도, 장인환·전명운의 스티븐스 저격(1908), 안중근의 이토 히로부미 처단(1909), 이재명의 이완용 공격

41
애국 계몽 운동

을사늑약을 전후하여 사회 진화론 등 신문화를 받아들인 개화 지식인들이 중심이 되어 실력을 키워 국권을 회복하자는 애국 계몽 운동을 전개하였습니다. 이들은 학교 설립과 신문·잡지를 발간하는 등의 활동으로 국민을 계몽하고, 산업을 진흥하여 경제적인 실력을 키우려 노력하였습니다. 개화 운동과 독립 협회 활동의 맥을 잇는 애국 계몽 운동 세력은 일제에 맞서는 무력 투쟁보다 민족의 실력 양성이 더 중요하다고 생각하였고, 이에 많은 애국 계몽 단체가 조직되어 다양한 형태로 애국 계몽 운동을 전개하였습니다.

러·일 전쟁 중에 일제는 토지를 약탈하기 위해 대한 제국에 황무지 개간권을 요구하였습니다. 이에 대항하여 관료와 유생 중심으로 조직된 보안회(1904)가 반대 투쟁을 주도하여 일본의 요구를 좌절시켰습니다. 이후 일본의 압력으로 보안회는 해산되었지만 보안회가 이룬 성과는 이후 일본의 국권 침탈에 맞서 많은 단체가 설립되는 계기로 작용하였습니다.

1905년에는 국권 수호와 독립 유지를 목적으로 독립 협회를 계승한 헌정 연구회가 조직되었습니다. 헌정 연구회는 서구 열강이 부강한 원인으로는 입헌 체제에 있다고 보고 의회 제도를 중심으로 한 입헌 정치의 수립을 목표로 하였습니다. 그러나 헌정 연구회는 한국이 일본의 보호를 받아야 한다는 선언서를 발표한 일진회를 강력하게 비판하다가 통감부 설치 직후에 해체되었습니다. 을사늑약 이후 해체된 헌정 연구회 회원들이 중심이 되어 대한 자강회를 조직하였습니다(1906). 교육과 산업을 통한 자강을 내세운 대한 자강회는 전국에 지회를 두고 월보를 발행하는 한편, 정기적으로 연설회를 여는 등 활발한 계몽 활동을 펼쳤습니다. 대한 자강회는 고종이 강제 퇴위를 당하자 이를 반대하는 운동을 벌이다 일제의 압력으로 해산되었습니다. 일본의 탄압이 심해지자 일부 애국 계몽 운동가는 일본이 허용하는 범위 안에서 실력 양성에 집중하면서, 실력을 갖추지 못한 상황에서 일본에 대한 직접적 투쟁은 무모하다고 판단하여 의병 운동을 비판적으로 보는 한계를 드러내기도 하였습니다.

을사늑약 이후 통감부의 억압이 심해지는 상황에서 1907년에 미국에서 돌아온 안창호와 대한매일신보를 발행하던 양기탁의 주도로 비밀결사인 신민회가 조직되었습니다. 신민회는 다양한 사회 계층의 인사들이 참여하였으며, 국권 회복과 공화정 체제의 근대 국민 국가 건설을 목표로 삼았습니다. 초기에 신민회는 민족 교육의 추진, 민족 산업의 육성에 중점을 두고 활동하였습니다. 오산학교(정주), 대성학교(평양) 등을 설립하여 민족 교육을 실시하고, 그릇을 만드는 자기 회사, 태극서관 등을 운영하여 민족 산업을 육성하는데 주력하였습니다. 나라가 국권 상실위기에 처하자 신민회의 일부 간부들은 국내에서 실력 양성 운동을 전개하기 어렵다고 판단하였습니다. 신민회는 독립 전쟁 전략을 수립하고, 국외에 독립군 기지와 무관 학교를 설립하기로 결정하였습니다. 이 결정에 따라 이회영 등 많은 회원이 만주로 이주하여 서간도 지역의 삼원보에 한인들의 집단 거주 지역이자 독립 운동 기지를 개척하고 신흥 강습소(이후 신흥 무관 학교)를 설립하였습니다. 한편 신민회의 국내 조직은 일제가 조작한 105인 사건으로 사실상 해체되고 말았지만, 신민회에 참여했던 애국지사들은 국내외에서 활발하게 민족 운동을 전개해 나갔습니다.

애국 계몽 운동가들은 국권 회복을 위해서는 민중 계몽과 근대 교육 보급이 가장 시급하다고 여겼습니다. 서북 학회, 기호 흥학회 등의 학회를 설립하여 월보를 발행하고, 강연회를 열어 대중을 계몽하였습니다. 그리고 신민회가 세운 오산학교와 대성학교 외에도 많은 사립학교를 설립하여 국권 회복에 필요한 인재를 양성하는데 주력하였습니다. 통감부는 사립학교령과 학회령, 출판법, 보안법 등을 실시하여 애국 계몽 운동을 적극적으로 탄압하였습니다. 언론사의 활동도 활발하였는데, 황성신문은 '시일야방성대곡'을 실어 을사늑약을 강하게 비판하였고, 대한매일신보는 일본의 침략 행위를 적극적으로 비판하고 의병 활동에 호의적인 보도를 하여 대중의 애국심을 고조시켰습니다. 일제는 언론 활동을 탄압하기 위하여 대한 제국 정부에 압력을 가하여 신문을 검열하였고, 신문지법을 제정하였습니다.

애국 계몽 운동의 전개

특징	을사늑약 전후로 관료·지식인 등이 점진적 실력 양성을 통한 국권 수호 추구 → 여러 단체의 결성, 지방별 학회 활동, 언론 활동, 산업 진흥 활동 등 전개
단체	• 보안회 : 일제의 황무지 개간권 요구에 대한 반대 운동 전개 → 철회 성공 • 헌정 연구회 : 의회 설립을 통한 입헌 정체 수립 추구 → 일제의 탄압으로 활동 중단 • 대한 자강회 : 전국에 지회를 설치하고 월보를 간행하여 교육 진흥과 산업 육성을 통한 국권 수호 운동 전개 → 고종 강제 퇴위 반대 운동을 펼치다가 일제의 탄압으로 해산
기타 활동	• 학회 설립 : 서북 학회, 기호 흥학회 등 • 언론 활동 : 황성신문('시일야방성대곡'), 대한매일신보(의병에 호의적 기사 게재)

신민회

결성	안창호, 양기탁, 이동휘 등이 중심이 되어 비밀 결사 형태로 조직
목표	• 국권 회복과 공화 정체의 근대 국가 건설 지향 • 실력 양성을 추진하면서 무장 독립 전쟁 준비
활동	• 민족 교육 실시(오산학교, 대성학교 설립) • 민족 산업 육성(태극 서관, 자기 회사 운영) • 국외 독립 운동 기지 건설로 독립 전쟁 준비(남만주 삼원보에 신흥 강습소 설립)
해체	일제가 날조한 105인 사건으로 와해(1911)

의의와 한계

의의	국민의 애국심 고취와 근대 의식 고양, 산업 육성을 통한 경제적 자립 추구
한계	사회 진화론을 수용한 일부 지식인들이 경제적·문화적 실력 양성에만 주력(의병 투쟁에 비판적 자세).

42
독도와 간도

울릉도와 독도는 지증왕 때 신라에 복속된 이래 역사적으로 우리 고유의 영토입니다. 조선은 《세종실록지리지》와 《팔도총도》 등에서 독도가 조선의 영토임을 명확히 하였으며, 조선 후기 안용복의 활동으로 일본 에도 막부 역시 울릉도와 독도가 조선 영토임을 인정하였습니다. 특히 1877년에는 일본의 최고 행정 기관인 태정관에서 울릉도와 독도가 조선 영토임이 분명하며 일본과 관계없다고 밝힌 적도 있었습니다.

그러나 개항 이후 일본인이 몰래 울릉도에 침입하는 일이 잦아지면서 조선은 울릉도로 주민을 이주시켜 본격적으로 개척하기 시작하였습니다. 1900년 10월에는 대한 제국 칙령 제41호를 발표하여 울릉도를 군으로 승격하고, 울릉 군수가 울릉도와 독도를 관할하게 하였습니다. 그러나 일본은 러·일 전쟁 중이던 1905년 독도에 망루를 설치하고, 동해안에서 울릉도와 독도를 거쳐 일본에 이르는 전신선을 가설하여 독도를 군사적으로 강제 점령하였습니다. 또한 그 해에 '무주지 선점(주인 없는 땅은 먼저 차지하는 것이 주인)'이라는 논리를 주장하며 시마네현 고시를 통해 독도를 일방적으로 시마네현에 편입시켰습니다. 대한 제국은 이듬해에 이 사실을 알고, 독도가 우리 땅임을 분명히 하였지만 을사늑약으로 외교권이 제한되어 별다른 조치를 취할 수 없었습니다. 일본이 독도를 자국의 영토로 불법 편입한 행위는 국제법상 명백한 불법 행위였습니다.

19세기 후반 조선인의 간도 이주가 늘자 청 정부가 이들의 철수를 요구하면서 간도 귀속 문제가 발생했습니다. 조선 숙종 때 조선과 청은 백두산정계비를 세워 이전부터 논란이 되던 경계를 확정하였으나, 동쪽 국경선(토문의 위치)은 여전히 이견이 있었습니다. 따라서 국경을 둘러싸고 두 나라 사이에 갈등이 지속되어 조선은 청과 여러 차례 외교 협상을 벌였지만 해결하지 못하였습니다.

1903년에 대한 제국은 간도를 함경도에 편입시키고, 이범윤을 간도 관리사로 임명하여 이 지역 주민을 직접 관할하게 하였습니다. 을사늑약을 체결한 일본도 간도에 통감부 파출소를 설치하여 대한 제국의 영토로 인식하였습니다. 하지만 을사늑약으로 대한 제국의 외교권을 강탈한 일본은 남만주 철도 부설권, 탄광 채굴권 등 만주 진출의 이권을 얻기 위하여 청과 간도 협약을 체결하고, 간도의 영유권을 청에 넘겨주었습니다(1909). 그러나 을사늑약이 무효임으로 간도 협약도 정상으로 보기는 어렵습니다.

독도와 간도

독도	• 조선 후기 : 울릉도로 주민 이주 → 울릉도와 독도 관할 • 대한 제국 칙령 제41호(1900) : 대한 제국이 울릉도를 울도군으로 승격시키고 독도가 우리 영토임을 선포 • 일제의 강탈 : 러·일 전쟁 중 일본이 시마네현 고시 후 독도를 불법적으로 일본 영토로 편입(1905)
간도	• 귀속 분쟁 : 백두산정계비문의 토문 부분 해석을 두고 조선과 청 사이에 영유권 분쟁 발생 • 대한 제국의 정책 : 이범윤을 간도 관리사로 임명, 간도를 함경북도 행정 구역으로 편입 • 간도 협약(1909) : 일제가 남만주 철도 부설권을 획득하는 대가로 간도를 청의 영토로 인정

43

개항 후 교역 구조의 변화

강화도 조약과 후속 조약 체결 이후 부산을 비롯하여 원산, 인천이 차례로 개항되면서 일본 상인의 경제 침투가 본격적으로 시작되었습니다. 세 곳의 개항장에는 외국인 거류지인 조계가 형성되었으며, 이 시기 외국 상인은 개항장 10리 이내에서만 무역 활동을 할 수 있었습니다(거류지 무역). 거류지 무역이 이루어지면서 외국 상인을 상대로 매매를 주선하는 객주, 보부상 등 조선의 일부 중간 상인이 부를 축적할 수도 있었습니다.

개항 초기에는 일본 상인을 중심으로 무역이 이루어졌습니다. 이들은 개항장에서 일본 화폐를 사용할 수 있었고, 쌀과 잡곡도 마음대로 수입할 수 있었습니다. 조·일 무역 규칙 체결로 수출입품에 대한 관세를 부과받지 않았으며, 항세 없이 선박을 항구에 정박할 수 있는 특권도 누렸습니다. 또한 영사 재판권을 악용하여 불법적인 무역 활동을 벌여 큰 이득을 얻기도 하였습니다. 그 결과 조선은 일본과의 무역 규모는 급속히 확대되었지만 무관세 무역을 허용하면서 재정 수입과 국내 산업을 보호할 수 없었습니다.

일본 상인은 주로 영국산 면제품을 조선에 들여와 판매하고 대량의 쌀과 콩, 소가죽 등을 사들여 일본으로 가져가는 중계 무역을 통해 큰 수익을 얻었습니다. 이 때문에 쌀값이 폭등하여 조선인은 굶주림에 시달렸고, 농촌의 면직물 공업도 큰 타격을 받았습니다. 반면 일본과의 교역은 조선의 지주에게는 곡물을 팔아 부를 축적하는 기회가 되기도 하였습니다.

한편 일본 상인들이 조선에서 쌀을 수입하여 일본의 곡물 가격이 낮아지면서, 일본은 노동자의 임금을 낮게 유지할 수 있었습니다. 이를 바탕으로 일본은 산업화의 기초를 다질 수 있게 되었습니다.

임오군란 이후 조선이 청과 조·청 상민 수륙 무역 장정을 체결하면서 청 상인은 양화진과 한성에 점포를 개설할 권리를 얻을 수 있게 되었습니다. 이 조약에 따라 청 상인은 허가를 받으면 거류지를 벗어나 활동할 수 있게 되면서 일본 상인이 독점하고 있던 조선 시장을 빠르게 잠식해 나갔습니다. 이에 일본은 조선과 조·일 무역 규칙을 조·일 통상 장정으로 바꾸어 체결하여 조선이 강력하게 요구하던 관세 부과와 방곡령을 수용하는 대신, 다른 나라가 유리한 내용의 조약을 체결하면 그대로 적용되는 최혜국 대우 조항을 관철시켰습니다. 결국 일본 상인도 거류지를 벗어나 조선의 내륙까지 진출할 수 있게 되어 청과 일본 상인이 경쟁적으로 한성에 들어와 장사를 하였습니다. 이들은 국제 무역뿐 아니라 조선의 국내 상업 활동에까지 세력을 확장하였고, 개항장이나 내륙 지방에서 시전 상인의 전매 상품을 구입하여 직접 판매하는 등 유통망을 장악해 나갔습니다. 그 결과 한성의 시전 상인과 거류지 무역을 기반으로 성장하던 개항장 객주는 큰 타격을 받을 수밖에 없었습니다.

이후 청·일 상인 간에 상권 경쟁이 치열하게 벌어졌습니다. 이들은 조선에 주로 영국산 면제품을 판매하였는데, 상하이에서 직접 영국산 면제품을 구입하여 판매할 수 있었던 청 상인은 유통 경로가 복잡하였던 일본 상인보다 가격 면에서 우위를 차지하였습니다. 또한 갑신정변 이후 조선에 대한 청의 영향력이 더욱 강해지면서 청 상인의 교역이 더욱 활성화 되었습니다. 그 결과 1890년대 초에는 조선에 대한 청과 일본의 수출 총액이 거의 비슷해졌고, 이는 청·일 전쟁이 일어나는 요인의 하나로 작용하게 되었습니다.

44
제국주의 열강의 이권 침탈

　일본과 청 상인의 상권 침략 외에도 제국주의 열강들은 조선에서 많은 이득을 취하였습니다. 특히 청·일 전쟁과 아관파천을 거치면서 열강의 경제적 침탈은 더욱 심해졌습니다. 일본·러시아·미국 등 제국주의 열강은 왕실을 보호해 주겠다며 접근하였고, 고종도 열강의 보호로 주권 수호를 하려는 막연한 기대를 가지고 이권을 마구잡이로 넘겨주었습니다.

　아관파천 이후 러시아는 조선에 대한 정치적 영향력을 강화하면서 광산·산림 등 각종 이권을 침탈하였습니다. 미국도 운산 금광 등 광산 채굴권을 비롯하여 철도·전기·전차 등에서 많은 이권을 차지하였습니다. 이어 영국, 독일, 프랑스도 최혜국 대우를 이용하여 광산 채굴권 획득에 열을 올렸습니다. 제국주의 열강의 이권 침탈은 조선의 자본 형성 토대를 무너뜨렸으며, 이권 침탈 과정에서 수많은 산림이 훼손되었습니다. 또한 농민들은 상당한 양의 토지를 침탈당했습니다.

　제국주의 열강 중에서도 가장 많은 이권을 차지한 나라는 역시 일본이었습니다. 일본은 청·일 전쟁 이후부터 이권 침탈에 열을 올렸습니다. 1898년부터는 다른 열강이 차지하였으나 착수하지 못했던 각종 이권을 사들이거나 넘겨받았으며 새로운 이권까지 차지하였습니다. 특히 토지 수탈과 금융 부분 지배에 주력하였습니다.

　일본인들은 청·일 전쟁 이후부터 토지를 사들여 농장을 경영하였습니다. 이후 일본은 러·일 전쟁 중에 철도 부지와 군용지를 확보한다는 구실로 엄청난 규모의 토지를 약탈하였습니다. 일본은 미국이 가지고 있던 경인선 철도 부설권을 사들이고 경부선 철도 부설권을 획득하였습니다. 러·일 전쟁 직후에는 군사적으로 이용할 목적으로 프랑스가 반환한 경의선 철도 부설권까지 강탈하여 대한 제국에 대한 정치적 침략과 함께 토지 침탈에 이용하였습니다. 일본은 건설한 철도를 이용하여 대한 제국의 곡식과 상품을 부산항으로 집결시켜 일본으로 가져갔으며, 러·일 전쟁과 항일 의병 운동 탄압에 필요한 군 병력을 이동하였습니다. 또한 황무지 개간권을 요구하였으나 보안회를 중심으로 한 여론의 반대로 실패하였습니다. 이후 일본은 외국인의 토지 소유를 금지하는 대한 제국의 법령을 무효화하고, 일본인의 토지 소유를 합법화하였습니다. 1908년에는 동양 척식 주식회사를 세워 황무지, 관청이나 역에 딸린 토지 등을 대규모로 약탈하였습니다. 일본은 이 토지를 한국 농민에게 경작시켜 높은 소작료를 받거나 한국으로 이주한 일본인에게 동양 척식 주식회사를 통해 싼 값에 매매·양도하여 일본인의 대한 제국 진출을 돕고 식민지 지배의 토대를 마련하였습니다.

일본은 한국을 경제적으로 지배하기 위해 금융과 재정도 장악해 나갔습니다. 일본의 제일은행은 조선의 세관 업무를 위탁받아 취급하였고, 일본 화폐와 제일은행권을 유통시킴으로써 한국의 금융을 지배해 나갔습니다. 또한 조선의 국고금을 이용하여 금융 면에서 일본 상인의 조선 진출을 지원하기도 하였습니다. 제1차 한·일 협약으로 대한 제국의 재정 고문이 된 메가타는 대한 제국의 금융을 장악하기 위해 화폐 발행권을 빼앗는 등 화폐 정리 사업을 추진하였습니다(1905). 화폐 정리 사업은 당시 사용되던 상평통보, 백동화 등을 일본의 제일은행권으로 바꾸도록 한 것인데, 교환 기간이 짧고 질이 나쁜 백동화는 교환해 주지도 않았습니다. 그 결과 제일은행은 사실상 한국의 중앙은행이 되었으며, 국내 자본뿐 아니라 상인과 농민 역시 큰 타격을 받았습니다. 따라서 일본 제일은행권이 대한 제국의 법화 역할을 하게 되어 일본은 대한 제국을 식민지로 지배하기 위한 경제적 토대를 마련하였습니다. 한편 메가타는 일본 제일은행에 국고의 출납 업무도 넘겨주어 대한 제국의 재정까지 장악하였습니다. 을사늑약 이후 통감부는 재정 운영의 목표를 식민지화의 토대를 마련하는데 중점을 두고 세금 징수를 강화하였으며, 도로와 항만 건설, 항일 의병 운동 탄압을 위한 예산을 확대하였습니다. 그리고 여기에 필요한 비용은 일본에서 도입한 거액의 차관으로 충당하게 하여 대한 제국의 재정을 일본에 예속시켰습니다.

개항 초기의 무역 상황

일본 상인의 특권	강화도 조약과 부속 조약을 통해 각종 특권(영사 재판권, 일본 화폐 사용, 무관세 무역 등)이 일본 상인에게 부여됨
거류지 무역	개항장 10리 이내로 무역 제한 → 일본 상인은 조선 상인(객주, 여각, 보부상 등)을 중개로 무역

일본과 청 상인 간의 경쟁

배경	임오군란 이후 청의 영향력 강화
조약	• 조·청 상민 수륙 무역 장정 체결(1882) : 청 상인의 특권 보장(양화진과 한성에 상점 개설 허용, 영사 재판권·내지 통상권 인정 등) → 청 상인의 본격 진출 • 조일 통상 장정 체결(1883) : 일본 상품에 관세 부과, 일본에 대한 최혜국 대우 규정(조선에 유리한 조항 : 관세 부과, 방곡령 포함)
결과	• 청·일 상인 간 상권 경쟁 심화 → 조선 상인에게 타격 • 청·일 전쟁 직전에 청과 일본의 조선에 대한 수출액이 거의 대등 → 청·일 전쟁 후 일본의 조선 상권 장악

열강의 이권 침탈

배경		열강이 아관파천 이후 최혜국 대우 규정을 빌미로 자원·산업 부문의 이권 침탈
국가별 이권 침탈	러시아	압록강 유역·두만강 유역·울릉도 삼림 채벌권 등
	미국	운산 금광 채굴권 획득 등, 경인선 부설권 획득(일본에게 넘어감)
	프랑스	영국, 독일 등과 광산 채굴권 획득, 경의선 부설권 획득(일본에게 넘어감)
	일본	• 차관 제공 : 개혁과 시설 개선 등의 명목으로 차관 제공 → 대한 제국 재정이 일본에 예속됨 • 금융 지배 : 한성 등에 일본 제일은행 지점 설치 → 대한 제국 정부의 국고 처리 업무를 위탁받아 관리함 • 화폐 정리 사업

주도	일본인 재정 고문 메가타	
내용	상평통보·백동화를 일본 제일은행권으로 교환	
결과	대한 제국의 자본 형성과 한국인 상공업자, 농민 등에게 큰 타격이 됨	

• 토지 약탈 : 철도 부지와 군용지 확보를 구실로 대규모 토지 약탈, 동양 척식 주식회사 설립(1908)

45
경제적 구국 운동

　제국주의 열강의 경제적 침략에 대하여 우리 민족이 가만히 앉아서 당한 것만은 아니었습니다. 이들의 경제적 침략에 대항하여 이를 극복하려는 노력은 여러 방면에서 적극적으로 이루어졌습니다. 물론 모두 성공적인 결과를 가져온 것은 아니지만 나름대로 민족의 저항 정신을 보여주었다는 점에서 역사적으로 큰 의의를 부여할 수 있습니다.

　먼저 방곡령부터 알아보겠습니다. 개항 이후 일본이 조선에서 가장 많이 수입한 것은 쌀·콩 등 곡물이었습니다. 이 때문에 국내 곡물 가격이 폭등하고, 흉년까지 겹치면서 국내의 식량 사정은 악화되었습니다. 이를 해결하기 위하여 함경도와 황해도 등지의 지방관들이 조·일 통상 장정에 근거하여 곡물 유출을 막기 위한 방곡령을 내렸습니다. 함경도 관찰사 조병식은 개정된 조·일 통상 장정에 따라 1개월 전에 외교 담당 관청에 통고하고 방곡령을 실시하였습니다(1889). 그러나 일본은 조선이 통보를 늦게 하였다는 구실로 조선 정부를 압박하여 방곡령을 철회시키고, 오히려 배상금까지 받아 냈습니다. 조선 정부는 일본의 요구에 대항하였지만 3년 만에 굴복하면서 배상금을 지불하고 말았습니다.

　조·청 상민 수륙 무역 장정 체결 이후 청과 일본 상인이 한성에 상점을 설치하고 개항장 이외 지역까지 상권을 확대하면서 개항장 객주 등 중간 상인과 한성의 시전 상인이 큰 타격을 받았습니다. 이에 상인들은 대동 상회, 장통 상회 등 상회사를 세워 청·일 상인과 경쟁하려 노력하였고, 경강상인은 일본의 세곡 운반 독점 시도에 맞서 증기선을 구입하기도 하였습니다. 한성의 시전 상인들은 외국 상점의 퇴거를 요구하며 철시 투쟁을 전개하였고, 황국 중앙 총상회를 조직하여 외국 상인의 불법 행위를 막으려 하였습니다. 철도, 선박 등의 분야에서도 국내 자본을 기반으로 한 회사가 설립되었습니다.

금융 부분에 있어서도 일본 금융 기관이 침투하여 일본인의 경제 활동을 지원하였습니다. 이에 대응하여 최초의 근대적 은행인 조선은행을 비롯하여 한성은행, 대한천일은행 등이 설립되었고, 이들 은행은 조세금을 취급하거나 상인들에 대한 대출 업무 등을 지원하였습니다. 한편 대한 제국도 중앙은행을 세워 열강의 금융 침탈을 막고 화폐 제도를 근대화하려 하였으나 일본의 방해로 실패하였습니다. 결국 우리 민족이 만든 은행은 일제의 화폐 정리 사업으로 대부분 몰락했고, 기업도 일본의 탄압을 심하게 받았습니다.

　아관파천 이후 열강의 이권 침탈이 갈수록 심해지는 상황에서 조직된 독립 협회는 정치 개혁 운동과 함께 이권 수호 운동을 전개하였습니다. 독립 협회는 열강의 이권 침탈에 맞서 만민 공동회를 여는 등 다양한 방법으로 이권 수호 운동을 전개하였습니다.

　한편 일본의 집요한 토지 침탈에 대해서도 적극적으로 대응하였습니다. 러·일 전쟁 직후 일제는 대한 제국에 국가 또는 황실이 소유한 황무지를 개간할 수 있는 권리를 넘겨달라고 요구하였습니다. 이에 전국에서 상소 운동이 전개되었고, 보안회가 설립되어 거국적인 반대 투쟁을 전개하였습니다. 일본은 군경을 동원하여 이를 억압하고 친일 인사들로 조직된 단체를 급히 만들어 방해 공작을 폈습니다. 그러나 보안회 활동 등으로 황무지 개간권 요구는 다행스럽게도 철회되었습니다. 이 과정에서 황무지 개간을 목적으로 농광회사가 설립되기도 하였습니다.

　일본의 차관 제공 등으로 늘어나는 국채를 국민의 성금을 모아서라도 갚고, 일본의 경제적 예속에서 벗어나자는 국채 보상 운동도 전개되었습니다. 서상돈 등을 중심으로 대구에서 시작된 이 운동은 국채 보상 기성회가 설립되고, 애국 계몽 운동 단체, 대한매일신보 등 언론사가 적극적으로 후원하면서 전국으로 확산되었습니다. 민중들은 국가의 위기를 막기 위하여 금연과 가락지 모으기 운동 등으로 적극 참여하였습니다. 그러나 통감부는 이 운동을 일본에 대항하는 민족 운동으로 간주하여, 모금 운동을 주도하던 대한매일신보의 양기탁이 성금을 떼먹었다는 등의 내용으로 모략한 후 구속하는 등 탄압하였습니다. 결국 국채 보상 운동은 목적을 이루지 못하고 중단되고 말았습니다. 그러나 거국적인 성금 모금 운동으로 국가의 어려움을 벗어나려는 노력을 했다는 점에서 역사적 의의가 있습니다.

방곡령 사건

배경	일본 상인들에 의한 지나친 곡물 유출과 흉년 → 곡물 가격 폭등
경과	조일 통상 장정에 따라 함경도와 황해도 등지의 지방관이 방곡령 선포(1889, 1890) → 일본이 '1개월 전 통보' 규정 위반을 이유로 방곡령 철회 요구 → 방곡령을 철회하고 배상금 지급

상권 수호 운동

배경	청·일본 상인 등의 내륙 진출, 일본인의 세곡 운반 독점(증기선 이용)
중간 상인	객주·보부상 등 : 상회사 설립 등으로 대응(대동 상회, 장통 상회 등)
시전 상인	청·일본 상인의 철수를 요구하는 시위와 철시 운동 전개, 황국 중앙 총상회 조직(1898)
자본 형성	1890년대에 은행(조선은행 등)과 여러 회사 설립

이권 수호 운동

배경	아관파천 이후 제국주의 열강의 이권 침탈 심화
내용	• 독립 협회의 활동 : 러시아의 절영도 조차 요구 저지, 한러 은행 폐쇄, 프랑스·독일의 광산 채굴권 요구 저지 • 황무지 개간권 요구 반대 운동(1904) : 일본의 황무지 개간권 요구에 보안회의 시위, 농광 회사 설립 → 자력으로 황무지 개간권 주장 → 일본이 요구 철회

국채 보상 운동

배경	일본의 강요로 막대한 차관 도입 → 대한 제국 재정의 일본 예속
과정	대구에서 서상돈 등이 국채 보상 운동 제창 → 한성에서 국채 보상 기성회 조직(1907) → 대한매일신보 등 언론 기관 및 애국 계몽 운동 단체의 호응 → 국채 보상을 위한 모금 운동의 전국 확산(금주, 금연, 가락지 모으기 등)
결과	통감부의 탄압과 방해로 실패

46
근대 의식의 확산

　조선 후기에 사회가 변화하면서 양반 중심 신분제가 흔들리기 시작하였습니다. 특히 신분제 변화의 필요성을 강조한 실학자들의 개혁 의지가 개화파로 계승되었고, 이는 갑신정변 당시 인민 평등권을 확립하자는 주장으로 이어졌습니다.

　피지배층의 개혁 운동이었던 동학 농민 운동에서도 노비 문서 소각, 과부 재가 허용 등을 주장함으로써 양반 지배 체제의 타도와 신분 제도의 폐지를 요구하였습니다. 결국 개화파와 동학 농민군이 요구했던 신분제 철폐는 갑오개혁에서 실현되었습니다. 갑오개혁에서는 신분제를 폐지하였고, 이와 함께 신분에 따른 일상생활의 규제와 연좌제·조혼을 폐지하였으며, 과부의 재가를 허용하는 등 평등 사회를 향한 큰 진전을 이루게 되었습니다. 이후 독립 협회는 천부 인권 사상을 앞세워 언론과 집회의 자유, 신체의 자유 등 개인의 권리 보장과 남녀 차별 폐지 등을 국가가 보장해야 한다고 주장하였습니다. 그리고 토론회와 연설회 등을 개최하여 국민 주권론을 바탕으로 군주의 권력이 헌법에 의해 제한되는 입헌 군주제 실시와 참정권 실현을 위한 의회 설립도 추진하였습니다. 또한 학교와 여러 단체도 평등 의식을 확산하는 데 기여하였습니다.

　개항 이후 여성의 인식도 크게 변화하였습니다. 가부장제 아래서 차별받던 여성들은 남성과 동등한 권리를 가질 것을 주장하였는데, 1898년 한성 북촌의 양반 부인들이 여성들의 교육받을 권리와 직업권 및 정치 참여권을 주장한 '여권 통문'을 발표하였습니다. 그 뒤를 이어 최초의 근대적 여성 단체인 찬양회가 조직되었고, 여자 교육회 등 많은 여성 단체도 세워졌습니다. 이렇듯 다양한 분야에서 여성의 사회 활동이 확대되었으며, 여성들의 사회 참여 움직임은 독립 협회가 주최한 만민 공동회와 국채 보상 운동에서도 뚜렷하게 나타났습니다.

　근대적인 학교도 설립되었습니다. 사립학교인 원산 학사를 비롯하여 국가에서 세운 동문학, 육영공원 등 근대 학교가 설립되었고, 외국인 선교사들은 배재학당, 이화학당 등의 개신교 계통 학교를 설립하였습니다. 갑오개혁 시에는 교육입국 조서가 반포되면서 근대 학교가 본격적으로 설립되었습니다. 근대 학교의 학생들은 근대 학문과 함께 인권, 민권 등 근대 의식을 익혔으며, 정부의 근대화 정책과 독립 협회 활동에 참여하는 등 근대 국가 건설 운동에서 큰 역할을 담당하였습니다. 을사늑약 체결 이후에는 민족 운동가들이 양정의숙, 보성학교, 오산학교, 대성학교 등 많은 사립학교를 세워 민족과 애국심을 강조하는 교육을 하였습니다.

한편 우리 역사를 새롭게 인식하려는 노력으로 근대적인 역사 연구도 이루어졌습니다. 국사 분야에서는 신채호, 박은식 등이 민족의 주체성을 확립하고 애국심을 고취하기 위한 역사를 연구하여 근대 계몽 사학을 발전시켰습니다. 특히 신채호는 《독사신론》을 발표하여 민족을 역사 서술의 주체로 한 민족주의 역사학의 연구 방향을 제시하였습니다. 이와 더불어 국어 분야의 연구도 활발히 이루어졌습니다. 갑오개혁 이후 공문서에는 국한문이 혼용되어 쓰이기 시작하였고, 독립신문과 제국신문이 순 한글로 간행되어 한글 보급에 공헌하였습니다. 대한 제국 정부는 한글의 체계적 연구를 위하여 1907년 학부 안에 국문 연구소를 설립하였으며 이곳에서 활동한 지석영과 주시경 등은 국어에 대한 새로운 이해 체계를 확립하는 데 기여하였습니다.

개항 이후 신문도 발간되었습니다. 1883년에 정부가 주도하여 발행한 최초의 신문인 한성순보는 국내외 정세와 정부의 개화 정책 등을 소개하였습니다. 1896년에는 최초의 민간 발행 신문인 독립신문이 창간되었고, 독립신문은 대중 계몽을 위한 다양한 기사와 논설을 게재하였습니다. 이후 일제의 침략 정책에 맞서기 위하여 민족정신을 강조하는 황성신문, 제국신문, 대한매일신보 등 다양한 신문이 발행되었습니다. 특히 대한매일신보는 사장에 영국인 베델을 내세워 일제의 탄압을 벗어나려 노력하였습니다. 또한 대한매일신보는 의병 활동을 호의적으로 보도하고, 국채 보상 운동을 전국으로 확산시키는 데 앞장섰습니다. 그러나 일제는 조선 정부를 협박하여 신문지법을 제정하는 등 민족 신문을 탄압하였으며 대부분의 민족 신문은 일제의 국권 피탈 이전에도 활동에 많은 제약을 받았습니다.

근대 의식의 성장

평등 사회로의 이행	갑신정변, 동학 농민 운동, 갑오·을미개혁 등을 겪으면서 평등 사회의 제도적 기틀 마련
근대적 사회 의식의 성장	독립 협회가 근대적 지식과 국권·민권 사상으로 민중 계몽 운동 전개, 애국 계몽 운동을 통해 국민의 근대 의식과 민족의식 고취

여성 의식의 성장

여권 통문 발표	1898년 한성 북촌의 양반 부인들이 여성들의 교육받을 권리와 직업권 및 정치 참여권을 주장
어성 단체	찬양회, 여성 교육회 등 설립 → 가부장제의 문제점 개혁과 여권 신장에 노력

근대 교육의 도입

1880년대	원산 학사(최초의 근대적 사립학교), 육영공원(최초의 근대적 관립학교), 개신교 선교사들이 설립한 사립학교(배재학당, 이화학당 등)가 근대 학문 교육
1890년대	교육입국 조서 반포(1895), 한성 사범학교·소학교 등 각종 관립학교 설립
1900년대	애국 계몽 운동으로 각종 학회와 수많은 사립학교(오산학교, 대성학교 등)가 설립되어 민족 교육 강조

국학 연구

국사	• 근대 계몽 사학 : 위인전 간행(《을지문덕전》, 《이순신전》 등), 외국 역사 소개(《월남 망국사》, 《이태리 건국 삼걸전》 등)를 통해 민족의식 고취 • 신채호가 〈독사신론〉 발표 : 민족주의 역사 연구의 방향 제시
국어	• 국한문체 보급 • 국문 연구소 설립(1907) : 지석영·주시경 등이 국문을 정리하고 철자법 연구

근대 신문 발행

배경	국제 정세 파악, 국정 안내, 여론 형성 등을 위해 개항 이후 신문 발행
종류	한성순보(1883), 독립신문(1896), 제국신문(1898), 황성신문(1898), 대한매일신보(1904) 등
역할	민중 계몽과 열강의 이권 침탈 저지 노력
탄압	일제가 신문지법(1907)을 통해 언론 활동 탄압

3

일제 식민지 지배와
민족 운동의 전개

47
1910년대 일제의 식민 통치(무단 통치)와 경제 수탈

우리 민족의 끈질긴 저항에도 불구하고 무능하고 사대적인 일부 지배 계층 때문에 대한 제국은 멸망하고 일제의 식민지로 전락하고 말았습니다. 개항 이후 과정에서 보여준 지배 계층의 무능함과 열강 의존적인 태도로는 도저히 우리 민족의 자주권을 지킬 수 있는 상황이 아니었습니다. 우리의 전체 역사를 살펴봐도 항상 지배 계층은 자신들의 안락만을 추구하였을 뿐 민중들의 안정과 삶에 대해서는 거의 관심조차 기울이지 않았습니다.

근대 이전에는 우리 민족 사이에서 왕조가 바뀐 것이었기 때문에 다행이었지만 개항 이후에는 열강의 위협에 제대로 대처하지 못하다가 결국 일제의 식민지로 전락하고 말았던 것입니다. 이전까지의 역사에서 고려가 몽골의 부마국이 되기는 하였으나 5천 년 역사 동안 지켜온 우리 민족의 자주권이 송두리째 사라진 경우는 일제의 식민지가 된 것이 최초라 할 수 있습니다.

일제는 대한 제국의 국권을 강제로 약탈한 후 1910년 10월 통치 기구로 조선 총독부를 설치하였습니다. 그리고 조선 총독부를 중심으로 각종 통치 기구를 마련하여 식민 통치를 위한 체제를 갖추어 나갔습니다. 조선 총독은 행정·입법·사법권과 군대 통수권을 포함한 절대 권력을 가졌으며, 일왕에게 직속되어 일본 의회와 내각의 통제를 거의 받지 않는 무소불의의 권력자였습니다.

조선 총독에는 한국인의 저항을 효과적으로 억압하기 위해 현역 군인인 육·해군 대장에서 골라 임명하였습니다. 총독 아래에는 행정 사무를 담당하는 정무총감과 치안을 담당하는 경무총감을 두고, 한국인을 정치에 참여시킨다는 명분으로 자문 기관인 중추원을 설치했습니다. 그러나 친일 매국노들로 구성된 중추원은 한국인의 의사를 대변할 수도 없었고, 대변하지도 않았습니다. 지방 행정 조직은 13도를 두고 그 아래에 부·군·면 체제로 정비하였으며, 일본인이나 친일 인사를 지방 관리로 배치하였습니다.

일제는 헌병 경찰제를 시행하여 헌병이 일반 경찰의 업무까지 간여하고 담당하도록 하였습니다. 중앙의 경찰 최고 책임자인 경무총감에 현역 군인인 헌병 사령관을 임명하고, 전국에 헌병 분대와 파출소, 경찰서와 주재소 등을 두어 한국인을 감시하고 억압하였습니다. 헌병 경찰은 정식 법 절차나 재판을 거치지 않고 한국인에게 벌금이나 구류 등 처분을 내릴 수 있는 즉결 처분권을 가지고 있었습니다. 따라서 한국인의 범죄 외에도 독립 운동을 포함한 모든 일상생활까지도 관여하였습니다. 1912년에는 태형을 부활하여 헌병 경찰이 한국인을 자의적인 판단에 따라 매질까지 할 수 있게 하여 한국인을 위협·탄압하였습니다. 또한 관리는 물론 교원도 제복을 입고 칼을 차게 하여 억압적인 사회 분위기를 만들었습니다.

한편 한국인이 발행하는 신문과 잡지의 출간을 금지하였으며, 혐의도 없이 민족 지도자를 감옥에 가두거나 살해하기도 하였습니다. 교육 부분에 있어서는 한국인을 식민 통치에 순응시키기 위해 보통 교육과 실업 교육 중심으로 편성하였으며 한국인에게 고등 교육의 기회는 거의 주지 않았습니다. 그리고 사립학교와 서당 등 민족 교육 기관은 철저히 억압하였습니다. 이는 우리 민족을 바보로 만드는 우민화 교육을 통해 한국인을 식민 지배에 순응하게 하고, 노동력을 마음껏 활용하려는 목적을 드러낸 것이었습니다. 또한 한국어 사용을 억압하기 위하여 일본어를 보급하는 데 중점을 두었습니다.

일제는 한국을 식량과 원료의 공급지이자 상품 판매 시장으로 삼기 위해 토지 조사 사업 등 여러 가지 기초 작업을 시행하였습니다. 한국을 강제 병합한 직후에 일제는 임시 토지 조사국을 설치하고, 1912년에는 토지 조사령을 공포하여 전국적으로 토지 조사 사업을 실시하였습니다. 조선 총독부는 이 사업이 지세를 공정하게 하고 근대적 토지 소유권을 확립하며, 토지의 생산성을 높이기 위한 것이라고 선전하였습니다. 그러나 실제로 토지 조사 사업은 전국 토지의 소유권을 조사하여 식민 통치에 필요한 재정(지세)을 확보하고, 아울러 방대한 토지를 점탈하려는 것이었습니다.

토지 조사 사업은 조선 총독이 정한 기한 내에 토지 소유주가 직접 신고하는 방식으로 진행되었습니다. 그러나 토지 소유권을 인정받으려면 정해진 기간 내에 신고해야 했는데, 신고 기간이 짧고 절차가 까다로워 기한 내에 신고하지 못한 농민이 많았습니다. 결국 토지 조사 사업으로 조선 총독부의 지세 수입이 증가하고, 미신고 토지나 소유권이 불분명한 토지는 조선 총독부 소유가 되었습니다. 일제는 토지를 동양 척식 주식회사나 일본인 농업 이주민에게 헐값에 넘겨주어 일본인 지주가 대폭 늘어나는 결과를 가져왔습니다. 한편 토지 조사 사업으로 그동안 농민에게 관습적으로 인정되던 경작권은 부정되고 소유권만 인정되어 지주의 권한은 크게 강화되었습니다. 하지만 경작하던 토지를 잃은 농민들은 지주와 기한부 임대 계약을 맺고 소작을 하거나, 생존을 위해 만주나 연해주 등지로 이주하는 상황이 되고 말았습니다.

한편 이 시기의 일제는 우리 민족의 자본 결집과 성장을 억압하고 효율적인 식민지 경제 수탈을 위한 여러 법령을 제정하고, 한국인의 산업 활동을 제한하였습니다. 회사를 설립할 때는 조선 총독의 허가를 받도록 하는 회사령(1910)을 비롯하여 어업령·광업령·은행령 등의 법령을 공포하여 대부분의 경제 활동을 허가제로 전환하였습니다. 그리고 인삼·담배·소금 등에 대해 전매제를 실시함으로써 민족 자본의 성장 가능성을 차단하고, 한국을 일본의 원료 공급지이자 상품 시장으로 만들려 하였습니다. 또한 일제는 철도, 도로, 항만 등의 기간 시설을 새롭게 건설하고 정비하였는데, 이는 한국에서 생산되는 식량·자원을 일본으로 반출하기 쉽게 하고, 일본 상품의 한국 판매를 편리하게 하려는 의도였습니다.

한국사 쉬어 가기 | 인간 이하의 취급, 조선 태형령

일제 강점기 조선 총독부가 조선인에게 징역·구류 및 벌금형 대신 태형을 가하게 한 법률 제도였습니다. 이름에서 알 수 있듯 오직 조선인에게만 해당되는 법률로 일본에는 없는 법률이었습니다. 태형이란 전근대에는 세계 각국에서 시행되었으나 근대가 되면서 인권 존중 차원에서 폐지되었습니다. 원칙적으로는 성인 남성에게만 적용되는 것이었으나 여성 및 노약자에게도 가감없이 형벌이 시행되었습니다. 원초적이고 잔혹한 제도였기 때문에 폐지해야 한다는 주장이 꾸준히 있었으나, 일본은 무단 통치 하에서 공포 분위기를 조성하기 위하여 여러 이유를 대며 무시했습니다. 태형은 일제 강점기 초기 총과 칼로 조선인을 탄압하던 무단 통치기에 제정되고 성행하였습니다. 그러나 1919년 3·1운동이 일어나고 그 여파가 거세지자 총칼을 내려놓고 회유하는 소위 문화 통치를 시행하면서 폐지되었습니다.

일제의 식민지 통치 제도

조선 총독부	• 1910년에 설치, 일제 강점기 식민 통치의 최고 기관 • 총독 : 일본 육·해군 대장 중에서 임명, 입법·사법·행정 및 군사권 장악 • 관제 : 정무총감(행정 담당), 경무총감(치안 담당) 등
중추원	조선 총독의 자문 기구 : 친일파를 우대하고 한국인의 정치 참여를 선전하려는 목적으로 이용

1910년대의 통치 방식(무단 통치)과 경제 수탈

무단 통치	• 헌병 경찰 제도 : 헌병이 일반 경찰 업무 및 행정 업무 수행, 헌병 경찰은 재판 없이 즉결 처분권 및 태형 행사 • 공포 분위기 조성 : 조선 태형령 제정, 관리와 교원도 군경과 같이 제복을 입고 칼을 착용 • 기본권 박탈 : 한국인의 언론·집회·출판·결사의 자유 제한, 한국인이 발행하는 신문 폐간, 각종 계몽 단체 해산 • 식민지 교육 : 제1차 조선 교육령 제정(일본어 교육 중시, 보통 교육과 실업 교육 위주), 사립학교와 서당 등 민족 교육 기관 탄압
토지 조사 사업	• 명분 : 지세의 공정한 부과와 근대적 토지 소유권 확립 • 실상 : 식민 지배에 필요한 재정 확보 • 방법 : 임시 토지 조사국 설치(1910), 토지 조사령 공포(1912), 신고주의 원칙(토지 소유자가 필요한 서류를 구비하여 기일 내에 신고)에 따라 소유권 인정 • 결과 : 신고하지 않은 토지, 대한 제국 시기 왕실과 공공 기관에 속한 토지 등이 조선 총독부 소유의 토지로 편입, 조선 총독부 소유의 토지 및 지세 수입 증가, 일본의 농업 회사와 일본인들이 조선에 대거 진출, 농민의 관습적 경작권이 부정되고 지주의 소유권만 인정(많은 농민이 기한부 계약에 의한 소작농으로 전락하거나 만주·연해주 등지로 이주)
산업 수탈	• 회사령 제정 (1910) : 한국인의 기업 설립과 민족 자본의 성장 억제 목적, 조선 총독에게 회사 설립 허가 및 해산 권한 부여 • 기타 : 어업령·광업령·은행령 제정(허가제로 운영), 철도·도로·항만 건설(식량 및 자원의 일본 반출과 일본 상품의 수입 판매에 이용)

일제는 대한 제국의 국권을 탈취한 후 가혹한 무단 통치를 펼쳤으며, 안악 사건과 105인 사건 등을 일으켜 신민회를 해체하는 등 독립 운동에 대한 무자비한 탄압을 펼쳤습니다. 비록 지배 계층은 무능하게 국권을 탈취 당하였지만 역사적으로 늘 그래왔듯이 뜻 있는 애국지사와 민중들은 일제의 무단 통치에 대하여 국내외에서 목숨을 바쳐 나라를 되찾기 위하여 저항을 지속하였습니다.

일제의 무단 통치 하에서도 국내에서는 의병이나 비밀 결사의 활동이 지속되었습니다. 일제의 '남한 대토벌' 작전 이후에도 소규모 의병 부대의 끈질긴 저항은 계속되었습니다. 대표적 의병장인 채응언은 한반도 서북 지방을 무대로 1915년까지 활동하였습니다.

비밀 결사로는 독립 의군부와 대한 광복회의 활동이 두드러졌습니다. 의병장 출신의 임병찬은 고종의 비밀 지시를 받고 각지의 의병장과 유생을 모아 독립 의군부를 조직하였습니다(1912). 독립 의군부는 나라를 되찾은 후 고종을 복위시키려는 목표(복벽주의)를 세우고, 전국적 의병 봉기를 계획하였습니다. 그러나 일본 총리와 조선 총독에게 국권 반환 요구서를 보내려고 계획하던 중에 조직이 발각되어 해체되고 말았습니다.

대구에서는 채기중, 박상진 등을 중심으로 의병 계열과 애국 계몽 운동 계열의 비밀 결사들이 모여 대한 광복회를 조직하였습니다(1915). 대한 광복회는 일제를 몰아내고 국권을 회복한 이후 공화정 형태의 근대 국가를 건설하려는 목표를 내세웠습니다. 그리고 독립 전쟁을 위한 군대식 조직을 갖추고, 군관 학교 설립을 추진하였습니다. 이에 군자금을 마련하기 위해 부유한 친일파를 처단하고, 광산, 우편차 등을 습격하였으나 이 과정에서 일제에 조직이 발각되어 해체되었습니다.

이 밖에 평양 숭의 여학교의 교사와 학생들은 송죽회를 결성하여 망명한 독립 운동가의 가족을 도우면서 자금을 모아 독립 운동을 후원하였고, 대성학교 출신 학생들도 비밀 결사인 기성단을 조직하여 활동하는 등 국권 회복을 위해 많은 단체가 결성되었습니다.

한편 국외인 만주 지역, 연해주 지역, 미주 지역 등에서도 많은 민족 운동 단체가 결성되어 항일 운동을 펼쳤습니다. 이 시기 만주 지역의 독립 운동은 학교 설립, 독립군 양성 등 장기적인 독립 운동 기지 건설 활동이 주를 이루었습니다. 서간도 지역에서는 국권 피탈을 전후하여 이주한 신민회 회원들이 류허현 삼원보에 자치 기관인 경학사를 설립하고, 신흥 강습소를 세워 독립군을 양성하는데 주력하였습니다. 북간도 지역에서는 일찍부터 용정촌, 명동촌 등 한인 집단촌이 형성되어 있었습니다. 이 지역의 독립 운동가들은 간민회를 만들어 동포 사회를 이끌었으며, 서전서숙과 명동학교 등을 세워 민족 교육을 실시하였습니다. 한편 교단을 북간도로 옮긴 대종교는 중광단을 만들고 독립군을 양성하였으며 3·1 운동 이후에는 중광단을 북로 군정서로 확대·개편하였습니다. 중국 내의 상하이·베이징 등지에서도 많은 애국지사가 열강의 지원을 받으려 노력하는 등 다방면에서 노력하였습니다. 특히 상하이에 거점을 둔 동제사와 신한청년당의 활동은 대한민국 임시 정부가 수립될 수 있는 기반을 마련하였습니다.

19세기 말부터 많은 한국인이 이주한 연해주 지역에서도 항일 민족 운동이 활발하였습니다. 블라디보스토크 교외에 독립 운동 기지인 신한촌이 건설되었고(1911), 권업회가 조직되어 한국인 인권 신장 활동을 중심으로 동포 사회를 이끌었습니다. 권업회는 독립 운동을 수행하기 위해 1914년에 이상설과 이동휘를 정·부통령으로 하는 대한 광복군 정부를 수립하였으나 일제와 관계가 악화될 것을 꺼린 러시아 정부의 방해로 본격적 활동은 전개하지는 못하였습니다. 러시아 혁명의 영향으로 이동휘 등이 사회주의 정당인 한인 사회당을 조직하여 사회주의 계열 민족 운동이 시작되었습니다.

미주 지역에서는 장인환·전명운 의사의 스티븐스 저격 사건을 계기로 동포 사회에 많은 항일 운동 단체를 통합한 대한인 국민회가 결성되었습니다(1910). 민주 공화국 수립을 목표로 내건 대한인 국민회는 만주와 연해주 지역 독립 운동을 지원하였습니다. 한편 하와이에서는 1914년에 대조선 국민 군단이 결성되어 청장년을 대상으로 군사 훈련을 실시하였고, 멕시코 이주민도 숭무 학교를 세우는 등 무장 투쟁을 준비하는 단체들이 등장하였습니다.

1910년대 국내 민족 운동

의병 투쟁	• 국권 피탈 이후 침체 → 대부분 일제의 탄압을 피해 국외로 이동 • 채응언 부대의 활동 : 1915년까지 지속적인 투쟁
비밀 결사 단체	• 독립 의군부 : 임병찬 등이 고종의 밀명을 받아 조직, 의병 전쟁을 계획하고 일제에 국권 반환 요구서를 보낼 계획 추진, 복벽주의 추구 • 대한 광복회 : 박상진 등이 군대식 조직으로 결성, 친일파 처단과 독립 전쟁 계획(군자금 모금, 만주에 군관 학교 설립 추진), 국권 회복 후 공화정 형태의 근대 국가 건설 추구 • 기타 : 평양에서 송죽회 등 조직

1910년대 국외 민족 운동

북간도	왕칭·룽징 중심, 중광단 결성(대종교) → 북로군정서군, 명동학교·서전서숙 설립
서간도 (남만주)	삼원보 중심, 신흥 강습소 설립(이후 신흥 무관 학교로 개편)
중국 (상하이)	신한청년당(1918) → 김규식을 파리 강화 회의에 대표로 파견
연해주	블라디보스토크에 신한촌 형성, 권업회 조직 → 이후 대한 광복군 정부 수립
미주	• 대한인 국민회 : 장인환·전명운의 의거를 계기로 결성(1910) → 미주 지역 최대 규모의 독립 운동 단체로 성장 • 대조선 국민 군단 : 박용만이 하와이에서 결성 → 군사 훈련 전개 • 숭무 학교 ; 멕시코에서 설립

49
3·1 운동

　제1차 세계 대전이 전개되던 1917년에 러시아에서 혁명이 일어나 역사상 최초로 사회주의 정권이 수립되었습니다. 러시아 혁명 이후 권력을 장악한 레닌은 식민지 피압박 민족의 해방 운동을 지원한다고 선언하였습니다. 또한 1918년 제1차 세계 대전이 끝날 무렵 미국 대통령 윌슨은 민족 자결주의를 포함한 14개조 평화 원칙을 발표하였습니다. 각 민족이 다른 민족의 간섭을 받지 않고 스스로 정치적 운명을 결정할 수 있다는 민족 자결주의 내용은 식민지 상태의 국가와 민족들에게 많은 영향을 주었습니다.

　이를 계기로 한국인들도 국제 사회의 움직임에 발맞추어 적극적으로 독립 운동을 전개하기 시작했습니다. 중국 상하이에서 여운형, 김규식 등이 신한청년당을 조직하고(1918), 파리 강화 회의에 김규식을 파견하여 조선의 독립을 요구하는 외교 활동을 펼치면서 여운형은 미국 윌슨 대통령에게 독립 청원서를 보내기도 하였습니다. 이러한 소식들은 국내뿐 아니라 연해주·만주·일본의 한인들에게도 전해지면서 독립 선언의 움직임이 활발해졌습니다. 일본에서는 독립 운동가와 유학생들을 중심으로 독립 선언이 발표되었고(2·8 독립 선언), 만주에서는 조소앙 등이 독립 선언을 준비하여 발표하였습니다.

　한편 국내에서는 1919년 1월에 고종이 갑자기 사망하면서 일제가 고종을 독살하였다는 소문이 퍼져 민중의 반일 감정이 고조되었습니다. 이처럼 국내외의 급변하는 분위기 속에서 천도교, 기독교 등의 종교계와 학생들을 중심으로 비밀리에 독립 선언을 위한 움직임이 활발하게 전개되었습니다.

　민족 대표들은 전국적인 만세 시위를 위해 독립 선언서를 작성하고 3월 1일에 파고다(탑골) 공원에서 독립 선언식을 열 준비를 하였습니다. 1919년 3월 1일, 33인의 민족 대표는 파고다 공원이 아닌 경성 종로의 태화관에 모여 독립 선언식을 하였습니다. 학생과 시민들이 모여 있던 파고다 공원에서는 민족 대표가 나타나지 않자 군중 중 한 명이 팔각정 단상에 올라가 독립 선언서를 낭독하면서 만세 시위를 전개하였습니다. 이후 평양, 원산, 의주 등에서 만세 시위가 일어나면서 시위는 전국으로 확산되었고, 참여한 계층도 학생·농민·노동자·상인·교사 등 다양하였습니다. 학생들은 비밀 결사를 조직하여 독립 선언서를 배포하거나 동맹 휴학 등을 이끌었고, 상인들은 가게 문을 닫으며 시위를 지지하였으며, 노동자들은 동맹 파업을 단행하여 항일 민족 운동을 전개하였습니다. 만세 시위는 대도시에서 지방 중소 도시와 농촌으로 확산되었고, 학생과 시민들이 주도하던 시위는 점차 노동자와 농민층이 합세하면서 시위도 점차 조직화되었습니다. 만주와 연해주, 중국, 미주 등 국외에서도 만세 시위가 이어졌습니다.

일제는 군대와 경찰을 동원하여 무력으로 시위를 무자비하게 진압하였고, 화성 제암리 등에서 무자비한 학살과 유관순 등 체포된 학생들에 대한 탄압을 저지르기도 하였습니다. 일제가 무자비하게 탄압하자 만세 시위는 점차 무력 저항으로 바뀌었습니다. 농민을 중심으로 군청, 면사무소, 헌병 경찰 주재소 등 식민 통치 기관을 습격하였으며, 수탈에 가담한 일본인 지주와 상인, 고리대금업자 등을 응징하기도 하였습니다. 그러나 일제가 더욱 강하게 탄압하면서 3·1 운동은 많은 희생자를 내고 좌절되었습니다.

학생과 시민들이 주도한 3·1 운동은 신분·직업·종교의 구별 없이 국내외를 막론하고 민족의 모든 계층이 참여하여 민족의 독립 의지를 전 세계에 알린 민족 운동이었습니다. 따라서 3·1 운동은 전 세계에 흩어져 있던 한국인을 결집하고, 한국인의 단합된 독립 의지를 세계에 알린 일제 강점기 최대의 민족 운동이었다고 할 수 있습니다. 또한 만세 시위에 참여한 청년·여성·농민·노동자 계층은 민족 운동의 새로운 주체로 주목받는 계기가 되었습니다.

3·1 운동 이후 일제는 강압적 방법으로는 한국인을 통치할 수 없다는 것을 깨닫고 이른바 '문화 통치'로 통치 방식을 바꿀 수밖에 없었습니다. 한편 3·1 운동의 영향으로 독립 운동을 체계적으로 조직할 지도부의 필요성이 높아지면서 민주 공화제를 바탕으로 한 대한민국 임시 정부가 수립되었습니다. 또한 만세 시위만으로는 민족 해방을 가져올 수 없다고 깨달으면서 무장 투쟁, 노동·농민 운동 등 다양

한 민족 운동이 활성화되었습니다.

우리 민족의 독립 의지를 세계에 알린 3·1 운동은 국제적으로도 큰 영향을 끼쳤습니다. 중국에서는 제국주의와 군벌에 반대하는 5·4 운동이 일어났으며, 인도의 반영 운동 등 식민지 상태에 있던 아시아 각국의 민족 운동에 큰 자극을 주었습니다.

3·1 운동의 배경

국내	일제의 무단 통치와 수탈에 대한 반발, 고종의 서거
국외	• 민족 자결주의 대두 : 제1차 세계 대전의 전후 처리 논의 과정에서 미국 대통령 윌슨이 제창 • 레닌의 약소민족 해방 운동 지원 선언 • 국외 민족 운동의 전개 : 신한 청년당이 외교 활동을 전개하여 독립 호소 → 일본 도쿄에서 한국인 유학생들이 2·8 독립 선언 발표

3·1 운동의 전개

시작	종교계(천도교, 기독교, 불교) 및 학생 중심으로 만세 시위 준비 → 민족 대표들이 태화관에서 독립 선언서 낭독, 학생과 시민들이 파고다(탑골) 공원에서 독립 선언서 낭독 → 비폭력적 만세 시위 전개
확산	주요 도시에서 시작하여 인근 도시로 확산 → 농촌 및 산간벽지까지 확산되고 농민들의 저항 발생, 국외(간도, 연해주, 일본, 미주 등) 한인 사회로 확산
일제의 탄압	일제는 초기부터 군대와 경찰을 동원하여 비폭력 시위를 무력으로 진압 → 제암리 학살 사건, 유관순의 순국 등 → 무력시위로 저항

3·1 운동의 의의와 영향

국내	• 일제 강점기 최대 규모의 항일 운동 : 독립의 의지와 열망을 세계에 알리는 계기 • 대한민국 임시 정부 수립의 계기 : 독립 운동의 구심점이 필요함을 인식 • 항일 운동의 활성화 : 무장 투쟁, 노동·농민 운동 등 다양한 민족 운동의 활성화 • 일제 통치 방식의 변화 : 무단 통치에서 이른바 문화 통치로 전환
국외	중국의 5·4 운동, 인도의 반영 운동 등에 영향

50 대한민국 임시 정부의 수립

3·1 운동을 계기로 효율적이고 조직적인 독립 운동을 전개하기 위하여 국내외에서 한성 정부, 상하이의 대한민국 임시 정부, 연해주의 대한 국민 의회 등 여러 임시 정부가 수립되었습니다. 여러 임시 정부는 곧바로 통합을 논의하였고, 그 결과 한성 정부의 각료를 중심으로 새로운 정부를 조직하고 연해주와 상하이의 정부를 해산하기로 합의하였습니다. 정부 이름은 대한민국 임시 정부로 결정하였으며 위치는 상하이에 두기로 하였습니다.

여러 차례의 논의를 거쳐 1919년 9월에 임시 의정원이 대한민국 임시 헌법을 공포하였고, 11월에는 이승만을 대통령, 이동휘를 국무총리로 하는 대한민국 임시 정부를 수립하였습니다. 임시 정부에는 서로 다른 이념과 노선의 독립 운동 세력이 함께 참여하는 통합 정부였습니다.

대한민국 임시 정부는 우리 역사 최초의 민주 공화제 정부로, 삼권 분립의 원칙에 따라 입법 기관인 임시 의정원, 사법 기관인 법원, 행정 기관인 국무원으로 구성되었습니다. 그리고 국내 각 지역에 설치한 비밀 행정 조직으로 정부 문서와 명령 전달, 독립 운동 자금 조달, 정보 보고 등을 맡은 연통제와 통신 기관으로 정보 수집·분석과 연락을 담당하는 교통국을 두었습니다. 국내외에서 독립 공채를 발행하거나 의연금을 거두어 모여진 항일 운동 자금은 연통제와 교통국을 거쳐 임시 정부로 전달되었습니다. 또한 대한민국 임시 정부는 임시 사료 편찬회를 두고 한·일 관계 사료집을 간행하여 국제연맹에 제출하였고, 기관지인 독립신문을 발행하여 독립 운동 소식을 국내외에 전하였습니다.

초기 대한민국 임시 정부는 국제 사회로부터 임시 정부를 승인받고 독립에 대한 지원을 이끌어 내기 위하여 외교 활동에 주력하였습니다. 김규식을 외무 총장으로 임명하여 파리 강화 회의에 독립 청원서를 제출하도록 하였고, 미국에 구미 위원부를 설치하여 이승만을 중심으로 외교 활동을 펼쳤습니다. 1921년에는 워싱턴 회의에 독립 요구서를 제출하기도 하였습니다. 비록 열강들의 외면으로 소기의 목적을 달성하지는 못하였습니다. 그러나 다양한 외교 활동으로 임시 정부는 중국 정부의 승인을 받았으며 소련의 레닌에게 독립 운동 자금을 지원받기도 하였습니다.

한편 임시 정부는 국무원 산하에 군무부를 설치하여 군사 업무를 관장하도록 하면서 군사 활동에도 힘을 기울였습니다. 1920년에는 군무부 직할 광복군 사령부와 광복군 총영 등을 설치하여 무장 투쟁을 전개하였으며, 1923년 무렵에는 육군 주만 참의부를 편성하여 군사 활동을 펼쳤습니다. 한편 미국에는 한인 비행사 양성소를 설치하기도 하였습니다.

대한민국 임시 정부는 일제의 감시와 탄압으로 연통제와 교통국이 제 기능을 발휘하기 어려운 상황이 되면서 재정적으로 어려움을 겪게 되었습니다. 또한 초기의 주요 정책이었던 외교 독립론이 강대국의 무관심으로 성과를 거두지 못하게 되면서 이승만 계열의 외교 독립론, 이동휘 계열의 무장 투쟁론, 안창호의 실력 양성론 등 독립 운동의 노선을 둘러싼 논쟁이 벌어졌으며, 사회주의와 민족주의 계열 간의 갈등도 점차 심해졌습니다. 이러한 상황에서 신채호, 박용만 등의 무장 투쟁론자들은 이승만이 미국 대통령 윌슨에게 위임 통치 청원서를 제출한 사실을 문제 삼아 임시 정부의 개편을 요구하였습니다.

이에 새로운 활로를 모색하기 위한 국민 대표 회의가 1923년에 상하이에서 개최되었으나 임시 정부의 조직만 바꾸자는 개조파와 임시 정부를 해체하고 새로운 정부를 수립하자는 창조파가 대립하면서 결렬되고 말았습니다. 국민 대표 회의 이후 대한민국 임시 정부는 침체에 빠졌습니다. 또한 1925년 임시 의정원에서는 미국으로 건너가 독립 운동에 소극적이었던 이승만 대통령을 탄핵하고 박은식을 대통령으로 추대하였습니다. 결국 1925년에는 국무령 중심의 집단 지도 체제로 전환하였으나 인력과 자금 부족은 쉽게 해결되지 않았습니다. 이에 이동녕과 김구를 중심으로 체제를 재정비해 나갔습니다.

국내외 정세가 어려워지면서 침체를 벗어나지 못하던 대한민국 임시 정부는 1932년 윤봉길 의사 의거로 일본군이 상하이를 점령하자 상하이를 떠나 여러 곳을 거쳐 중국 국민당 정부와 함께 충칭에 정착하였습니다(1940).

대한민국 임시 정부의 수립 과정

배경	3·1 운동 이후 독립 운동의 역량을 결집할 필요성 대두
과정	• 임시 정부 수립 : 대한 국민 의회(연해주), 대한민국 임시 정부(상하이), 한성 정부(서울) 등 여러 지역에서 임시 정부 수립 • 통합 : 한성 정부의 정통성 계승, 상하이에 대한민국 임시 정부 수립
조직	• 삼권 분립에 입각한 민주 공화정 수립 → 국무원(행정), 임시 의정원(입법), 법원(사법) • 대통령 이승만, 국무총리 이동휘 등으로 지도부 구성

대한민국 임시 정부의 활동

국내 연락망	연통제(국내외를 연결하는 비밀 행정 조직)와 교통국(비밀 통신 기관, 정보 수집 및 전달·보고) 등 운영
독립 자금 모금	독립 공채 발행, 의연금 모금
외교 활동	독립 청원서 제출(파리 강화 회의), 국제회의에 대표를 파견하여 독립 호소(워싱 턴 회의 등), 미국에 구미 위원부 설치 → 한국의 독립 문제를 국제 여론화
군사 활동	국무원 산하에 군무부 설치, 광복군 사령부와 광복군 총영 등 직할 군단 편성, 미 국에 한인 비행사 양성소 설치
기타	한일 관계 사료집 간행, 기관지로 독립신문 발간

국민 대표 회의(1923)

배경	• 연통제와 교통국 조직 붕괴, 외교 활동의 성과 미흡 • 무장 투쟁론과 외교 독립론의 갈등, 민족주의 계열과 사회주의 계열 간의 이념 갈등 심화 • 이승만의 국제연맹 위임 통치 청원(1919)을 신채호, 박용만 등이 강하게 비판 하며 임시 정부 개편 요구
결과	• 개최 : 대한민국 임시 정부의 새로운 노선 및 활로 모색을 위해 회의 시작 → 창조파와 개조파의 대립 • 결과 : 회의 결렬, 독립 운동가 다수 이탈 → 대한민국 임시 정부의 활동 침체

대한민국 임시 정부의 체제 개편

과정	이승만 탄핵 → 박은식이 제2대 대통령으로 선출된 후 체제 개편 추진
개편 내용	대통령제(1919) → 국무령 중심 내각 책임제(1925) → 국무위원 중심의 집단 지도 체제(1927) → 주석 중심제(1940) → 주석·부주석제(1944)
이동	1932년 윤봉길 의거 이후 상하이를 떠나 여러 곳을 거쳐 충칭에 정착(1940)

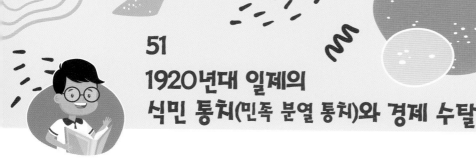

51
1920년대 일제의
식민 통치(민족 분열 통치)와 경제 수탈

일제는 3·1 운동을 계기로 헌병 경찰을 동원한 강압적인 무단 통치의 한계를 깨닫고, 국제적인 여론의 악화로 식민 통치 방식을 바꿀 수밖에 없었습니다. 일제는 식민 통치 방식을 무단 통치에서 이른바 '문화 통치(현재는 민족 분열 통치라고 함)'로 바꾸어 식민 지배에 대한 한국인의 반발을 무마하려 하였습니다.

일제는 무관이 아닌 문관도 총독에 임명될 수 있도록 하였고, 헌병 경찰제를 보통 경찰제로 바꾸었습니다. 태형 제도와 관리·교원의 제복 착용을 폐지하였으며, 언론·출판·집회·결사의 기본권에 대한 자유도 허용한다고 발표하였습니다.

그러나 문화 통치는 한국인을 이간질하고 분열시키는 기만적이고 야만적인 통치 방식에 지나지 않았습니다. 실제로 식민 통치가 끝날 때까지 문관 총독은 단 한 명도 임명하지 않았고, 오히려 경찰 제도를 확대하여 경찰 관서와 인원, 비용 등은 3·1 운동 이전보다 더욱 증가하였습니다. 일제는 1군 1경찰서와 1면 1주재소 체제를 확립하여 독립 운동을 전담하면서 한국인의 모든 행동을 감시·억압하는 고등 경찰제를 유지하였습니다. 일제가 한국인에게 신문 발행을 허용하였지만 사전·사후 검열을 통해 민족적인 내용의 기사를 삭제하였고, 심지어 자신들에게 조금이라도 불리한 내용이라 생각되면 정간·폐간을 시키기도 하였습니다. 집회나 단체 활동도 식민 지배를 인정하는 범위 내에서만 허용되었습니다. 오히려 1925년 사회주의를 단속한다는 명분으로 제정한 치안 유지법을 이용하여 한국인의 사회주의 운동뿐 아니라 항일 민족 운동에 대한 감시와 탄압으로 많은 한국인을 구속하여 감옥으로 보냈습니다.

또한 일제는 한국인이 정치에 참여할 수 있다고 선전하며 지방 제도를 개편하였습니다. 지방 자치제를 실시하는 것처럼 부·면 협의회 등을 설치하고 일부 지역에는 선거제를 도입하기도 하였습니다. 그러나 이런 기구들은 의결권이 없는 자문 기구일 뿐으로, 대부분 일본인으로 구성되었고, 친일파인 한국인 일부에게만 선거권을 부여하였습니다.

한편 일제는 한국인의 교육열을 무마하기 위하여 한국인의 교육 기회 확대를 표방하면서 제2차 조선 교육령을 발표하였습니다. 이에 보통학교의 교육 연한이 늘어나고 학교 수가 일부 늘어났습니다. 그러나 여전히 학교 수가 많이 부족하고 학비가 비쌌기 때문에 한국인의 취학률은 일본인에 비해 현저하게 낮았습니다.

이러한 '문화 통치'는 제한된 자유를 허용하여 일제 협력자를 양성한 반면 항일 민족 운동을 탄압하는 민족 분열 정책이었습니다. 문화 통치에 동조하여 변절하기 시작한 일부 지식인들은 민족 개조론, 자치론, 참정권론 등을 주장하여 민족 운동의 분열을 초래하기도 하였습니다.

제1차 세계 대전 중에 일본은 공업화를 통해 급속한 경제 성장을 이루었습니다. 공업화로 도시 인구가 증가하여 쌀의 수요가 급증하였으나 농업 생산력은 이에 미치지 못하여 식량이 부족해지고 쌀값이 폭등하였습니다. 이에 사회 불안 상황이 심화되자 일제는 본국의 부족한 식량을 한국에서 확보할 목적으로 1920년부터 15년 계획으로 산미 증식 계획을 실시하였습니다. 일제는 식량 생산을 늘려 일본으로 많은 쌀을 가져가고, 한국 농민의 생활도 안정시킨다는 명분을 내세웠습니다. 이에 따라 다수확 품종으로 벼 종자를 개량하고 비료 사용을 확대하였으며, 농토를 개간하고 밭을 논으로 바꾸었습니다. 또한 수리 시설을 확대하기 위하여 저수지나 제방을 만들기 위해 전국 각지에 수리 조합을 조직하였습니다.

산미 증식 계획으로 쌀 생산량은 어느 정도 늘어났으나 목표를 달성하지는 못하였습니다. 이런 상황에서도 일본으로 빠져나가는 쌀의 양은 해마다 증가하여 한국인의 식량 사정은 더욱 악화되었습니다. 한국인은 만주에서 수입한 조·수수 등 잡곡으로 생계를 유지하였으며, 산미 증식 계획 과정에서 수리 시설 개선비와 종자 개량 비용 등을 지주들이 농민에게 떠넘겨 농민 생활은 더욱 어려워졌습니다. 일부 자작농은 소작농으로 전락하였으며 경작할 땅을 잃은 농민은 화전민 혹은 도시 빈민이 되거나 만주와 연해주, 일본 등지로 이주할 수밖에 없었습니다. 반면 토지 회사나 일본인 지주 외에도 한국인 지주들도 일본으로 쌀을 팔아 큰 이득을 보았고, 더 많은 부를 축적할 수 있게 되었습니다.

제1차 세계 대전 이후 일본은 공업 제품의 수출 증가로 경제 호황을 누렸습니다. 그러자 일제는 자본을 축적한 일본 기업의 자유로운 한국 진출을 위해 1920년 회사 설립을 허가제에서 신고제로 전환하였습니다. 사실상 회사령을 신고제로 바꾼 것은 우리 민족에게 기회를 준 것이 아니라 일본 자본에 기회를 준 것이었습니다. 이를 계기로 미쓰이, 미쓰비시 같은 일본의 대기업이 한국에 본격적으로 진출하였고, 일본 기업은 한국의 값싼 노동력을 이용하여 큰 이익을 얻었습니다.

1923년 일제는 한국과 일본 사이의 관세를 폐지하여 일본 상품이 한국에서 더 싼 값에 팔릴 수 있도록 하여 한국인 기업에 큰 타격을 주었습니다. 1928년에는 신은행령을 발표하고 한국인 소유의 은행을 합병하는 등 금융 분야에서도 일본 자본의 지배를 더욱 강화하였습니다. 한편 이 시기에 한국인이 세운 공장 수는 일본인이 운영하는 공장 수와 비슷하였으나 한국인 기업은 자금 미비로 대부분 유통이나 제조업 분야의 소규모 회사만 설립하였습니다. 따라서 일본 기업과 비교하여 생산액에서 크게 차이가 날 수밖에 없었습니다.

한국사 쉬어 가기 — 독립 운동의 탄압 주축, 고등 경찰제

고등 경찰은 일제 강점기에 정치적 문제를 단속하던 경찰을 일컫는 용어입니다. 1910년 일제는 한국의 경찰권을 빼앗고 통감부 산하에 경찰직제를 설치하고 헌병경찰제를 실시하였습니다. 이 시기에 중앙에서는 경무총감부 산하 기밀과에 고등경찰계를 두고 집회, 결사, 신문지, 잡지, 출판물 및 저작물의 단속에 관한 사항, 사찰에 관한 사항, 외국인 보호에 관한 사항 등을 취급하였습니다. 3·1 운동을 계기로 종래의 헌병경찰제는 보통경찰제로 바뀌었지만 이름만 바꾸어졌을 뿐 고등 경찰의 임무는 여전히 유지·확대되었습니다. 고등 경찰의 임무는 일본의 천황제를 부정하고 식민지 통치를 저해하는 사상·정치 활동·언론·출판의 자유를 억제 감시하는 것이었으며, 특히 독립 운동가를 적발하고 단속·탄압하는 것이 가장 중요하였습니다. 조선은 물론 해외 거주 조선인과 유학생에 이르기까지 지역을 막론하고 조선인은 모두 감시 대상으로 삼았습니다. 고등 경찰은 체포된 독립 운동가들에게 끔찍한 고문을 자행하기로 유명했습니다. 그리고 조선인들을 끄나풀로 삼아 이들에게도 잔혹한 고문 기술을 가르쳐 독립 운동가들을 탄압하게 하였습니다.

1920년대 민족 분열 통치 실시의 배경과 목적

배경	3·1 운동(1919) 이후 일제가 무단 통치의 한계 인식, 국제 여론 악화
목적	식민 지배에 대한 우리 민족의 반발 무마, 친일파를 양성하여 민족 분열 도모

1920년대 민족 분열 통치의 내용과 본질

내용	본질
조선 총독에 문관 출신도 임명 가능	실제 임명된 문관 출신 총독은 없음
헌병 경찰 제도 폐지, 보통 경찰 제도 실시	경찰 인원·경찰서·경찰 관련 예산 증가, 치안 유지법 제정 → 감시와 탄압 강화
언론·집회·출판·결사의 자유를 제한적 허용, 한국인에게 신문 발행 허용(조선일보, 동아일보 등)	식민 통치를 인정하는 범위 내에서 허용, 신문 검열 제도(기사 삭제, 정간 조치 등)로 탄압
제2차 조선 교육령을 제정하여 보통 학교의 수업 연한 연장, 대학 설립 가능	보통 학교의 수업 연한이 실제로 연장된 학교가 많지 않음, 한국인의 대학 설립 불허

산미 증식 계획(1920~1934)

배경	일본에서 쌀이 부족해지자 부족한 쌀을 한국에서 확보 시도
과정	밭을 논으로 변경, 품종 개량, 수리 시설 확충(수리 조합 설립), 대규모 개간과 간척 등 실시
결과	• 증산량 이상의 쌀이 일본으로 유출 → 국내 식량 사정 악화(만주에서 잡곡 수입) • 쌀 증산 비용을 농민에게 전가 → 몰락 농민 증가, 소작 쟁의 발생

일본 자본의 침투

배경	제1차 세계 대전 중에 급속한 경제 성장 → 자본 수출 필요, 일본의 노동 비용 증가
과정	회사령 폐지(1920, 허가제 → 신고제), 일본 상품에 대한 관세 폐지 → 일본 대기업이 본격적으로 한국에 침투

52
1920년대 국내의 실력 양성 운동

일제가 실시한 이른바 '문화 통치'는 무단 통치의 폭력성만 감춘 것뿐이지 실질적으로 일제의 한국인에 대한 감시와 억압은 더욱 정밀하고 조직적으로 이루어졌습니다. 또한 치안 유지법이 모든 한국인의 독립 운동을 탄압하는 전가의 보도처럼 사용되면서 직접적인 독립 운동은 전개되기 힘들었습니다. 따라서 3·1 운동 이후 민족주의자들은 가까운 시일 내에 독립이 어렵다고 생각하고 훗날의 독립을 준비하기 위하여 민족의 실력을 기르는 것이 급선무라 생각하였습니다. 이에 학교 설립 운동, 물산 장려 운동, 문맹 퇴치 운동 등 실력 양성 운동을 전개하였습니다.

일제가 일본 대기업의 자본 침략을 위해 회사령을 신고제(회사령 폐지라고도 함)로 변경하면서 한국인의 회사 설립도 활발해졌습니다. 경성 방직 주식회사, 평양 메리야스 공장 등이 세워졌고, 금융에서는 삼남은행도 설립되었습니다. 그러나 한국인 기업은 자본과 기술에서 우위에 있는 일본 기업과 경쟁하며 점차 어려움에 직면하였습니다. 한국인 자본가 등이 조선 총독부에 한국인 중심의 산업 정책을 추진할 것을 요청하였지만 받아들여지지 않았습니다. 게다가 조선 총독부는 면직물과 주류를 제외한 일본에서 수입되는 모든 상품의 관세를 없애려 하였습니다. 한국인 자본가와 언론은 민족의 경제적 실력 양성을 주장하면서 한국인 자본의 보호와 육성을 대중에게 호소하였습니다. 이에 민족 산업과 자본을 보호·육성하여 민족 경제의 자립을 이루자는 물산 장려 운동이 전개되었습니다.

1920년 조만식 등 민족주의 계열 인사들은 평양에서 조선 물산 장려회를 발족하고 자작 자급을 위한 운동을 펼칠 것을 제창하였습니다. 이어 서울에서도 물산 장려회가 발족되는 등 물산 장려 운동은 전국으로 확산되었고, 청년 단체, 여성 단체도 적극 참여하였습니다. '내 살림 내 것으로', '조선 사람 조선 것으로' 등의 구호를 앞세우며 토산품 애용, 근검 저축, 금주·금연 등을 실천하자고 주장한 물산 장려 운동은 한때 성과를 거두었지만 한국인 기업의 생산량이 수요를 따르지 못해 상품 가격이 올라가는 상황이 발생하였습니다. 또한 물산 장려 운동은 사회주의자들로부터 자본가의 이익만을 위한 이기적인 운동이라는 비판을 받기도 하였습니다. 그 결과 물산 장려 운동은 1923년 여름 이후 침체 상태에 빠졌으나 이후에도 규모가 작으나마 지속되었습니다.

3·1 운동 이후 민족주의자들은 독립을 준비하기 위한 실력을 기르기 위해서는 무엇보다도 교육의 진흥이 중요하다고 보았습니다. 그러나 일제는 한국인에게 노동자 양성을 위한 보통 교육과 실업 교육을 주로 하였고, 고등 교육의 기회는 거의 주지 않았습니다. 조선 교육회 등은 조선 총독부에 고등 보통학교와 대학의 설립을 요구하였으나 받아들여지지 않았습니다. 이에 교육 분야의 실력 양성 운동으로 대학을 설립해 고등 교육을 실현하자는 민립 대학 설립 운동이 추진되었습니다.

1922년에 이상재를 중심으로 서울에서 민립 대학 기성회가 조직되었으며 '한민족 1천만이 한 사람이 1원씩'이라는 구호를 내걸고 대학 설립에 필요한 모금 운동을 펼쳤습니다. 민립 대학 설립 운동은 전국적으로 큰 호응을 얻었으며 만주, 미주 등 해외에서도 모금 운동을 전개하였습니다. 그러나 조선 총독부가 민립 대학 설립을 막기 위해 탄압과 방해를 하였으며, 1924년과 1925년에 걸쳐 남부 지방을 휩쓴 가뭄과 전국적인 수해, 지방 부호들의 참여 저조 등으로 모금 운동이 어려워지면서 민립 대학 설립 운동은 중단되었습니다. 한편 일제는 한국인의 자발적인 대학 설립 운동을 무마하고 친일파를 양성하기 위하여 1924년에 경성 제국 대학을 설립하였습니다.

일제의 차별적인 교육 정책으로 교육 기회를 얻지 못한 한국인 사이에 문맹자가 증가하였습니다. 이에 문자를 보급하여 민중을 계몽하고 생활을 개선하고자 하는 문맹 퇴치 운동이 전개되었습니다. 1920년대에는 학생들을 중심으로 노동자와 농민을 대상으로 문맹 퇴치 활동이 전개되면서 각지에서 야학이 설립되었으며 한글 보급 강습회도 개최되었습니다. 조선일보는 1929년부터 '아는 것이 힘, 배워야산다'라는 표어를 내걸고 문자 보급 운동을 펼쳤습니다. 1930년대 동아일보는 '배우자, 가르치자, 다 함께 브나로드'라는 구호를 제시하며 학생이 참여하는 농촌 계몽 운동인 브나로드 운동을 벌였습니다. '브나로드'란 러시아어로 '민중 속으로'라는 뜻입니다. 조선어 학회도 강습회를 열어 한글 보급에 나섰습니다. 그러나 조선 총독부는 브나로드 운동이 민족 운동으로 전환될 움직임을 보이자 농민들에게 민족의식을 심어 준다는 이유를 빌미 삼아 강제로 중지시켰습니다(1935).

민족 자본의 육성과 근대 교육의 보급, 전근대적인 의식과 관습의 타파를 통한 신문화의 건설 등을 목표로 전개된 실력 양성 운동은 한국 사회의 근대적 발전과 민족 독립의 토대를 마련하려고 노력한 점에서는 역사적 의의가 있습니다. 그러나 1920년대 실력 양성 운동은 사회 진화론과 문명 개화론을 그 바탕으로 삼고 있어서 제국주의의 침략 논리를 수용할 수밖에 없었습니다. 결국 실력 양성 운동은 일제가 허용하는 범위 안에서만 전개되었고, '선 실력 양성, 후 독립'을 내세웠지만 점차 실력 양성만을 강조하는 방향으로 바뀌어 가는 한계를 보여주었습니다. 특히 이광수, 최린, 김성수 등은 독립보다는 자치를 얻는 것이 더 중요하다고 주장하는 자치 운동을 전개하였고, 이 세력들은 1930년대 이후 점차 친일화의 길을 걸었습니다.

한편 일제 강점기에는 왕정을 유지하려는 복벽주의를 극복하고 국민을 기반으로 하는 새로운 형태의 국가를 건설하기 위한 이념인 공화주의가 자리 잡게 되었습니다. 1917년 신규식, 박은식, 신채호 등이 중심이 되어 발표한 '대동단결 선언'에서는 국민 주권의 공화주의 이념을 공식 문서화 하였습니다. 이후 공화주의는 더욱 구체화되었고, 1919년 '기미 독립 선언서'에도 반영되는 등 독립 운동의 보편적인 사상으로 굳어지게 되었습니다. 또한 여성의 권리와 지위 향상을 꾀하는 페미니즘도 널리 확산되었습니다. 이와 같은 사상을 바탕으로 각계각층에서는 다양한 사회 운동이 활발히 전개되었습니다.

실력 양성 운동의 대두

배경	3·1 운동 이후 이른바 '문화 통치'로 식민 통치 방식 변화 → 민족주의 계열에서 독립을 준비하기 위해 장기적인 실력 양성 주장
과정	산업, 교육, 언론, 문화 등의 분야에서 실력 양성 운동 전개

물산 장려 운동

배경	• 한국인 기업은 작은 규모의 제조업이나 상업 수준 → 일본 대기업 자본 침투 저지 불가능 • 회사령 폐지(1920)로 일본 기업과 상품의 한국 침투 가속화, 일본 상품에 대한 관세 철폐 움직임 → 한국인 기업의 위기 고조
목적	민족 기업과 자본을 보호·육성하여 경제적 자립 실현
전개	• 과정 : 평양에서 조만식 등이 조선 물산 장려회 발기(1920) → 전국적으로 확산 (학생과 부인들을 중심으로 단체 조직) • 활동 : 일본 상품 배격, 토산품 애용, 금주·금연, 생활 개선 등 추진 → '내 살림 내 것으로', '조선 사람 조선 것' 등의 구호 제시
결과	• 일제의 탄압과 방해로 큰 성과를 거두지 못함 • 일부 기업가에 의한 토산품 가격 상승 → 자본가와 일부 상인에게만 이익이 된다며 사회주의 계열에서 비판

민립 대학 설립 운동

배경	일제는 한국인에 대해 노동력 양성을 위한 보통 교육과 실업 교육에 치중
목적	대학 설립을 통한 고등 교육 실현
전개	• 시작 : 이상재 등이 조선 민립 대학 기성회 조직 • 모금 운동 : '한민족 1천만이 한 사람이 1원씩'이라는 구호 제시
결과	• 자연재해로 모금 운동의 성과 저조 • 일제의 방해 : 대학 설립을 허가하지 않음, 경성 제국 대학을 설립하여 한국인의 불만 무마 시도

문맹 퇴치 운동

목적	민중에게 문자 보급 → 민중 계몽, 생활 개선
전개	• 야학 운동 : 주로 노동자·농민 대상 • 강습회 개최 : 한글 보급·농촌 계몽 목적 • 문자 보급 운동 : 조선일보사 주도, 한글 교재 보급, '아는 것이 힘, 배워야 산다.' 구호 제시 • 브나로드 운동 : 동아일보사 주도, 농촌 계몽 운동 전개, '배우자, 가르치자, 다 함께 브나로드' 구호 제시

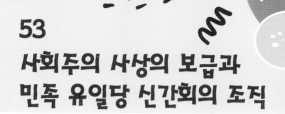

53
사회주의 사상의 보급과
민족 유일당 신간회의 조직

러시아 혁명을 계기로 전 세계적으로 사회주의가 유행하였습니다. 이러한 분위기는 아시아에도 전해졌고, 일본인이나 한국인들에게도 큰 영향을 끼쳤습니다. 군국주의에 바탕을 둔 전체주의 국가인 일본으로서는 평등을 주장하는 사회주의가 확산되는 것이 부담스러웠습니다. 1925년 치안 유지법을 제정하여 일본의 사회주의자와 우리 민족의 독립 운동을 탄압한 것도 그런 이유였습니다.

3·1 운동 이후 식민지 민족에 대한 지원을 내세우는 소련에 기대를 걸면서 연해주와 일본 등지의 한국인 사회에서 사회주의 사상을 적극 수용하였습니다. 국내에서도 3·1 운동 이후 사회주의에 대한 관심이 높아지면서 청년과 지식인층을 중심으로 사회주의 사상이 확산되었습니다. 국내 사회주의자들은 국외 사회주의자들과 긴밀하게 연락하면서 조직을 확대하여 1925년에 조선 공산당을 결성하였습니다.

사회주의 운동은 기존의 민족주의 운동과 추구하는 목표나 방향이 달랐습니다. 농민과 노동자를 단결시켜 일제를 타도하려는 목표와 함께, 사유 재산 제도에 바탕을 둔 자본주의 체제를 부정하는 측면이 있었기 때문이었습니다. 따라서 사회주의 운동은 일제의 극심한 탄압을 받았고, 지주와 자본가가 중심이 된 민족주의 운동과도 갈등을 빚으며 대립할 수밖에 없었습니다.

따라서 1920년대의 민족 운동은 민족주의와 사회주의 계열로 분화되어 전개되었습니다. 그러나 러시아에서 공산주의 세력을 기반으로 한 세계 혁명을 목적으로 창설된 단체인 코민테른이 1920년대 민족주의자와의 협력을 중시하는 방침을 채택하면서 새로운 투쟁 방식이 등장하였습니다. 중국에서 국민당과 공산당이 협력하는 제1차 국·공 합작이 이루어지면서 우리의 국내외 독립 운동 진영에서도 민족 유일당을 건설하려는 움직임이 활발하게 일어났습니다. 중국 베이징에서는 한국 독립 유일당 북경 촉성회가 결성되었고, 만주 지역에서는 3부 통합 운동이 전개되었습니다. 한편 국내에서는 1920년대 일제가 자치 운동을 지원하였고 일부 민족주의자가 일제와 타협하면서 자치권을 얻을 것을 주장하였습니다. 이에 비타협적 민족주의자들은 자치 운동을 비판하면서 즉각적 독립을 주장하면서, 사회주의 세력과 손을 잡으려 하였습니다. 1926년 7월에 비타협적 민족주의 세력과 일부 사회주의 세력이 연합하여 조선 민흥회를 만들었습니다. 한편 치안 유지법으로 직접적인 타격을 받은 사회주의 세력에서도 '정우회 선언'을 발표하여 비타협적 민족주의 세력과의 연대를 주장하였습니다.

이러한 노력의 결과, 1927년에 비타협적 민족주의 세력과 사회주의 세력이 연합한 최초의 합법적인 민족 협동 전선 단체인 신간회가 결성되었습니다. 1927년 2월 신간회는 창립 대회를 열어 회장에 이상재, 부회장에 홍명희를 선출하고 강령을 채택하였습니다. 신간회는 창립되자마자 대중의 열렬한 지지를 받으면서 1928년 말 지회가 143개, 회원 수가 2만 명에 이르는 대중적 정치·사회단체로 성장하였습니다. 신간회는 지회를 중심으로 순회강연을 열어 일제 식민 통치의 야만성을 규탄하고, 노동 운동과 농민 운동, 수재민 구호 활동과 만주 동포 옹호 운동 등 다양한 사회 운동에도 관심을 가지고 지원하였습니다. 또한 1929년에 광주 학생 항일 운동이 일어나자 진상 조사단을 파견하여 지원하였습니다. 더 나아가 민중 대회를 열어 한국 학생에 대한 차별 조치를 강력하게 규탄하려 하였으나 일제의 방해로 큰 타격을 받으면서 새로운 집행부를 구성할 수밖에 없었습니다.

신간회는 결성 직후부터 일제의 심한 탄압을 받았습니다. 그리고 코민테른이 민족주의 세력과 결별하는 노선으로 변경하고, 중국의 국·공 합작이 결렬되는 등 국제 정세도 변화하였습니다. 1930년대에는 신간회 지도부가 우경화되면서 민족주의 세력과 사회주의 세력 간의 노선 갈등도 심해졌습니다. 결국 1931년 5월 전체 대회에서 신간회 해소안을 채택하여 신간회는 해체되었습니다.

이로써 비타협적 민족주의 세력과 사회주의 세력의 협동 전선은 무너졌고, 사회주의자의 합법적인 활동 공간도 사라지고 말았습니다. 이후 비타협적 민족주의 계열은 조선학 운동 등 문화·학술 활동에 주력했고, 사회주의 계열은 혁명적 농민·노동조합을 결성하여 비합법적 반제국주의 항일 투쟁을 활발히 전개하였습니다.

사회주의 사상의 수용

배경	러시아 혁명 성공 이후 레닌이 약소 민족의 해방 운동 지원을 약속
전개	3·1 운동 이후 청년·지식인층을 중심으로 사회주의 사상 확산 → 조선 공산당 결성(1925)
영향	민족 운동 세력이 민족주의 계열과 사회주의 계열로 분화, 일제가 치안 유지법을 제정(1925)하여 탄압

신간회 결성

배경	국내	• 일제의 식민 통치에 타협하는 자치론 등장 : 민족주의 세력의 위기 의식 심화 • 치안 유지법 등 일제의 탄압 : 사회주의 세력의 위기 의식 심화
	국외	중국에서 제1차 국·공 합작 성립 → 국내 민족 운동 세력 자극
전개 과정	계기	6·10 만세 운동 이후 민족 운동 세력의 이념을 초월한 연대 모색 → 조선 민흥회 조직 → 정우회 선언
	결성	• 결성 : 비타협적 민족주의 세력과 사회주의 세력의 연합 • 조직 : 회장에 이상재 선출, 각지에 지회 설치 • 강령 : 정치적·경제적 각성 촉진, 민족의 단결 강화, 기회주의 일체 부인
	활동	• 전국 순회 강연회·연설회 개최 • 농민·노동·여성·형평 운동 등 지원 • 광주 학생 항일 운동을 지원하기 위해 조사단을 파견하고 대규모 민중 대회 계획
해소 및 의의	해소	민중 대회 계획 중 간부들의 체포 → 새로운 지도부가 타협적 민족주의 세력과 협력하려 하면서 내부 갈등 발생, 국제 공산주의 운동(코민테른) 노선의 변화 → 사회주의자들이 이탈하며 해소(1931)
	의의	• 일제 강점기 국내 최대 규모의 민족 운동 단체 • 비타협적 민족주의 세력과 사회주의 세력의 연합

54
1920년대 다양한 대중 운동의 확산

1920년대에 접어들면서 3·1 운동으로 무단 통치를 철회한 일제의 정책 변화와 사회주의 사상의 유입 등으로 1910년대와 다른 분위기가 조성되었습니다. 또한 3·1 운동이 전개되는 과정에서 독립 운동의 주체로 청년들이 부각되었고, 여성의 사회 진출도 활발해지면서 사회·문화면에서 큰 변화가 일어났습니다.

이에 따라 신학문을 배운 청년들을 중심으로 전국에 수많은 청년 운동 단체가 조직되었습니다. 청년 단체들은 토론회, 강연회, 야학과 같은 활동을 통해 민중 계몽 운동을 펼쳤으며, 사회주의 사상의 보급으로 계급 해방을 주장하는 청년 단체들이 많아졌습니다. 이러한 분위기에서 조선 청년 총동맹이라는 전국 단위의 조직이 만들어졌습니다(1924). 청년 단체들도 노동 운동, 농민 운동, 소년 운동 등을 지원하여 대중 운동의 확산에 크게 기여하였으며, 6·10 만세 운동과 광주 학생 항일 운동을 주도하는 역할을 담당하였습니다.

일제 강점기의 어린이들은 부모들로부터 제대로 대우를 받지 못하고, 소유물처럼 취급받기도 하였습니다. 또한 공장과 농촌에서 힘든 노동에 시달리기도 하였습니다. 이에 어린이를 온전한 인격체로 대접하자는 소년 운동이 일어났습니다. 어린이를 중시하라고 가르치던 동학의 2대 교주 최시형의 뜻을 이어받아 천도교는 어린이를 성인과 같이 하나의 인격체로 대하자는 소년 운동을 전개하였습니다. 방정환의 주도로 창립된 천도교 소년회는 1922년 노동절과 같은 날인 5월 1일을 '어린이 날'로 정하고, 어린이 노동의 폐지, 어린이를 위한 사회 복지 마련 등을 주장하였습니다. 소년 운동이 확산되면서 조선 소년 연합회라는 전국적인 조직이 결성되기도 하였습니다(1927). 그러나 1930년대 일제는 소년 운동을 독립 운동으로 간주하여 탄압했고 중·일 전쟁 이후에는 완전히 금지하였습니다.

여성 운동에 있어서는 민족주의 계열 단체와 사회주의 계열 단체로 나누어져 있던 여성 단체들이 신간회 결성을 계기로 통합하여 근우회를 조직하였습니다. '조선 여자의 공고한 단결을 도모함', '조선 여자의 지위 향상을 도모함' 등의 강령을 내세운 근우회는 조선 여자의 공고한 단결과 지위 향상을 위해 노력하였습니다. 또한 국내와 도쿄, 간도 등에 수십 개의 지회를 두고 강연회, 부인 강좌, 야학 등을 통해 노동 여성의 조직화와 여성 계몽에 노력하였습니다. 그러나 근우회는 신간회가 해소되면서 1931년에 해체되었습니다.

갑오개혁 이후 신분제는 철폐되었지만 일제 강점기까지 백정들에 대한 사회적 차별은 여전히 남아 있었습니다. 더욱이 일제는 호적에 붉은 점 등으로 표시하여 그 신분이 드러나게 하였습니다. 이에 백정들은 고기 무게를 잴 때 사용하던 저울을 상징으로 삼아 '저울처럼 형평에 맞는 사회를 만들자'라는 신념 아래 진주에서 조선 형평사를 창립하고 형평 운동을 전개하였습니다(1923). 조선 형평사는 전국으로 조직을 확대하였고, 다른 사회 운동 단체와 연대하여 항일 민족 운동도 전개하였습니다. 그러나 1920년대 말부터 시작된 형평 운동 내부의 이념 갈등과 1930년대 이후 일제의 탄압으로, 결국 조선 형평사는 점차 경제 이익을 추구하는 단체로 변모하면서 형평 운동은 쇠퇴하고 말았습니다.

사회주의가 유입되면서 농민·노동 운동도 활기를 띠기 시작하였습니다. 농민과 노동자들은 일제가 시행한 경제 수탈 정책의 영향으로 많은 어려움을 겪었습니다. 이에 농민들은 암태도 소작 쟁의(1923)와 같은 집단적인 쟁의를 일으켜 소작료 인하와 소작권 이동 반대 운동을 전개하였습니다. 노동자들도 열악한 노동 조건의 개선과 임금 인상, 민족 차별 철폐를 요구하며 원산 총파업(1929)과 같은 파업 투쟁을 펼쳤습니다. 사회주의 운동의 영향으로 쟁의 횟수와 참여 인원은 점차 늘어가면서 1924년에는 조선 노농 총동맹과 같은 전국적인 단체가 조직되었습니다. 이 단체는 1927년에 조선 농민 총동맹과 조선 노동 총동맹으로 분리되어 각각의 입장을 대변하기 위해 노력하였습니다. 일제의 탄압이 심해지자 1930년대의 농민·노동 운동은 점차 생존권 투쟁에서 벗어나 항일 투쟁으로 변화해 갔습니다. 특히 사회주의 세력과의 연대를 강화하여 혁명적 농민·노동조합을 결성하였으며 일제의 탄압에 대항하여 비합법적인 폭력 투쟁을 펼쳤습니다.

한편 일제는 민족 운동에 앞장섰던 종교 단체를 탄압하면서 종교계에 친일 세력을 양성하여 식민 지배에 이용하려 하였습니다. 그러나 3·1 운동에서 중요한 역할을 한 천도교, 개신교, 불교 등 종교계는 일제의 탄압과 회유에 맞서 민족 운동과 사회 운동을 전개하였습니다. 단군 숭배를 내세운 대종교는 국권 피탈 이후 일제의 탄압을 피하여 간도로 옮겨, 중광단을 조직하고 적극적인 항일 무장 투쟁을 전개하였습니다. 천도교는 제2의 독립 선언 운동을 계획하기도 했으며(1922), 〈개벽〉, 〈신여성〉 등 잡지를 발간하여 평등사상과 민족의식을 강화하는데 앞장섰습니다. 불교에서는 한용운 등이 항일 운동에 참여하면서 불교의 대중화에 노력하였고, 조선 불교 유신회를 조직하여 일본의 불교 통제에 맞서 싸웠습니다. 개신교는 교육과 의료 사업 등을 활발히 전개했으며, 일제의 신사 참배 거부 운동을 전개하였습니다. 또한 천주교는 고아원과 양로원을 세우는 등 사회사업을 전개했고, 의민단을 조직하여 항일 무장 투쟁을 전개하기도 하였습니다.

한편 우리나라의 언어인 한글과 역사에 대한 연구도 더욱 활발해졌습니다. 1921년에 이윤재, 최현배 등은 일제의 우리 문화 파괴 정책에 맞서 조선어 연구회를 만들어 한글을 연구하였습니다. 조선어 연구회는 지금의 한글날 전신인 '가갸날'을 제정하였고, 잡지 〈한글〉을 간행하여 한글 연구와 보급 활동에 주력하였습니다. 1931년에는 조선어 연구회를 조선어 학회로 확대·발전시키고, 이후 한글 맞춤법 통일안과 표준어를 제정하는 활동을 전개하였습니다. 또한 일제가 우리말과 글을 사용하지 못하게 탄압하자 우리말 큰사전을 편찬하려 하였습니다. 그러나 일제가 이 활동을 독립 운동으로 간주하여 회원들을 체포·투옥하는 조선어 학회 사건으로 탄압하게 되면서 우리말 큰사전 편찬은 좌절되었습니다.

한편 일제는 식민 사관을 날조하여 국권 피탈과 식민 통치를 합리화하려 하였습니다. 우리 역사를 왜곡함으로써 한국사의 자율적·주체적 발전을 부정하고, 어둡고 부정적인 면을 강조하여 민족의 정체성을 말살하려 하였던 것입니다. 이에 맞서 신채호, 박은식 등은 자주적으로 민족사를 연구하여 민족정신을 바로 세우면 언젠가 독립을 이룰 수 있다고 생각하여 민족주의 역사학을 정립하였습니다. 한편 백남운 등은 사회 경제 사학 연구를 통해 한국사를 세계사적 보편성 위에 체계화하여 한국 사회가 스스로 근대화할 수 없다는 식민 사관의 주장을 비판하였습니다.

다양한 민족 운동

청년 운동	조선 청년 총동맹 결성(1924) : 전국 단위의 청년 운동 단체, 민중 계몽 운동 전개
소년 운동	방정환이 주도한 천도교 소년회 중심, 어린이 날 제정, 잡지 〈어린이〉 발간
여성 운동	• 배경 : 3·1 운동 이후 여성이 민족 운동 및 사회 활동에 적극 참여 • 근우회 결성(1927) : 신간회 자매 단체로 여성 계몽 활동, 기관지 〈근우〉 발행
형평 운동	• 배경 : 백정에 대한 사회적 차별(신분제는 갑오개혁 때 폐지) • 조선 형평사 결성(1923) : 진주의 백정 주도 → 평등 사회의 실현 추구, 인권 보장 요구, 노동·농민 운동과 연대

농민 운동과 노동 운동

구분	농민 운동	노동 운동
배경	일제의 경제 수탈 정책, 사회주의 사상의 유입	
계기	고율의 소작료, 세금 등 부담 증가	저임금, 장시간 노동 등 열악한 노동 환경
대표 단체	조선 농민 총동맹(1927)	조선 노동 총동맹(1927)
1920년대 특징	소작료 인하와 소작권 이동 반대 등 요구, 암태도 소작 쟁의(1923)가 대표적	임금 인상과 노동 조건 개선 등 요구, 원산 총파업(1929)이 대표적
1930년대 특징	농민과 노동자들이 사회주의 세력과 연계하여 항일 투쟁 강화 → 일본 제국주의 타도, 토지 개혁 등 주장	
의의	초기에는 생존권 투쟁이었으나 점차 제국주의에 반대하는 항일 투쟁으로 발전	

종교계의 활동

천도교	제2의 독립 선언 운동 계획, 소년 운동 주도, 〈개벽〉 발간
대종교	나철 창시, 단군 숭배, 북간도에서 중광단 결성 → 북로 군정서로 계승
불교	일제가 사찰령을 제정하여 탄압 → 한용운 등이 민족 불교 전통을 수호하기 위해 노력
개신교	교육 운동 전개(사립학교 설립), 신사 참배 거부 운동 전개
천주교	고아원·양로원 설립 등 사회 사업, 잡지 발간 등 계몽 활동 전개

한글 연구

1920년대	조선어 연구회(1921) : 가갸날 제정, 잡지 〈한글〉 간행
1930년대	조선어 학회(1931) : 한글 맞춤법 통일안과 표준어 제정, 우리말 큰사전 편찬 사업 추진 → 조선어 학회 사건(1942)으로 강제 해산

한국사 연구

식민 사관	목적	식민 통치의 정당성 선전, 우리 민족의 자긍심 차단 → 독립 의지 약화 시도
	내용	정체성론, 당파성론, 타율성론 → 조선사 편수회를 통해 식민 사관 유포
한국사 연구	민족주의 사학	• 한국사의 독자성과 주체성 강조, 독립 운동의 한 방법으로 역사 연구 • 박은식 : 《한국통사》, 《한국독립 운동지혈사》 국혼 강조 • 신채호 : 《조선사연구초》, 《조선상고사》 낭가 사상 강조, 고대사 연구 • 정인보, 안재홍 등에게 계승 → 조선학 운동 전개
	사회 경제 사학	• 유물 사관 수용, 세계사의 보편적 발전 법칙에 따라 한국사 체계화 • 백남운 : 《조선사회경제사》 → 식민 사관의 정체성론 비판
	실증 사학	• 객관적 사실 강조 → 사료 비판과 해석을 통해 역사·문화 연구 • 이병도 등이 진단 학회 결성, 〈진단 학보〉 발간

- 정체성론 : 한국의 역사는 고대 사회 수준에 머물러 있는 상황으로, 중세를 거쳐 근대로까지 발전하지 못했다는 내용
- 당파성론 : 붕당 정치로 인해 조선이 발전하지 못했다고 보는 관점으로 붕당 정치를 단순한 당파 싸움으로 규정한 내용
- 타율성론 : 한국의 역사가 주체적 발전 없이 주변 국가의 자극과 지배의 영향을 받아 타율적으로 이루어졌다는 내용

55
1920년대 학생 운동의 전개

3·1 운동에 적극적으로 참여한 이후 자신들이 독립 운동의 주체가 될 수 있다는 점을 깨달은 학생들은 조선 학생회를 조직하면서 항일 투쟁을 준비하였습니다. 또한 학생들은 동맹 휴학 등을 벌여 일제의 식민지 교육에도 꾸준하게 저항하였습니다. 1920년대 중반에는 사회주의 세력이 성장하면서 학생 운동에도 영향을 끼쳤습니다.

1926년 4월 대한 제국의 마지막 황제인 순종이 죽으면서 민족 운동은 새로운 국면을 맞이하게 되었습니다. 천도교를 중심으로 하는 민족주의자들과 조선 공산당을 중심으로 하는 사회주의자들은 각각 순종의 인산일(장례일)인 6월 10일에 만세 시위를 계획하였습니다. 그러나 사회주의 계열의 시위 계획이 일제에 발각되면서 조선 공산당은 큰 타격을 받았고, 민족주의자들까지 수많은 애국지사가 검거되면서 위기를 맞았습니다. 반면 다행스럽게도 사회주의자들의 지도 아래 학생 운동을 이끌던 조선 학생 사회 과학 연구회 등 학생 운동 단체들의 움직임은 발각되지 않았습니다.

일제는 순종의 인산일에 일어날 수 있는 만약의 사태에 대비하여 경성(서울) 지역에 삼엄한 경비를 펼쳤습니다. 그러나 학생들은 예정대로 미리 준비한 격문을 뿌리며 경성 곳곳에서 만세 운동을 벌였습니다(6·10 만세 운동). 인산 행렬에 참여한 시민들이 가세하면서 시위가 확산되어 순종의 장례가 지나가는 곳마다 학생과 시민들의 만세 운동이 일어났습니다. 일제가 시위를 강경하게 진압하면서 1,000여 명의 부상자가 발생하였고, 200명 이상이 검거되었습니다.

6·10 만세 운동은 준비 과정에서 천도교 등 민족주의 계열과 사회주의 계열이 함께 참여하는 통합된 독립 운동의 필요성을 절감하는 계기가 되었습니다. 이는 민족 유일당 운동이 추진되어 신간회가 결성되는 데 영향을 주었으며, 학생들이

주도하는 항일 운동이 더욱 활발해지는 계기가 되었습니다.

6·10 만세 운동을 계기로 전국의 중등학교에는 독서회가 조직되었고, 전남 광주의 성진회와 같이 학생 운동을 지도하는 비밀 결사 형태의 조직들이 만들어졌습니다. 이후 학생 운동은 학내 문제의 개선을 요구하는 것을 넘어 점차 식민지 교육 철폐, 한국인 본위의 교육 제도 확립, 한·일 학생 간의 차별 철폐 등을 요구하며 동맹 휴교를 전개하면서 학생들의 계급 의식과 민족 의식을 고양시켰습니다.

이러한 상황에서 전라도 광주에서 한·일 학생 사이에 충돌이 일어났습니다. 광주발 통학 열차 안에서 일본인 남학생이 한국인 여학생을 희롱하여 문제가 생겼는데, 나주에 도착했을 때 한·일 학생들의 충돌로 이어졌습니다. 학생 간의 충돌을 진압한 일제 경찰은 사건을 일본인 학생에게 유리하게 처리하면서 한국인 학생들의 불만은 높아졌습니다. 1929년 11월 3일에 열린 일왕의 생일 기념식으로 한국 학생들의 반일 감정이 높아진 가운데 다시 한·일 학생 사이에 충돌이 일어났습니다. 이에 광주 지역의 학생들은 격문을 뿌리며 궐기하였습니다(광주 학생 항일 운동). 광주에서 시작된 항일 학생 운동은 목포와 나주로 확산되었으며, 12월에는 경성 지역까지 확대되었습니다. 이에 신간회 중앙 본부는 시위를 전국적인 대중 운동으로 확산시킬 목적으로 민중 대회를 개최하려 하였으나 일제의 탄압으로 대회는 무산되었습니다. 광주 학생 항일 운동에는 1930년 4월까지 194개 학교에서 5만 4,000여 명의 학생들이 시위에 참여하였고, 이 가운데 5,000여 명의 학생들이 구속되거나 퇴학 또는 무기정학을 당하였습니다.

'식민지 교육 철폐', '일본 제국주의 타도', '민족 해방'을 주장한 광주 학생 항일 운동은 3·1 운동 이후 최대 규모의 민족 운동이었으며, 이후의 학생 운동에도 큰 영향을 끼쳤습니다. 또한 기존의 동맹 휴교라는 방식에서 가두 시위를 전개하는 방식으로 전환하였다는 점에서 이전의 학생 운동과는 아주 다른 성격을 보여주는 사건이었습니다.

6·10 만세 운동

배경	순종의 서거, 학생 세력과 사회주의 세력의 성장, 일제의 수탈과 식민지 교육에 대한 반발
전개	• 준비 : 사회주의 계열, 천도교 계열, 학생 단체가 순종의 인산일에 맞추어 대규모 만세 시위 계획 → 일제 경찰에게 발각되어 지도부(사회주의 계열과 천도교 계열)가 사전 검거됨 • 만세 운동 : 발각되지 않은 학생 단체가 중심이 되어 격문을 나누어 주며 시위 전개
의의	• 학생 운동 세력이 민족 운동의 중심으로 부상 • 민족주의 계열과 사회주의 계열 간의 연대 계기 → 민족 협동 전선(민족 유일당) 운동으로 연결

광주 학생 항일 운동

배경	• 일제의 식민지 차별 교육 : 일본어 교육 강화, 한국사와 한국어 교육 무시 → 학생들의 불만 고조 • 학생 운동 조직화 : 6·10 만세 운동 이후 독서회 등 학생 조직 확대
발단	광주의 통학 기차 안에서 일본인 남학생이 한국인 여학생을 희롱한 사건을 계기로 한·일 학생 간의 충돌 발생 → 일제 경찰이 일본 학생에게 유리하게 처리
전개	광주 지역 학생 총궐기 → 신간회를 비롯한 여러 사회단체의 지원으로 전국적인 규모의 항일 운동으로 확산
의의	3·1 운동 이후 최대 규모의 항일 민족 운동

56
1920년대 무장 독립 투쟁

　3·1 운동 이후 국내외에서 활동하던 독립 운동가들은 독립을 쟁취하기 위해서는 더욱 강력한 무장 조직이 필요하다고 생각하였습니다. 국내에서는 일제의 탄압을 무릅쓰고 여러 독립군 부대가 결성되어 활동하였습니다. 평안북도 의주 천마산의 천마산대와 동암산의 보합단, 황해도 일대의 구월산대가 조직되어 일제 식민 기관 파괴, 친일파 처단, 군자금 모집 등의 활동을 하며, 일제 군경과 전투를 벌이기도 하였습니다. 그러나 이 시기 대부분의 항일 무장 투쟁은 만주와 연해주를 중심으로 활발히 이루어졌습니다. 서간도 지역에서는 신흥 무관 학교 출신을 중심으로 한 서로 군정서, 대한 독립단 등이, 북간도 지역에서는 국민회군과 대한 독립군, 대종교가 중심이 된 북로 군정서 등이 조직되었습니다. 만주 일대의 독립군도 압록강과 두만강을 건너와 일본 군경과 전투를 벌이고 식민 통치 기관을 파괴하였으며, 군자금 모금, 친일파 처단 등의 활동을 펼쳤습니다. 국권 피탈 이전부터 활약하던 홍범도가 이끄는 대한 독립군은 함경남도까지 진출하여 일제에 많은 피해를 입혔습니다. 독립군의 국내 진입 작전에 계속 시달리던 일본군은 1개 대대 병력을 동원하여 두만강을 건너 독립군을 공격해 왔습니다. 이에 1920년 6월 홍범도의 대한 독립군, 최진동의 군무도독부군, 안무의 국민회군 등이 연합 부대를 편성하고, 봉오동 주변에 매복하고 있다가 추격해 오는 일본군을 기습 공격하여 크게 승리하였습니다(봉오동 전투).

　봉오동 전투에서 대패한 일제는 대규모 병력을 동원하여 만주 지역 독립군을 전멸하려 공격해 왔습니다. 일제는 마적들을 시켜 일본인을 공격하게 하여 독립군에게 모함을 씌운 훈춘 사건을 구실로 만주 지역에 대군을 동원하여 독립군을 공격하였습니다. 훈춘 사건을 조작한 이유는 당시 만주는 중국 땅이었으므로 일본 군대가 함부로 출병할 수 없었기 때문이었습니다. 북간도 지역에 있던 북로 군정서, 대한 독립군, 국민회군 등은 일본군의 계획을 미리 알고 있었으므로 근거지를 떠나 청산리 지역으로 이동하였습니다. 그리고 김좌진이 이끄는 독립군 부대와 홍범도가 이끄는 독립군 부대는 연합 부대를 형성하여 유리한 지점에서 대비하였습니다. 독립군 연합 부대는 추격해 온 일본군을 청산리 일대로 유인하여 1920년 10월 21일부터 26일까지 10여 차례의 크고 작은 전투에서 일본군을 크게 무찔렀습니다(청산리 대첩). 봉오동 전투보다 더 큰 승리를 거두면서 독립군은 일제의 공격을 저지하였으며, 한국인에게 독립에 대한 자신감을 키워 주는 계기가 되었습니다.

만주에 출병한 일본군은 청산리 대첩을 전후해서 독립군의 근거지를 없앤다는 명분으로 간도의 한인 마을에 들어가 우리 동포를 무차별 학살하고, 집과 학교·교회 등을 불태우는 반인륜적 만행을 저질렀습니다(간도참변). 이후 일제의 만행이 계속되자 간도 지역의 독립군은 소련과 만주의 국경 지대인 밀산부에 집결하여 서일을 총재로 대한 독립 군단을 조직하였습니다. 이들은 1921년 6월 러시아 영토인 자유시(스보보드니)로 이동하였습니다. 그러나 독립군 내부의 민족주의계와 사회주의계 간의 주도권 다툼과 러시아 적군의 무장 해제 요구에 따른 발포 등으로 수백 명의 독립군이 희생되는 큰 피해를 입고 말았습니다(자유시 참변). 이후 일부 독립군 부대는 만주로 돌아와 만주 지역에 있던 독립군들과 함께 전열을 재정비하여 참의부, 정의부, 신민부의 3부를 조직하였습니다. 3부는 만주의 동포 사회를 이끌어 가는 민정 조직과 독립군의 훈련 및 작전을 담당하는 군정 조직을 갖춘 공화주의 자치 정부의 성격을 지녔습니다. 그러나 일제는 독립군을 탄압하기 위해 만주 군벌과 중국 관리가 한국의 독립 운동가를 체포하여 일본으로 넘기면 대가를 지불하는 미쓰야 협정을 체결하여 만주 지역 독립군을 위협하기도 하였습니다.

한편 1920년대 후반에는 민족 유일당 운동의 영향으로 3부 통합 운동이 전개되어 국민부와 혁신 의회의 두 세력으로 재편되었습니다. 남만주에서 국민부는 조선 혁명당을 결성하고 그 아래 조선 혁명군을 두어 남만주 일대에서 활동하였고, 북만주에서는 혁신 의회가 해체된 이후 지청천, 신숙 등이 한국 독립당을 결성하고 한국 독립군을 조직하여 활동하였습니다. 그리하여 만주사변이 일어난 후 1930년대 초반 만주의 항일 독립 전쟁은 조선 혁명군과 한국 독립군이 중국군과 연합하여 주도적 역할을 담당하였습니다.

1920년대 국내 항일 무장 투쟁

평안북도 지역	천마산의 천마산대, 동암산의 보합단
황해도 지역	구월산의 구월산대

1920년대 초반 독립군 부대의 승리

봉오동 전투 (1920. 6)	배경	독립군의 활발한 국내 진공 작전 전개 → 일본군이 독립군 근거지 공격
	참가 부대	대한 독립군(홍범도), 군무 도독부(최진동) 등 독립군 연합 부대
	전개	봉오동에서 매복 작전으로 일본군 격퇴
청산리 전투 (1920. 10)	배경	봉오동 전투에서 패한 일본군이 대규모 부대를 만주에 파견
	참가 부대	북로 군정서(김좌진), 대한 독립군(홍범도) 등 독립군 연합 부대
	전개	일본군과 청산리 일대(백운평, 완루구, 어랑촌, 고동하 등지)에서 6일간 전투를 벌여 크게 승리

1920년대 초반 독립군 부대의 시련

간도 참변 (1920)	배경	봉오동 전투, 청산리 대첩 전후에 독립군 근거지를 소탕하다는 평계
	내용	일제가 간도 지역의 한인에 대한 무차별 학살 자행
	영향	독립군의 이동 : 청산리 대첩 이후 독립군이 밀산으로 집결 → 러시아령 자유시(스보보드니)로 이동
자유시 참변 (1921)	배경	독립군 내부의 분쟁, 러시아 적군과의 갈등
	내용	러시아 적군에 의해 독립군 강제 무장 해제, 수백 명 희생
	결과	생존자 일부는 만주 귀환

독립군 부대의 재정비

배경	간도 참변과 자유시 참변으로 약화된 독립군 정비 및 역량 강화 노력
3부 성립	• 조직 : 참의부(대한민국 임시 정부 직속), 정의부, 신민부 • 특징 : 민정 기관과 군정 기관을 모두 갖춘 공화주의 자치 정부 성격

3부 통합 운동

배경	국내외에서 민족 협동 전선 운동 전개 → 3부 통합의 필요성 제기
결과	• 북만주 : 혁신 의회 성립 → 혁신 의회 해체 → 한국 독립당(한국 독립군 결성) • 남만주 : 국민부 성립 → 조선 혁명당(조선 혁명군 결성)

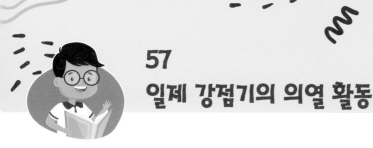

57
일제 강점기의 의열 활동

3·1 운동 이후 국내외 독립군 부대의 활약과 더불어 일제 요인과 친일파 처단, 식민 통치 기관의 파괴 등의 의열 투쟁을 통해 독립 운동을 전개하는 단체들이 조직되었습니다. 대표적으로 의열단과 한인 애국단을 꼽을 수 있습니다.

1919년 11월에 만주 지린에서 김원봉, 윤세주 등이 중심이 되어 결성된 의열단은 근거지를 베이징으로 옮긴 후 본격적인 의열 투쟁에 나섰습니다. 의열단은 일제의 감시망을 피하기 위해 비밀 조직으로 운영되었습니다. 의열단원 중에서 김익상, 김상옥, 나석주 등은 국내에 침투하여 각각 조선 총독부, 종로 경찰서, 동양 척식 주식회사에 폭탄을 투척함으로써 의열단의 이름을 널리 알렸습니다. 의열단은 무정부주의적인 경향을 보였으며, 김원봉의 요청으로 신채호가 작성한 '조선 혁명 선언'을 활동 지침으로 삼아 일제 요인 처단과 식민 통치 기관 파괴 등에 주력하였습니다. 의열단의 활동은 동포들에게 항일 의식과 독립에 대한 희망을 심어 주기에 충분하였습니다. 그러나 1920년대 후반부터 의열단은 의열 활동만으로는 독립이 어렵다고 판단하고, 체계적인 혁명 훈련과 간부 조직에 착수하였습니다. 김원봉을 중심으로 핵심 의열단원들은 중국 국민당 정부가 운영하던 중국의 황푸 군관 학교에 입학하여 정규 군사 훈련을 받았습니다. 이후 1930년대에는 독립 운동 지도자 양성을 위해 중국 국민당 정부의 지원으로 조선 혁명 간부 학교를 세워 운영하였습니다. 또한, 중국 관내 독립 운동 단체를 통합한 민족 혁명당 설립을 주도하기도 하였습니다.

의열단이 활발한 활동을 벌이고 있을 즈음 대한민국 임시 정부는 국민 대표 회의가 아무런 성과 없이 결렬되면서 어려움을 겪게 되었습니다. 게다가 일제의 만주 침략으로 독립군의 활동에 제약이 많아졌습니다. 이에 김구는 대한민국 임시 정부의 어려운 상황을 극복하고, 독립 운동에 활력을 불어넣고자 1931년 한인 애국단을 조직하였습니다. 한인 애국단의 이봉창은 1932년 1월 도쿄에서 일왕이 탄 마차에 폭탄을 던졌습니다. 비록 이 의거는 실패하였으나 일본은 물론 중국도 한국인의 독립 의지에 크게 놀랐습니다. 일제는 이 사건을 다룬 중국 신문의 내용을 빌미로 상하이를 기습 공격하여 점령하고(상하이 사변), 훙커우 공원에서 일왕의 생일 및 상하이 점령 기념 축하식을 열었습니다. 이때 한인 애국단의 윤봉길이 단상에 폭탄을 던져 많은 일본군 장성과 고관 다수를 살상하였습니다(1932. 4.). 이 의거는 국내외의 큰 관심을 불러일으켰으며, 특히 중국인에게 큰 감명을 주었습니다. 중국 국민당 정부는 윤봉길의 의거를 높이 평가하여 대한민국 임시 정부를 인정하고 지원을 강화하였습니다. 그러나 대한민국 임시 정부는 상하이를 점령한 일제의 감시와 탄압을 심하게 받게 되어 상하이를 떠날 수밖에 없었습니다.

의열단

조직	김원봉, 윤세주 등이 중심이 되어 만주에서 비밀 결사로 조직(1919) → 베이징으로 이동 후 활동 착수
활동	• 활동 지침 : 신채호가 작성한 '조선 혁명 선언' → 폭력 투쟁을 통한 민중의 직접 혁명을 추구 • 일제의 주요 인물 처단, 식민 통치 기관 파괴 등의 의거 활동 전개(김익상, 김상옥, 나석주 등)
변화	• 배경 : 개별적인 의거 활동의 한계 인식 → 체계적이고 대중적인 무장 투쟁 준비 • 내용 : 김원봉 등의 핵심 단원들이 황푸 군관 학교에 입학 → 조선 혁명 군사 정치 간부 학교 설립(독립군 간부 양성 목적) → 1930년대 중국 관내에서 민족 혁명당 결성 주도

한인 애국단

배경	대한민국 임시 정부의 활동 침체, 만주 사변으로 독립군 활동 위축, 만보산 사건으로 한국과 중국 농민 간의 충돌
결성	대한민국 임시 정부의 침체를 극복하기 위해 김구가 상하이에서 결성(1931)
활동	이봉창의 일왕 암살 시도(1932), 윤봉길의 상하이 훙커우 공원 의거(1932)
영향	대한민국 임시 정부에 대한 중국 국민당 정부의 적극적인 지원 계기

58
1930년대 이후 일제의
식민 통치(민족 말살 통치)와 경제 수탈

　미국은 제1차 세계 대전 이후 세계 경제의 중심 국가가 되었습니다. 하지만 1929년에 미국 뉴욕의 증권 거래소에서 주식 가격이 폭락하면서 대공황이 시작되었고, 곧 전 세계로 영향을 끼쳐 세계의 경제 상황은 극도로 악화되었습니다. 미국을 비롯한 영국, 프랑스 등 제1차 세계 대전 승전 국가들은 국내의 경제 정책을 바꾸고, 기존의 식민지를 수탈하는 블록 경제권을 형성하여 대공황을 극복하여 갔습니다. 그러나 독일, 이탈리아, 일본은 후발 자본주의 국가로서 국내 시장이 좁고 식민지가 적어 만성적 경제 위기를 겪었습니다. 이에 경제 위기를 틈타 전체주의가 퍼지면서 이탈리아에서는 무솔리니의 파시스트당이, 독일에서는 히틀러의 나치당이 정권을 장악하였습니다. 일본에서도 군부 강경파의 주도로 군국주의 체제가 가속화 되었습니다. 이들 전체주의 국가는 선진 자본주의 국가들이 블록 경제를 형성하여 해외 진출이 어려워지자 침략 전쟁으로 경제 위기를 극복하려 하였습니다. 독일, 이탈리아, 일본은 방공 협정을 맺고, 주변 국가를 본격적으로 침략하기 시작하였습니다. 결국 1939년에 독일이 폴란드를 침공하면서 제2차 세계 대전이 시작되었습니다.

　일제는 만주를 점령하고 중국으로 침략 전쟁을 확대하면서 한국인의 민족 의식을 말살하여 침략 전쟁에 본격적으로 동원하려는 정책을 시행하였습니다. 이에 일제는 '내선일체(일본과 조선이 하나)', '일선 동조론(일본인과 한국인의 조상은 같다)' 같은 터무니없는 주장을 내세우면서 한국인을 일본인으로 동화시키려는 민족 말살 정책(황국 신민화 정책)을 시행하였습니다. 일제는 한국인들을 세뇌하려 어린 학생에게까지 '황국 신민 서사'라는 충성 맹세문을 억지로 외우게 하였으며, 매일 아침 마다 일본 궁성을 향해 허리 숙여 절하며 경의를 표하는 궁성요배를 강요하였습니다. 또한 전국 곳곳에 일본 왕실의 조상이나 침략 전쟁의 전사자를 신으로 하는 신사를 세우고 참배할 것도 강요하였습니다. 이를 거부하는 사람은 갖은 방법을 동원하여 억압하였으며, 감옥에 보내기도 하였습니다. 소학교의 명칭도 '황국 신민 학교'라는 의미의 '국민학교'로 바꾸었습니다. 이와 더불어 일제는 한국인의 성과 이름을 일본식으로 바꾸도록 강요하였습니다. 이를 거부하면 자녀를 학교에 보낼 수 없었고 식량 배급도 받지 못하였습니다.

한편 중·일 전쟁(1937) 이후 일제는 민족 말살 정책을 더욱 강화하면서 학교와 관공서에서 한국어 사용을 금지하고 일본어만을 사용하도록 강제하였습니다. 학교 수업에서 조선어 과목이 사실상 폐지되었고, 우리말로 발행되고 있던 조선일보, 동아일보 등의 신문도 폐간하였습니다. 또한 1942년에는 조선어 학회 사건을 일으켜 '우리말 큰사전' 편찬을 준비하고 있던 조선어 학회 회원들을 치안 유지법 위반으로 구속하고 조선어 학회를 해산하였습니다.

일제는 침략 전쟁에 한국인을 이용하기 위해 친일파를 활용하였습니다. 식민지 경제 체제 아래에서 성장한 자본가나 지주, 교육자, 종교인, 언론인, 문인, 예술가 등이 일제의 침략 전쟁에 적극 부응하는 모습을 보여주었습니다.

일제는 대공황을 겪으면서 농업 수탈에 중점을 두었던 식민지 경제 정책을 농업과 함께 공업·광업 분야로 수탈 대상을 확대하였습니다. 이러한 정책 변화는 한국의 값싼 노동력과 자원을 효율적으로 수탈하고, 한반도를 침략 전쟁에 필요한 군수 물자를 공급하는 병참 기지로 만들려는 목적이었습니다. 1930년대에 일본의 독점 자본이 한국의 중화학 공업과 광업 부분에 대거 진출하면서 식민지 공업화가 빠르게 이루어졌으며, 지하자원이 풍부한 북부 지방에 대규모 공장이 세워졌습니다. 일제의 식민지 공업화로 산업 간의 불균형이 심화되었고, 지역에 따른 공업 격차도 벌어지게 되었습니다. 한편 일제는 1930년대 초 대공황으로 어려움을 겪던 일본 방직업자에게 원료를 공급하기 위해 산미 증식 계획을 중단하고, 남쪽에는 면화를 키우고 북쪽에는 양을 기르도록 하는 남면북양 정책을 실시하였습니다.

대공황으로 농민층이 몰락하고 소작 쟁의가 빈번하게 벌어지자 일제는 농촌을 효율적으로 통제하기 위하여 농촌 진흥 운동을 전개하였습니다. 이 운동은 농민의 권익 신장이나 자립 지원은 등한시하였고, 일본인을 본받아 '게으르고 무지한 한국인의 민족성을 개조해야 한다'라는 정신 운동으로 추진되었습니다.

황국 신민화 정책

목적	일제가 침략 전쟁을 확대하면서 한국인의 민족의식을 말살하여 한국인을 침략 전쟁에 동원하기 위해 실시
내용	• 내선일체 강조, 일선동조론 주장 • 황국 신민 서사 암송, 신사 참배, 궁성 요배, 일본식 성명 사용 등 강요 • 한국어 교육을 사실상 금지하고 일본어 사용 강요 • 소학교의 명칭을 국민학교로 개칭(1941)

언론과 학문 활동 탄압

언론	조선일보·동아일보 폐간(1940)
학문	조선어 학회 사건(1942) : 우리말 큰사전 편찬을 준비하고 있던 조선어 학회 회원들을 치안 유지법 위반으로 구속하여 탄압

식민지 공업화 정책

배경	대공황(1929) 이후 일제의 침략 전쟁 확대
목적	전쟁에 필요한 물자의 원활한 공급(병참 기지화)
내용	북부 지방에 중화학 공업 집중 육성(중·일 전쟁 이후 본격화)
한계	산업 간 불균형 심화(소비재 생산 위축, 군수 산업 위주), 공업 생산이 북부 지방에 편중

농업 정책

남면북양 정책	대공황 이후 일본 방직 산업의 원료 확보를 위해 남부에 면화 재배, 북부에 양 사육 강요
농촌 진흥 운동 (1932~1940)	소작 쟁의 등이 확대되자 소작 조건 개선 및 농가 경제 개선 계획 등을 내세웠으나, 실질적으로는 농촌을 통제하고 식민지 지배 체제 안정 추구 목적으로 시행

59
징병과 징용

중·일 전쟁을 일으킨 일제는 1938년에 국가 총동원법을 제정하고 한국에도 본격적으로 적용하여 인력과 물자를 수탈하였습니다. 또한 한국인을 침략 전쟁에 동원하기 위하여 국민 정신 총동원 운동을 펼쳐 전쟁 동원 체제를 더욱 강화하였습니다. 일본인과 한국인을 비롯한 식민지인을 강제로 전쟁에 동원하기 위하여 국민 징용령을 제정하여 한국에서도 본격적으로 징용을 실시하였습니다. 또한 국민정신 총동원 운동을 국민 총력 운동으로 전환하여 조선 총독이 직접 관장하면서, 생산력 확충 및 증산과 공출 등 한국인에 대한 물질적 수탈을 더욱 강화하였습니다.

일제는 침략 전쟁에 필요한 병력이 모자라자 한국의 청년을 조직적으로 동원하였습니다. 1938년에는 지원병제를 실시하여 한국인을 전쟁에 동원하였고, 태평양 전쟁으로 전선이 확대되자 1943년에는 학도 지원병제를 시행하여 많은 학생까지 전쟁터로 끌고 갔습니다. 일제는 '지원'이라는 표현을 사용하여 자발성을 강조하였지만 사실상 강압이나 회유로 한국인을 전쟁에 동원한 것이었습니다. 일제는 1944년에는 징병제를 실시하여 전쟁이 끝날 때까지 수많은 한국인 청년을 전쟁터로 끌고 갔습니다. 친일파로 변절한 이광수, 최남선, 김활란 등은 한국인이 전쟁에 참가하는 것이 자치권이나 참정권을 얻는 데 도움이 된다고 주장하면서 한국인의 전쟁 참가를 앞장서서 선동하였습니다.

일제는 전투 병력뿐 아니라 노동력도 강제로 동원하였습니다. 1939년에 국민 징용령을 실시하여 알선이나 모집의 미명 아래 광산, 비행장, 군수 공장 등지로 청·장년들을 끌고 가 강제 노동을 시켰습니다. 태평양 전쟁의 막바지였던 1944년에는 국민 징용령을 다시 개정하여 한국인을 본격적으로 강제 동원하였습니다. 이 시기 강제 징용된 사람들의 수는 수백만 명을 헤아렸습니다. 강제 동원된 사람들은 주로 농민 출신으로 한반도뿐 아니라 일본, 사할린, 동남아시아 등의 광산, 건설

현장, 군수 공장 등에 끌려가 혹독한 노동에 시달렸습니다.

남성들이 강제로 동원되어 일손이 부족해지자 여자 근로 정신대를 조직하여 여성의 노동력까지 수탈하였습니다. 법적 근거 없이 시행되던 여성 노동력 동원은 1944년에 여자 정신 근로령이 제정되면서 더욱 본격화되었습니다. 동원 과정에서 일제는 국민학교 고학년 이상의 학력을 가진 12세 이상 40세 미만의 미혼 여성들에게 '더 공부할 기회를 주겠다', '많은 돈을 벌게 해 주겠다' 등의 감언이설로 근로 정신대로 유인하였으며, 교사나 주변 인물을 통해 강권하기도 하였습니다. 동원된 사람들은 강제 징용된 남성들과 마찬가지로 한국과 일본의 군수 공장 등에서 장시간 노동에 시달렸으며, 강제 노역을 하거나 임금을 제대로 받지 못하는 등 부당한 대우를 받았습니다. 한편 일제는 '군 위안소'를 설치하고, 10대 여성을 비롯한 젊은 여성들에게 속임수나 강제를 써서 중국과 남양 군도 등 전쟁 지역으로 끌고 가 일본군 '위안부'라는 이름으로 끔찍한 삶을 강요하였습니다.

한편 일제는 전쟁에 필요한 물자 수탈에도 더욱 박차를 가하였습니다. 중요 산업 통제법을 제정하여 지하자원 개발, 가공 공업, 인조 석유 공업 등 주요 업종에 대한 통제 경제를 실시하였습니다. 전쟁이 확대되면서 식량 및 군량의 부족을 해결하기 위하여 산미 증식 계획을 다시 시작하였고(1938), 농가마다 목표량을 정해 미곡 공출제와 식량 배급제를 실시하였습니다. 또한 농기구, 놋그릇, 수저부터 교회와 사찰의 종 등 무기를 만들 수 있는 모든 물자는 공출이란 이름으로 약탈하여 군수 물자를 생산하였으며, 부족한 연료를 보충하기 위해 학생까지 동원하여 소나무에서 송진까지 채취하도록 하였습니다. 일제 강점기 내내 일제의 수탈로 한국인의 생활은 어려웠지만 특히 중·일 전쟁 이후 한국인의 궁핍은 절대적이었습니다. 이런 와중에도 친일파 중에서는 군수 물자를 자발적으로 헌납하는 등 전쟁에 적극적으로 협력하는 친일 매국노도 많았습니다.

일제의 징용 만행

일제의 총동원령으로 수 많은 한국인이 일본 등 각지의 광산·발전소·철도·도로·군수 공장과 군사기지 공사, 포로 감독의 군요원, 종군 위안부 등으로까지 동원되어 가족들에게 소식도 전하지 못한 채 가혹한 조건 밑에서 혹사당했습니다. 일제 강점기에 강제노동에 동원된 한국인은 일본·사할린·남양군도를 합쳐 72만여 명에 달했으며, 조선 안에서도 근로보국대 등으로 동원된 도내 동원 414만여 명을 제외하고도 관청 알선 40만여 명, 현원 징용 26만여 명, 일반 징용 4만여 명 등 70만여 명에 이르렀습니다. 이는 조선인 전체 인구의 5.6%에 달하며, 도내 동원까지 포함하면 전체 조선인의 21.9%에 해당하였습니다. 이는 중·일 전쟁부터 태평양 전쟁기 동안 일제는 한국인을 가혹하게 수탈한 증거라 할 수 있습니다. 결국 한국인은 일본에 속박된 노예와 같은 생활에 시달린 것입니다.

그럼에도 현재 일본 정부는 일본군 '위안부'뿐 아니라 강제징용에 대해서도 전혀 인정하지 않고 있으며, 오히려 한국 사법부의 강제징용 배상 판결을 인정하지 않는 파렴치한 태도를 보이고 있습니다.

더 큰 문제는 우리나라의 일부 학자들이 강제징용에 대해 일본 측 주장을 옹호하면서 일제 강점기에 일제 덕으로 우리가 근대화되었다고 긍정적으로 생각하자는 식민지 근대화론을 펼치고 있다는 점입니다. 그러한 면이 일부 자료에 있다고 하더라도 일본이 무엇이 아쉬워 한국을 근대화시켜 주겠습니까? 기본적으로 제국주의 국가들은 식민지를 수탈하기 위하여 근대적 시설을 도입하였지, 결코 식민지 국가들을 발전시키기 위하여 근대 시설을 도입한 것은 아닙니다. 일본도 우리나라에서 엄청난 인적·물적 수탈을 하였던 것을 잊어서는 안 될 것입니다.

전시 동원 체제 강화

배경		• 전쟁의 확대 : 중·일 전쟁(1937) → 태평양 전쟁(1941) • 국가 총동원법(1938) : 중일 전쟁 이후 인력과 물자를 동원하기 위해 제정
수탈 심화	인적	• 지원병제, 징병제 : 청년들을 침략 전쟁에 동원 • 국민 징용령, 여자 정신 근로령 : 전쟁 준비에 필요한 노동력 수탈 • 일본군 '위안부'로 여성 강제 동원
	물적	• 산미 증식 계획 재개 • 금속류 공출·미곡 공출·식량 배급제 실시

60
1930년대의 무장 투쟁

대공황으로 경제 불황에 빠진 일제는 군국주의를 강화하면서 대외 팽창을 추진하였습니다. 1931년 일제는 만주를 침략하고(만주사변), 이듬해 괴뢰 정권인 만주국을 세웠습니다. 일제의 침략으로 중국 내 항일 감정이 높아졌고, 각지에서 일본에 대항하는 중국인의 봉기가 일어났습니다. 한편 만주에서 1920년대 말에 전개된 한국인의 3부 통합 운동으로 조선 혁명당과 한국 독립당이 결성되었고, 그 산하에 조선 혁명군과 한국 독립군이 편성되었습니다. 두 독립군 부대는 일제의 만주 침략에 대항하면서 항일 중국군과 연합 작전을 펼쳐 여러 차례 일본군을 격퇴하는 승리를 거두었습니다.

남만주에서는 양세봉이 이끄는 조선 혁명군이 중국 의용군과 함께 영릉가 전투와 흥경성 전투에서 승리하였습니다. 북만주 지역에서는 지청천이 지휘하는 한국 독립군이 중국 호로군과 연합하여 쌍성보 전투와 대전자령 전투 등에서 큰 승리를 거두었습니다. 그러나 일제가 만주를 장악하고 한·중 연합군에 대공세를 펼치자 독립군의 활동은 점점 어려워졌습니다. 또한 대전자령 전투 이후 중국군과 전리품 배분 등을 둘러싸고 갈등을 겪었던 한국 독립군의 상당수는 대한민국 임시 정부의 요청에 따라 중국 관내로 이동할 수밖에 없었습니다. 조선 혁명군은 1934년 사령관 양세봉이 전사한 이후 세력이 약화되었지만 1930년대 후반까지 만주에서 항일 투쟁을 지속하였습니다.

일제가 만주를 침략하자 중국 공산당은 반일 통일 전선을 만들어야 한다고 주장하였습니다. 이에 호응하여 한인 동포들을 비롯하여 만주 지역의 사회주의자들과 민중은 소규모의 항일 유격대를 조직하여 투쟁하였습니다. 중국 공산당은 만주 지역의 항일 유격대를 규합하여 동북 항일 연군을 조직하였습니다(1936). 동북 항일 연군을 중심으로 한·중 두 민족이 연대하여 항일 유격 투쟁이 활발하게 전개되었습니다. 특히 동북 항일 연군의 한인 유격대는 국내 진출을 추진하면서 함경도 일대의 사회주의 세력과 민족주의 세력까지 통합하여 조국 광복회를 조직하였습니다(1936). 그리고 국내 조국 광복회의 지원을 받으면서 함경도 갑산의 보천보에 들어와 일제의 행정 기관을 공격하기도 하였습니다. 보천보 사건이 국내 신문에 크게 보도되면서 만주에서 독립군이 모두 사라졌다는 일제의 거짓 선전에 타격을 주었습니다. 그러나 이후 일제의 공격으로 타격을 입은 동북 항일 연군은 소련으로 이동하면서 만주에서의 활동이 약화되었습니다.

일제의 만주 점령으로 만주에서 펼쳤던 독립 운동이 어려워지면서 지청천이 이끌던 한국 독립군 등 많은 독립군이 중국 관내로 이동하였습니다. 국민 대표 회의(1923)가 결렬된 이후 대한민국 임시 정부와 중국 관내의 항일 운동 세력은 하나로 단결하지 못하였습니다. 1920년대 후반 안창호를 비롯한 독립 운동가들이 민족 유일당을 건설하려는 노력을 전개하였으나, 별다른 성과를 거두지 못하였습니다. 1930년대 중반 만주와 그 외 지역으로부터 여러 독립 운동가가 관내로 모였지만 여전히 독립 운동의 방법과 이념면에서 갈등이 생겨 독립 역량을 하나로 모으지 못했습니다. 이러한 상황에서 항일 전선을 하나로 통합하려는 노력이 시도되어 결국 민족 혁명당이 창당되었습니다. 민족 혁명당은 한국 독립당과 의열단, 만주에서 이동해 온 독립 운동 세력 등 민족주의 세력과 사회주의 세력의 대부분이 뭉친 중국 관내 최대 규모의 민족 통일 전선 정당이었습니다. 하지만 김구 등은 대한민국 임시 정부의 약화를 우려하여 처음부터 참여하지 않았고, 의열단 계열이 당의 주도권을 잡자 지청천, 조소앙 등 민족주의 세력의 일부도 이탈하였습니다.

중·일 전쟁이 일어나자 민족 혁명당은 다른 단체를 통합하여 조선 민족 전선 연맹을 결성하고, 중국 국민당 정부의 지원을 받아 조선의용대를 창설하였습니다. 조선의용대는 중국 국민당과 협조하여 정보 수집, 포로 심문, 후방 교란 등의 활동을 전개하여 많은 성과를 올렸습니다. 하지만 중국 국민당 정부가 항일 투쟁에 소극적인 모습을 보이자 더욱 적극적인 대일 투쟁을 위하여 조선의용대의 많은 병력이 중국 공산당이 항일 투쟁을 하는 화북으로 이동하였습니다. 이동한 세력들은 조선 의용대 화북 지대를 결성하고, 호가장 전투와 일본군의 팔로군(중국 공산당 군대) 소탕 작전에 맞서 싸운 반소탕전 등에서 큰 전과를 올렸습니다. 이후 이들은 조선 독립 동맹을 결성하고 군대 이름도 조선 의용군으로 변경하여 중국 공산당과 협조하면서 지속적인 활동을 펼쳤습니다. 이때 화북으로 이동하지 않은 조선 의용대 병력은 김원봉의 지휘 아래 한국광복군으로 합류하였습니다(1942).

1930년대 초반 한·중 연합 작전

배경	일제가 만주 사변(1931)을 일으킴 → 중국 내 항일 투쟁 활발 → 중국인과 한국인의 항일 연합 전선 형성
전개	• 북만주 : 한국 독립군(지청천)의 한중 연합 작전 → 쌍성보·사도하자·대전자령 전투 등에서 승리 • 남만주 : 조선 혁명군(양세봉)의 한중 연합 작전 → 영릉가·흥경성 전투 등에서 승리
결과	일본군의 대규모 공격, 한·중 양국 군대의 의견 대립(전리품 분배 등) 등 → 한국 독립군 등 독립군 부대의 일부 세력은 중국 관내로 이동(일부 세력은 중국 공산당이 주도한 동북 항일 연군에서 항일 유격대 활동)

민족 혁명당

배경	중국 관내의 민족 협동 전선(민족 유일당) 형성 노력
결성	김원봉, 지청천, 조소앙 등 중국 관내의 좌우 세력 결집(1935), 김구 등 대한민국 임시 정부는 불참여
변화	김원봉(의열단) 주도 → 지청천, 조소앙 등 민족주의 세력 이탈

조선 의용대

창설	중·일 전쟁 발발 이후 김원봉 등이 중국 국민당 정부의 지원을 받아 조직(1938)
활동	정보 수집, 포로 심문 등 수행
의의	중국 관내에서 결성된 최초의 한인 독립군 부대
분화	• 화북 이동 세력 → 조선 의용군으로 개편(조선 독립 동맹의 군사 기반) • 잔류 세력 → 김원봉의 지휘로 한국광복군에 합류(1942)

61
대한민국 임시 정부의 회생과 활약

대한민국 임시 정부는 윤봉길 의사의 상하이 의거 이후 일제의 탄압으로 상하이를 떠나 창사, 광저우 등을 거쳐 중국 국민당 정부가 정착한 충칭에 자리 잡았습니다. 중·일 전쟁이 일어나자 김구의 한국 국민당, 조소앙의 한국 독립당, 지청천의 조선 혁명당 등을 민족주의 계열의 3개 정당이 독립 운동의 역량을 모으기 위해 한국 광복 운동 단체 연합회를 결성하였습니다. 이후 김구를 중심으로 하는 한국 광복 운동 단체 연합은 1940년 충칭에서 한국 독립당을 창당하고 대한민국 임시 정부의 여당으로 집권당 역할을 하였습니다. 대한민국 임시 정부는 김구를 주석으로 하는 단일 지도 체제를 마련하면서 침체에서 벗어나 본격적인 독립 운동을 전개하였습니다. 대한민국 임시 정부는 중국 국민당 정부와 교섭을 통해 일제와의 전쟁에 대비하여 정규군인 한국광복군을 창설하였습니다(1940). 1942년에는 김원봉 등이 이끄는 민족 혁명당과 다른 사회주의 계열 단체의 인물도 대한민국 임시 정부에 합류하여 명실상부한 좌우 연합 정부로서의 면모를 갖추게 되었습니다. 이때 지청천을 사령관으로 구성된 한국광복군도 김원봉이 이끄는 조선 의용대의 일부가 합류하면서 전력이 크게 강화되었습니다. 한편 화북의 조선 독립 동맹과도 통일 전선을 모색하였으나 일본의 빠른 항복으로 실행되지 못하였습니다.

1941년에 일제가 아시아·태평양 전쟁을 일으키자 대한민국 임시 정부는 일제에 대일 선전 포고문을 발표하고, 한국광복군을 전쟁에 투입하였습니다. 한국광복군에 재정적 지원을 하던 중국 국민당 정부는 대가로 '한국광복군 행동 준승 9개항'을 제시하여 중국 군사 위원회의 간섭을 받도록 하였습니다. 당시 대한민국 임시 정부는 이를 받아들일 수밖에 없었으나 중국 국민당 정부와 꾸준한 협상으로 점차 독자적인 작전권을 확보해 나갔습니다. 한국광복군은 대일 항전에서 직접 전투에 참여하면서 영국군의 요청으로 인도·미얀마 전선에 한국광복군의 일부 대원을 파견하여 일본군 포로 심문, 정보 수집, 전단 살포 등을 담당하였습니다. 한편 대한민국 임시 정부는 태평양 전쟁에서 일제의 패망을 확신하고, 일제를 우리 힘으로 몰아냄으로써 승전국의 지위를 얻기 위해 미국과 협약을 맺어 국내 진공 작전(독수리 작전)을 계획하였습니다. 그러나 국내 진공 작전을 시작하기 직전에 일본이 항복함으로써 실행에 옮기지 못하는 안타까운 일이 벌어지기도 하였습니다. 또한 1941년에는 조소앙의 삼균주의를 바탕으로 민주 공화정의 수립, 토지와 대기업의 국유화, 보통 선거의 실시, 무상 교육 실시 등의 내용이 들어 있는 대한민국 건국 강령을 발표하였습니다.

한편, 미주 지역에서도 한국인 동포들이 적극적으로 독립 운동에 나섰습니다. 하와이에서 대한인 국민회 등 미주 지역의 한국인 단체들이 연합하여 재미 한족 연합 위원회를 결성하였습니다. 재미 한족 연합 위원회는 성금 운동을 벌여 대한민국 임시 정부를 재정적으로 후원하였고, 태평양 전쟁이 발발하자 신분증을 발급하여 한국인을 보호하는 데 앞장섰습니다. 또한 미국과 함께 국내에 한국인을 침투시키는 냅코(NAPKO) 작전을 계획하여 대원을 선발하고 훈련을 진행하였으나 이 계획 역시 일제의 항복 선언으로 실행되지 못하였습니다. 로스앤젤레스에서는 동포들이 한인 국방 경위대(맹호군)를 조직하여 무장 독립 전쟁을 준비하였고, 대한민국 임시 정부도 한인 국방 경위대를 한국광복군의 일원으로 인정하였습니다.

대한민국 임시 정부의 회생

기반 강화	김구·지청천·조소앙 등이 한국 독립당 결성(1940)
조직 개편	충칭에 정착(1940)·주석 중심제로 개헌 → 김구가 주석에 취임
건국 강령 발표	삼균주의 반영, 민주 공화국 지향
민족 협동 전선 형성	김원봉 등 민족 혁명당 세력 합류

한국광복군의 활동

창설	중국 국민당 정부의 지원으로 창설(총사령관 지청천)
조직 강화	조선 의용대의 일부 세력 합류(김원봉이 부사령관으로 합류)
대일전 전개	• 대일 선전 포고 : 태평양 전쟁 발발 직후 대한민국 임시 정부 명의로 발표 • 연합 작전 전개 : 미얀마·인도 전선에서 영국군을 도와 선전 활동, 포로 심문 등 전개 • 국내 진공 작전 : 미국 전략 정보국(OSS)의 지원하에 국내 정진군 훈련 → 일제의 패망으로 실현 못함

미주 지역의 독립 운동

재미 한족 연합 위원회	• 통합 : 대한인 국민회 등 미주 지역 9개 독립 단체 • 성금 운동 : 대한민국 임시 정부 재정적 지원 • 신분증 발급 : 미주 한국인 보호 목적
냅코(Napko) 작전	• 내용 : 국내에 한국인을 침투시켜 정보 수집 등 작전 수행 목적으로 한국인 선발 및 훈련 • 결과 : 일제의 패망으로 실현 못 함
한인 국방 경비대	• 지역 : 로스앤젤레스 • 내용 : 무장 독립 전쟁 대비 • 특징 : 한국광복군의 일원으로 인정

62

국내의 건국 준비 활동과 건국 강령

국내에서는 여운형이 일제의 패망을 확신하고 이에 대비한 활동을 전개하였습니다. 그는 비밀리에 대중적 지지 기반을 갖춘 건국 준비 조직을 만들기 위해 국내의 민족주의자와 사회주의자가 대거 참여하는 조선 건국 동맹을 결성하였습니다. 일본 제국주의 타도를 위한 대동단결, 민주주의 원칙에 의한 국가 건설 등을 목표로 하는 조선 건국 동맹은 전국으로 조직을 확대하면서 농민 동맹을 조직하여 공출 반대 등의 활동을 하였습니다. 또한 징병·징용으로 끌려갈 사람들을 숨겨 주는 등 일제의 침략 전쟁을 방해하였습니다. 조선 건국 동맹은 일본군의 후방 교란과 노동자·농민군 편성을 목적으로 하는 군사 위원회를 설치하였고, 국외 독립 운동 세력과 연합 작전을 전개하기 위해 조선 독립 동맹과 대한민국 임시 정부와의 연계를 모색하였습니다.

광복을 찾기 직전 중국 충칭에서는 대한민국 임시 정부, 화북 지역에서는 사회주의 계열의 조선 독립 동맹, 국내에서는 조선 건국 동맹이 결성되어 광복을 준비하고 있었습니다. 세 단체에서는 각각 광복 이후 세워질 우리나라에 대한 건국 강령을 발표하였습니다. 먼저 대한민국 임시 정부에서는 1941년 조소앙이 주장한 정치, 경제, 교육의 균등을 추구하는 삼균주의를 바탕으로 대한민국 건국 강령을 발표하였습니다. 대한민국 임시 정부의 건국 강령에는 보통 선거에 기초한 민주 공화국 건설, 토지와 중요 산업의 국유화, 무상 교육의 내용 등이 담겨 있었습니다. 화북 옌안의 조선 독립 동맹은 조선 민주 공화국 건설을 표방하는 건국 강령을 발표하였는데, 건국 강령에서 보통 선거 시행과 국민 기본권 확보, 남녀평등, 대기업의 국유화, 토지 분배 등을 내세웠습니다.

국내에서 건국을 준비하던 조선 건국 동맹도 일제가 패망한 이후에 민주주의 원칙에 바탕을 둔 국가를 건설하여 노동자·농민 대중을 해방시키겠다는 건국 강령을 발표하였습니다. 결국 민족주의 세력이든 사회주의 세력이든 광복 이후의 우리나라에는 민주주의에 바탕을 둔 공화국 체제와 균등한 경제 분배를 실현하는 국가를 건설하려 했다는 것을 알 수 있습니다.

조선 건국 동맹

결성	국내 좌우 세력을 망라하여 비밀리에 결성(1944), 여운형 주도
활동	국내외에서 무장봉기 계획, 해외 독립 운동 단체와 연계 모색 → 민주 공화국 수립 지향, 광복 직후 조선 건국 준비 위원회로 계승

건국 강령의 발표

대한민국 임시 정부	• 특징 : 조소앙이 주장한 정치, 경제, 교육의 균등을 추구하는 삼균주의 바탕 • 내용 : 보통 선거에 기초한 민주 공화국 건설, 토지와 중요 산업의 국유화, 무상 교육 등
조선 독립 동맹	• 특징 : 사회주의 계열 • 내용 : 보통 선거 시행과 국민 기본권 확보, 남녀평등, 대기업의 국유화, 토지 분배 등
조선 건국 동맹	• 특징 : 좌우 통합 • 내용 : 민주주의 원칙에 바탕을 둔 국가를 건설하여 노동자·농민 대중 해방

63
국제 사회의 한국 독립 약속

제2차 세계 대전에서 연합군이 승기를 잡자 연합국은 전후 처리에 대해 논의를 시작하였습니다. 이 과정에서 한국의 독립이 최초로 논의된 것은 1943년에 열린 카이로 회담이었습니다. 1943년 11월 미국, 영국, 중국 등 연합국 대표들이 이집트의 카이로에 모여 상호 협력과 종전 후 문제를 논의하는 과정에서 중국이 한국의 독립을 약속하는 성명을 제안하였습니다. 대한민국 임시 정부에 우호적이었던 중국의 장제스는 한국의 즉각적인 독립을 주장하여 선언문의 초안에 '가능한 가장 이른 시일'에 한국을 독립시킨다는 내용이 담겨 있었습니다. 그러나 많은 식민지를 보유하고 있던 영국은 한국의 즉각적인 독립이 자국의 이해관계에 악영향을 줄 것으로 판단하여 완강히 반대하였습니다. 미국은 국제적인 신탁 통치를 구상하고 있었기 때문에 한국의 조기 독립에 부정적이었습니다. 결국 세 국가 정상은 논의 끝에 "한국민의 노예 상태에 유의하여 적당한 시기에 한국이 자유롭게 되고 독립하게 될 것을 결의한다"라는 '적당한 시기'라는 애매한 표현을 담은 선언문을 발표하였습니다.

이탈리아가 항복하고 독일 패전이 임박하자 1945년 2월에 미국, 영국, 소련 등 3국 정상들이 얄타에 모여 회담을 열었습니다. 이 회담에서는 유럽에서 독일이 항복한 이후 2~3개월 내에 소련이 아시아·태평양 전쟁에 참여한다는 내용의 비밀 협정이 체결되었습니다. 또한 독일은 미국·영국·프랑스·소련 4개국이 분할 점령한다는 원칙이 세워졌고, 그 밖의 패전국이나 광복을 맞은 민족은 "모든 민주 세력에 의해 임시 정부를 구성한 후 가능한 빠른 시일 내에 자유 선거를 실시하여 정부를 수립한다"라는 원칙도 마련되었습니다. 이때 한반도 문제에 대한 공식적인 언급은 없었지만, 루스벨트는 스탈린에게 40년 정도의 신탁 통치를 제안하였고, 스탈린은 20~30년 정도를 제안하여 신탁 통치에 대한 묵시적 합의가 이루어졌습니다.

　독일이 항복한 이후인 1945년 7월에는 영국·중국·미국의 연합국 대표가 독일 포츠담에 모여 일본의 무조건 항복과 카이로 선언의 모든 조항이 이행되어야 한다는 포츠담 선언을 발표하였습니다. 소련은 이후에 대일 선전 포고를 하고 포츠담 선언에 서명함으로써 회담에 참여하였습니다. 포츠담 선언에는 "카이로 선언의 모든 조항은 이행되어야 하며, 일본의 주권은 혼슈·홋카이도·규슈·시코쿠와 연합국이 결정하는 작은 섬들에 국한될 것이다"라는 내용이 포함되어 있어 카이로 선언에서 결정한 한국의 독립을 재확인하였습니다.

　한편 미국은 일본이 포츠담 선언을 통한 연합국의 항복 요구를 무시하자 1945년 8월 6일 일본 히로시마와 8월 9일 나가사키에 원자 폭탄을 투하하였습니다. 소련은 얄타 회담에서의 약속대로 8월 8일 대일전에 참전하여 만주와 한반도 북부로 진격하였습니다. 결국 일본이 8월 15일 연합국에 무조건 항복을 선언하면서 우리 민족은 35년간에 걸친 일제 식민 지배의 굴레에서 벗어나 광복을 맞이하였습니다.

카이로 회담

참가국	미국, 영국, 중국 대표 참여
내용	적당한 시기에 적당한 절차를 거쳐 한국을 독립시킬 것을 최초로 결의

얄타 회담

참가국	미국, 영국, 소련 대표 참여
내용	소련이 일본과의 전쟁에 참여할 것을 결의

포츠담 회담

참가국	미국, 영국, 중국 대표가 서명한 포츠담 선언 발표(소련은 추후에 서명)
내용	일본에 무조건 항복 요구, 한국 독립 재확인

64
일제 강점기 사회 구조와 생활 모습의 변화

일제 강점기에는 일제의 식민지 통치 정책으로 한국의 사회 구조가 크게 변화하였습니다. 특히 토지 조사 사업과 산미 증식 계획 등 일제의 식민지 수탈 경제 정책으로 토지가 대지주들에게 더욱 집중되면서 농민층의 분화도 심화되었습니다. 토지를 잃은 농민들은 도시로 나가 막노동자로 전락하거나, 만주·연해주 등으로 떠나갈 수밖에 없었습니다. 1930년대 이후에는 일제가 식민지 공업화 정책을 본격적으로 추진하면서 노동자가 되는 농민의 수는 더욱 증가하였습니다. 그러나 노동자의 상당수는 막노동자 등 날품팔이 미숙련 노동자로 도시 빈민층을 형성하였습니다.

설혹 공장에 취직한 노동자들도 생활이 곤궁하기는 마찬가지였습니다. 한국인이 고급 기술을 가진 경우는 드물었으므로 대부분 단순 노동자 생활을 할 수밖에 없었고, 이들은 낮은 임금을 받으며 열악한 조건에서 착취를 당할 수밖에 없었습니다. 일제는 대공황 이후 농촌 경제가 피폐해지면서 소작 쟁의가 전국적으로 확산되자 농민의 불만을 잠재우기 위해 농촌 진흥 운동을 전개하기도 하였습니다. 하지만 이 정책은 농민 의식 계몽, 농촌 생활 개선에만 치중하면서 농촌 문제를 해결할 근본적인 개혁은 시도하지 않아 별다른 성과를 거두지 못하였습니다.

일제 강점기에는 교통의 발달과 공업화로 도시화도 진전되어 근대적 도시가 발달하기도 하였습니다. 그러나 이 시기의 도시화는 도시의 전통적 기능보다는 식민지 지배 정책에 따라 이루어진 현상으로 비정상적인 도시화였습니다. 도시에서는 일본인 거주지와 한국인 거주지가 분리되어 있었는데, 서울에서는 청계천을 중심으로 북쪽의 북촌에는 한국인이, 남쪽의 남촌에는 일본인이 주로 거주하였습니다. 일본인은 시가지 중심을 차지하고 도시의 경제권을 장악하였습니다. 이에 따라 일본인 거주 지역에는 도로나 가로등, 상점가 등 근대 문물이 들어오면서 근대적인 도시의 모습을 갖추었지만, 도시의 변두리에는 수많은 빈민이 거적을 둘러친 토막집을 짓고 살아야만 했습니다.

일제는 한반도에 X자로 관통하는 철도망을 완성하였습니다. 철도 부설로 지역 간의 이동이 편리해졌고, 철도 교통의 중심지에는 새로운 도시가 성장하였습니다. 이에 사람들의 공간에 대한 인식이 변화하고, 근대적 시간관념이 정착하는 것을 촉진하기도 하였습니다. 그러나 철도 시설의 확충은 일제가 한반도의 각종 자원을 수탈해 가기 위한 도구였으며, 만주와 중국으로 침략 전쟁을 확대해 가는 군사적 수단으로서의 목적이 강하였습니다. 한편 도시에서는 전차 노선이 확산되었고, 택시와 버스 등 새로운 교통수단이 등장하였습니다. 교통수단이 다양하게 확충되면서 도시 사람들의 삶을 편리해졌으나 인력거를 몰던 서민들은 몰락하여 다른 일거리를 찾아 헤맬 수밖에 없었습니다.

일제 강점기에는 대중문화가 등장하여 크게 유행하였습니다. 라디오가 등장하면서 음악과 드라마 등 새로운 형태의 대중문화가 자리 잡게 되었습니다. 또한 텔레비전이 없던 당시의 대중문화 형성에 가장 큰 역할을 한 것은 영화였습니다. 1920년대 이후 서울, 부산, 평양 등 대도시를 중심으로 영화가 가장 영향력이 큰 대중문화의 터전이 되었습니다. 1926년 나운규가 〈아리랑〉을 제작하여 민중의 애환을 그려내 큰 호응을 얻기도 하였습니다. 이렇듯 라디오와 영화가 대중문화를 정착시켜 나갔으나, 일제는 대중문화를 식민 통치 합리화를 위한 선전 도구로 이용하였으며, 검열·금지 등의 방법으로 민족 정서 표현을 억압하기도 하였습니다.

또한 일제 강점기에는 근대적 소비문화가 형성되었고, 다양한 광고가 일간지에 게재되기도 하였습니다. 광고는 새로운 문화를 소개하였을 뿐 아니라, 새로운 문화를 형성하는 데에도 크게 이바지하였습니다. 그러나 이러한 소비문화는 경제력을 갖춘 일부 친일적인 지배 계층만이 향유하였으며, 대부분의 일반 한국인에게는 혜택이 돌아가지 않았습니다.

4

대한민국의 성립과 발전

65
냉전 체제의 형성과 8·15 광복

제2차 세계 대전이 연합국의 승리로 끝나면서 새로운 세계 질서가 성립되었습니다. 대전 중에 연합국은 새로운 세계 질서를 뒷받침할 국제기구의 구상을 담은 대서양 헌장을 발표하였고, 이에 따라 대전 이후 국제 분쟁을 억제하기 위해 국제 연합(UN)이 창설되었습니다.

한편 제2차 세계 대전 이후 소련은 동유럽 여러 나라에 영향력을 확대하여 공산 진영을 넓혀갔습니다. 이어 터키와 그리스에서도 공산주의의 영향력이 강해지자 미국은 트루먼 독트린을 발표하여 공산 세력의 팽창을 적극적으로 봉쇄한다는 외교 원칙을 밝혔습니다. 그리고 서유럽까지 불똥이 튀지 않도록 유럽 부흥을 위한 대규모 원조 계획(마셜 플랜)을 발표하면서 서유럽을 중심으로 자유주의 진영을 하나로 묶기 위해 노력했습니다. 이에 소련은 공산당 정보국(코민포름)을 결성해 소련과 동유럽의 공산주의 정당을 하나로 묶으면서 대항하였습니다. 양 진영은 서로 간에 직접 무력을 사용하지는 않았지만 세계 곳곳에서 치열하게 대립하는 냉전 체제를 형성하였습니다. 냉전은 유럽뿐 아니라 아시아에서도 진행되었는데, 중국에서는 제2차 국·공 내전으로 결국 중국 본토에는 중국 공산당이 중화 인민 공화국을 세우고, 중국 국민당은 타이완으로 옮겨 가면서 분단되었습니다. 이러한 분위기에서 패전국이었던 일본은 6·25 전쟁 중에 미국과 샌프란시스코 조약을 체결하여 주권을 회복하면서 동아시아에서의 영향력을 확대하였습니다.

제2차 세계 대전 중에 일본의 항복으로 1945년 8월 15일 한국은 광복을 맞이하였습니다. 우리의 광복은 우리 민족이 지속적으로 전개한 독립 운동의 결과라고 할 수 있었습니다. 그러나 광복은 연합국이 승리한 결과이기도 하기 때문에 우리의 정부 수립은 미국과 소련의 영향을 받을 수밖에 없었습니다. 1945년 8월, 소련은 일본에 선전 포고를 하고 만주와 한반도의 일본군과 전투를 벌이면서 군대를 진격시켰습니다. 이에 미국은 소련의 한반도에서의 남하를 막기 위해 38도선을 기준으로 남과 북에 양국이 각각 군대를 진주시켜 일본군의 무장을 해제하자고 제안하였습니다. 이 제안을 소련이 받아들이면서 38도선을 경계로 남과 북에서 각각 미국과 소련의 군정이 실시되었습니다.

일본과의 항복 조인을 마치고 서울로 들어 온 미군은 조선 총독의 항복을 받고 군정청을 설치하여 남한을 직접 통치하기 시작했습니다. 미군정은 한국에 대한 사전 지식과 준비가 부족한 상태에서 새로 수립될 정부에 권한을 넘겨주는 데만 중점을 두었기 때문에 일제의 식민 통치 기구와 관료, 경찰을 그대로 유지하였습니다. 그리고 미군정은 대한민국 임시 정부를 정부로 인정하지 않았으며, 각 지역의 인민 위원회 등 자치 기구도 인정하지 않았습니다. 반면 소련군은 각 지역에서 결성된 인민 위원회에 행정권을 이양하여 간접 통치하는 방식을 취하였습니다. 더불어 소련군과 함께 귀국한 공산주의자를 지원하여 소련에 우호적인 정부를 수립하는 방식을 취하였습니다.

광복을 맞은 당일, 한국인의 봉기를 우려한 조선 총독부는 한국인에게 신망이 높고 조선 건국 동맹을 이끌고 있던 여운형과 접촉하여 행정권 이양을 교섭하였습니다. 이에 여운형은 정치 활동에 대한 불간섭 등을 약속받고, 안재홍과 함께 좌·우익의 독립 운동 세력을 통합하여 조선 건국 준비 위원회(건준)를 조직하였습니다. 건준은 전국에 지부를 설치하고 치안대를 조직하여 질서를 유지하였습니다. 이 무렵 좌익이 건준의 주도권을 장악하자 안재홍 등의 우익은 건준을 탈퇴하였습니다. 좌익 세력은 미군의 진주에 대비하여 건준을 해체하고 주석에는 이승만, 부주석에는 여운형을 선임한 조선 인민 공화국을 수립하였습니다. 그러나 이승만은 취임을 거부하였습니다. 한편 반민족 친일 경력자들과 보수적인 민족주의 계열의 인사들은 김성수 등을 중심으로 한국 민주당을 창당하였습니다.

국외에서 활동하던 독립 운동가도 귀국하여 본격적으로 정치 활동에 나섰습니다. 미국에서 외교 활동을 펼치다 돌아온 이승만은 지지 세력을 모아 독립 촉성 중앙 협의회를 조직하였습니다. 대한민국 임시 정부의 지도자들도 미 군정의 거부에 따라 정부의 자격이 아닌 개인 자격으로 귀국하였습니다. 대한민국 임시 정부는 독립 운동의 역사적 법통성을 내세워 독립 국가 건설의 중심이 되고자 하였으나 미 군정은 이를 인정하지 않았습니다. 이에 대한민국 임시 정부 인사들은 1945년 11월 국내에 한국 독립당을 등록하고 김구를 중심으로 활동하였습니다. 박헌영을 비롯한 사회주의 세력은 조선 공산당을 재건하고, 노동자와 농민을 중심으로 외곽 단체를 급속히 조직해 나갔습니다.

8·15 광복의 배경

내적	우리 민족의 지속적인 독립 운동
외적	연합국의 한국 독립 약속(카이로 회담 등), 연합국의 전쟁 승리

38도선의 설정과 미·소군의 주둔

배경	미국이 북위 38도선을 경계로 한반도 분할 점령 제안 → 소련의 수용
미·소군의 주둔	• 미군 : 북위 38도선 이남에서 군정 실시, 대한민국 임시 정부 및 조선 인민 공화국 부인, 일제의 식민 통치 기구(조선 총독부의 관료와 경찰 조직) 유지 • 소련군 : 북위 38도선 이북 지역 통치, 간접 통치 방식으로 김일성의 정권 장악 지원

조선 건국 준비 위원회

조직	조선 건국 동맹을 기반으로 결성, 여운형과 안재홍 중심의 좌우 합작 단체
활동	• 전국에 지부를 설치하고 치안대 조직 • 좌익 세력의 주도권 장악과 우익 세력 이탈 → 조선 인민 공화국 선포(1945. 9) 후 점차 약화

정치 지도자의 활동

한국 민주당	송진우·김성수 중심, 반민족 친일 경력자들과 보수적인 민족주의 계열의 인사
독립 촉성 중앙 협의회	이승만의 지지 세력으로 구성
한국 독립당	미 군정의 임시 정부 부정 → 김구 등 대한민국 임시 정부 인사들이 개인 자격으로 귀국 → 한국 독립당 조직
조선 공산당	박헌영 중심의 사회주의 세력이 조직

66
모스크바 3국 외상(외무 장관) 회의와 반탁 운동

1945년 12월 모스크바에서 열린 미·영·소 3국 외상 회의에서 미국은 신탁 통치안을, 소련은 임시 정부 수립을 내용으로 하는 안을 제출하였습니다. 결국 미국과 소련의 두 안을 절충하여 한국에 임시 민주 정부 수립, 이를 지원할 미·소 공동 위원회의 설치, 최대 5년간 신탁 통치 실시를 결의하였습니다. 모스크바 3국 외상 회의 결정안이 국내에 알려지는 과정에서 소련이 신탁 통치를, 미국이 즉시 독립을 주장하였다고 잘못 보도되었습니다. 임시 정부 수립 등 전체적인 내용이 제대로 알려지지 않은 채 한국 언론들은 신탁 통치 실시 부분만 집중적으로 부각하여 보도하였습니다. 이에 김구, 이승만 등 우익 세력은 신탁 통치가 한국인의 자주권을 부정하고 다시 식민지로 돌아가게 하는 결정이라고 비판하면서 대대적인 신탁 통치 반대 운동(반탁)을 펼쳤습니다. 처음에는 반대하던 중도 세력과 좌익 세력은 회의의 내용을 검토한 후, 신탁 통치를 독립을 위한 지원 방안으로 받아들여 모스크바 3국 외무 장관 회의의 결정을 총체적으로 지지하는 입장으로 바뀌었습니다. 이후 신탁 통치 문제를 둘러싸고 좌익과 우익이 격렬하게 대립하였습니다. 우익 세력은 신탁 통치 반대 운동을 애국으로 내세우며, 입장을 바꾼 좌익 세력을 소련에 나라를 파는 매국 세력이라고 비판하였습니다. 친일 반민족 세력도 반탁 운동에 적극 가담하면서 애국 세력으로 변신하였습니다. 중도 세력은 민주주의 임시 정부를 세우기 위해 미·소 공동 위원회에는 적극 협조하였습니다.

남한 정국이 모스크바 3국 외상 회의 결정을 둘러싸고 우익과 좌익으로 나뉘어 격렬하게 대립하는 가운데 북한에서는 북조선 임시 인민 위원회가 출범하였습니다(1946. 2.). 이러한 상황에서 1946년 3월 미국과 소련은 모스크바 3국 외상 회의의 결정 사항을 이행하기 위하여 제1차 미·소 공동 위원회를 열었습니다. 이 회의에서 미국과 소련은 민주주의 임시 정부 수립에 참여할 정당 및 사회 단체의 범위를 놓고 대립하였습니다. 소련은 임시 민주 정부 수립을 위한 협의 대상에 모스크바 3국 외무 장관 회의 결정을 지지하는 세력만 참여시키자고 한 반면, 미국은 신탁 통치 반대 세력까지 포함시키자고 주장하면서 대립하였습니다. 소련의 입장은 자신들을 지지하는 좌익 세력만 임시 정부 수립에 참여시키겠다는 것이었고, 미국은 한반도의 공산화를 막기 위하여 참여를 희망하는 모든 정당과 사회단체를 포함하자고 주장하였던 것입니다. 미국과 소련의 주장이 맞서면서 아무런 성과를 거두지 못한 채 제1차 미·소 공동 위원회는 5월 이후 무기한 연기되었습니다. 제1차 미·소 공동 위원회가 결렬되자 이승만은 1946년 6월 정읍에서 통일 정부 수립이 어렵다면 남한만이라도 단독 정부를 수립해야 한다고 강력하게 주장하였습니다.

제1차 미·소 공동 위원회가 결렬되고, 이승만을 비롯한 남한의 일부 우익 세력은 단독 정부 수립 운동을 전개하였습니다. 분단의 위기가 높아지자 여운형과 김규식 등 중도파는 좌우 합작 위원회를 조직하여(1946. 7.) 통일 정부 수립 운동을 펼쳤습니다. 좌우 합작 위원회는 통일 정부 수립을 위한 강령으로 좌우 합작의 기반에서 임시 정부 수립, 토지 개혁 실시, 친일파 처리 등 7원칙을 제시하였습니다. 그러나 김구, 이승만과 한국 민주당 등의 우익 세력, 박헌영 등의 좌익 세력은 좌우 합작 위원회에 불참하였습니다. 좌우 합작 7원칙에 대해서도 김구가 이끄는 한국 독립당은 찬성하였지만, 이승만을 비롯한 한국 민주당 및 조선 공산당은 반대하였습니다. 한국 민주당 중심의 우익 세력은 좌우 합작 7원칙에 제시된 토지 개혁 방식이 지나치게 급진적이라 보았습니다. 또한 반탁 입장을 분명하게 밝히지 않은 것을 문제 삼았으며, 일부 세력은 단독 정부 수립을 주장하였습니다. 좌익 세력은 좌우 합작 7원칙에 무상 몰수·무상 분배에 입각한 토지 개혁, 친일 반민족 행위자 제거, 인민 위원회로의 정권 이양 등의 내용이 부족하다고 비판하였습니다. 초기에 좌우 합작 운동을 지원하였던 미군정은 좌우 합작 7원칙을 토대로 남조선 과도 입법 의원을 구성하였지만 좌우익의 주요 세력이 모두 불참하면서 성과를 거두지 못하였습니다. 이후 좌우 합작 운동은 힘을 잃어갔으며, 냉전이 본격화하면서 미군정도 좌우 합작 운동에 대한 지원을 철회하였습니다. 결국 좌우 합작 운동을 이끌던 여운형이 암살되면서 좌우 합작 운동은 사실상 중단되었지만, 김규식 등은 좌우 합작을 위한 노력을 이어 갔습니다.

모스크바 3국 외상 회의

결정 사항	민주주의 임시 정부 수립, 미소 공동 위원회 설치, 최고 5년 기한 4개국(미국, 소련, 영국, 중국)의 한반도 신탁 통치
국내 반응	• 우익 : 신탁 통치 내용이 부각되면서 김구, 이승만 등이 반탁 운동 전개 • 좌익 및 중도 세력 : 초기 반탁 주장 → 모스크바 3국 외상 회의 결정 사항에 대한 총체적 지지로 입장 변화
영향	좌·우익 세력의 대립 격화

제1차 미·소 공동 위원회(1946. 3. ~ 5.)

협의 내용	민주주의 임시 정부 수립 및 신탁 통치 문제
경과	자신들에게 유리하게 하기 위하여 소련은 모스크바 3국 외상 회의 결정 사항을 지지하는 단체로 한정할 것을 주장, 미국은 모든 단체의 참여 주장 → 협의 결렬 → 무기 휴회

좌우 합작 운동(1946 ~ 1947)

배경	제1차 미·소 공동 위원회의 무기 휴회, 단독 정부 수립론 대두(이승만의 정읍 발언)
주도 세력	여운형과 김규식 등의 중도 세력 주도, 미군정의 지원으로 좌우 합작 위원회 결성
결과	좌우 합작 7원칙 발표(1946. 10.) → 미군정의 지원 철회, 좌우익 세력의 외면, 여운형 암살 등으로 중단

67
한반도 문제의 유엔 상정과
정부 수립을 둘러싼 갈등

좌우 합작 운동이 진행되는 가운데 미국과 소련은 1947년 5월에 제2차 미·소 공동 위원회를 개최하였습니다. 그러나 협의 참여 단체에 대한 양측의 이견을 좁히지 못하고 아무런 성과 없이 막을 내렸습니다. 미·소 공동 위원회가 진행되기 어려워지자 미국은 한반도 문제를 유엔 총회로 넘겼습니다. 이에 소련은 모스크바 3국 외상 회의의 결정을 위반하는 것이라고 주장하며 유엔 총회에 불참하였습니다.

유엔 총회에서는 미국의 제안대로 인구 비례에 따른 남북한 총선거를 통해 한반도에 정부를 세울 것을 결의하였습니다. 이에 따라 1948년 유엔은 총선거 실시의 관리·감독을 위해 유엔 한국 임시 위원단을 한반도에 파견하였습니다. 그러나 소련과 북한은 이들이 38도선 이북으로 들어오는 것을 거부하였고, 결국 유엔은 소총회를 열어 선거 감시가 가능한 지역에서만 우선 선거를 실시할 것을 결의하였습니다.

남한만의 단독 총선거 결정에 대해 정치 지도자들은 이견을 보였습니다. 이승만과 한국 민주당은 남한만의 단독 선거에 따른 정부의 수립을 환영하였으나 좌익 세력과 김구, 김규식 등을 중심으로 하는 대한민국 임시 정부의 우익 세력은 단독 정부 수립에 반대하였습니다. 김구와 김규식은 통일 정부 수립을 위한 남북 협상을 추진하였습니다. 1948년 2월 김구, 김규식은 통일 정부를 수립하기 위해 북한 지도부에 남북 정치 요인 회담을 제의하였습니다. 그리고 그해 4월 김구와 김규식은 평양에서 북한 지도부와 가진 남북 협상에서 남한 단독 선거 반대, 미·소 양군의 철수, 전국 총선거에 의한 통일 정부 수립에 합의하고 공동 성명을 발표하였습니다. 그러나 미국과 소련 모두 이 합의안을 거부하였으며, 남북한은 이미 독자적인 정부 수립을 추진하고 있었기 때문에 성과를 낼 수 없었습니다. 유엔 역시 단독 선거를 철회하지 않았기 때문에 분단은 피할 수 없는 상황이었습니다. 통일 정부 수립 운동은 대한민국 정부 수립 이후에도 지속되었지만 안두희가 김구를 암살하면서 힘을 잃고 말았습니다.

제주에서는 1947년 3·1절 기념행사 때 주민 6명이 희생되자 이에 대한 항의로 총파업이 전개되었습니다. 이에 경찰과 서북 청년회가 제주에 들어와 이를 진압하는 과정에서 폭력을 사용하여 제주도민들이 분노하였습니다. 이후 통일 정부 수립 요구 시위가 열렸는데 이 시위에서 경찰이 시위를 구경하던 사람들에게 발포하면서 사상자가 발생하였고, 사건 수습 과정에서 미 군정은 제주도 주민들을 탄압하였습니다. 미 군정에 대한 반감이 높아진 상황에서 1948년 4월에 제주도 좌익 세력은 단독 선거 저지, 통일 정부 수립을 내세우면서 무장봉기를 일으켰습니다(제주 4·3 사건). 이에 따라 제주도 2개의 선거구에서 투표수가 과반수에 미달하여 선거가 무효 처리되었습니다. 미군정이 경찰과 군대를 동원해 무력으로 무장봉기를 제압하는 과정에서 수많은 무고한 제주도민이 큰 피해를 입었습니다.

대한민국 정부 수립 이후 이승만 정부는 여수에 주둔하고 있던 국방 경비대 일부를 제주도로 출동시켜 무장 세력을 소탕하려 하였습니다. 그러나 군대 내의 좌익 세력이 '제주도 출동 반대'와 '통일 정부 수립' 등을 내세우며 무장봉기를 일으켰습니다(여수·순천 10·19 사건). 정부는 미국의 지원을 받아 신속하게 반군을 진압하고, 군 내부의 좌익 세력을 색출하여 제거하는 숙군 사업을 전개하였습니다.

제주 4·3 사건과 여수·순천 10·19 사건을 수습하는 과정에서 국가 공권력에 의한 무고한 민간인을 무차별 학살하는 사건도 벌어졌습니다. 하지만 오랜 기간 그 사실이 드러나지 않다가 민주화가 진행되면서 진상 조사가 이루어지기도 하였습니다. 또한 이 과정에서 일부 반군은 지리산 등으로 이동하여 6·25 전쟁 때까지 정부에 대항하였습니다.

한반도 문제의 유엔 결정

배경	제2차 미·소 공동 위원회의 성과 부진 → 미국이 한반도 문제를 유엔에 상정
과정	유엔 총회에서 인구 비례에 따른 총선거 실시 결의 → 유엔 한국 임시 위원단의 내한 → 소련과 북한은 유엔 한국 임시 위원단의 입북 거부 → 유엔 소총회에서 위원단이 접근 가능한 지역의 총선거 결의

남북 협상

배경	유엔 결의로 남북 분단 기정 사실화
과정	김구와 김규식이 남북 정치 회담 제안 → 북측이 남북 제정당·사회단체 대표자 연석 회의 제안 → 김구, 김규식의 평양 방문
결과	단독 정부 수립 반대, 미·소 양군의 철수 요구 등을 담은 공동 성명서 채택 → 미·소의 거부와 남북한 단독 정부 수립 추진으로 성과 미흡

정부 수립을 둘러싼 갈등

제주 4·3 사건	제주도 좌익 세력 등이 5·10 총선거를 앞두고 무장봉기 → 제주 3개 선거구 중 2곳에서 선거 무효 → 무력 충돌과 진압 과정에서 수많은 제주도민의 희생 발생
여수·순천 10·19 사건	대한민국 정부 수립 후 정부가 제주 4·3 사건 진압을 위해 여수 주둔 군대에 출동 명령 → 군대 내 좌익 세력이 반발하여 봉기 → 정부군에 의해 진압

68
대한민국 정부 수립과 북한 정권의 수립

1948년 5월 10일, 유엔 한국 임시 위원단의 감시 아래 우리 역사 최초의 국회의원을 뽑는 민주적인 총선거가 실시되었습니다. 단원제로 구성된 제헌 국회의 정원은 인구 비례로 38도선 이남 지역에 200석, 이북 지역에 100석을 배정하여 총 300석으로 구성하였습니다. 38도선 이북 지역의 국회의원은 선거가 가능해질 때까지 선출을 유보하였습니다. 5·10 총선거에는 보통·평등·비밀·직접 선거 원칙 아래 21세 이상 모든 국민이 참여하여 95.5%라는 높은 투표율을 보였습니다. 그러나 김구와 김규식 등 남북 협상파와 좌익 세력은 단독 선거를 반대하며 선거에 참여하지 않았습니다.

5·10 총선거 결과 제주도 2곳을 제외한 선거구에서 198명의 국회의원이 선출되었습니다. 제주 4·3 사건으로 국회의원 선출이 불가능했던 제주도 선거구 두 곳은 다음 해에 선거가 실시되었습니다. 임기 2년의 제헌 국회의원에는 무소속이 85석으로 다수를 차지하였고, 이승만을 지지하는 대한 독립 촉성 국민회가 55석으로 그 뒤를 이었습니다. 이승만은 원내 제1당이 된 대한 독립 촉성 국민회와 한국 민주당 및 우익 성향 의원의 지지를 받아 국회의장에 당선되었습니다. 제헌 국회는 국호를 대한민국으로 정하고 대한민국 정부가 대한민국 임시 정부의 법통을 계승한 민주 공화국임을 밝히면서, 국민 주권에 바탕을 둔 제헌 헌법을 제정하여 공포하였습니다(1948. 7. 17.). 제헌 헌법은 삼권 분립과 대통령 중심제를 채택하였으며, 대통령을 국회에서 선출하는 간접 선거제를 규정하였습니다. 제헌 국회는 헌법에 따라 국회에서 간접 선거로 이승만을 대통령, 이시영을 부통령으로 선출하였습니다. 이후 이승만 대통령은 내각 구성을 완료하고, 1948년 8월 15일 군정 종식과 함께 대한민국 정부 수립을 국내외에 선포하였습니다. 한편 1948년 말 프랑스 파리에서 열린 유엔 총회에서는 대한민국 정부가 '선거가 가능하던 한반도 내에서 유

일한 합법 정부'라는 결의안을 승인하였습니다.

　　반면 북한에서도 김일성을 중심으로 북한 정권이 수립되었습니다. 8·15 광복 직후 평양에서는 조만식을 중심으로 한 독립 운동가들이 평안남도 건국 준비 위원회를 결성하였습니다. 소련군이 진주한 이후 좌우익 세력은 북한 각 지역에 인민 위원회를 조직하였고, 소련은 인민 위원회에 행정권을 넘겨주어 자치를 허용하였습니다. 1945년 12월 조만식 등 우익 세력이 모스크바 3국 외상 회의의 결정에 반대하자 소련군은 이들을 제거하였습니다. 그리고 북조선 임시 인민 위원회를 출범시키고, 자신들이 내세운 김일성을 위원장으로 선출하여 실질적으로 북한 정권 수립 작업을 진행하였습니다. 북조선 임시 인민 위원회에서는 5정보를 초과하는 토지를 무상 몰수하여 농민에게 무상 분배하는 토지 개혁을 실시하였고(1946), 주요 산업과 각종 자원을 국유화하는 등 사회주의 체제의 기반을 마련하였습니다. 북한은 유엔이 남한만의 단독 선거를 결정하자 표면적으로는 단독 정부 수립을 비판하고 남북 협상에 참여하는 등 통일 정부 수립을 주장하였습니다. 그러나 내부적으로는 1947년 북조선 임시 인민 위원회를 북조선 인민 위원회 체제로 변경하고, 1948년 초 군대를 창설하는 등 단독 정권 수립 준비를 이미 마친 상태였습니다. 북한은 대한민국 정부가 수립되자 1948년 9월 9일에 김일성을 중심으로 하는 내각을 구성하고, '조선 민주주의 인민 공화국' 수립을 선포하였습니다.

한국사 쉬어 가기　대한민국이라는 국호 제정 과정

우리나라의 국호는 한(韓), 조선(朝鮮), 동국(東國), 청구(靑丘) 등으로 다양하게 불려왔습니다. '한' 또는 '대한'은 우리 민족이 한족(韓族)을 중심으로 이루어졌기 때문에 삼한(三韓) 시대부터 대한민국에 이르기까지 가장 빈번히 국호로 사용되었습니다. '조선'은 중국 사서인 《전국책》, 《사기(史記)》 등에 일찍부터 전해지는 이름으로 단군조선부터 사용되었습니다.

1948년 정부 수립 중 국호를 정하는 과정에서 '대한민국'과 '한국'은 물론 '고려'와 '조선' 까지 거론되어 논쟁이 있었습니다. 결국 헌법 기초 위원회의에서 격론 끝에 대한민국 17표, 고려 공화국 7표, 조선 공화국 2표, 한국 1표를 얻어 대한민국이 국호로 결정되었습니다.

대한민국 정부 수립 과정

5·10 총선거	• 의의 : 우리나라 역사상 최초의 민주적 보통 선거 • 결과 : 제헌 국회의원 선출(임기 2년) → 제헌 국회에서 국호를 '대한민국'으로 결정, 제헌 헌법 제정 • 한계 : 김구, 김규식 등의 남북 협상파와 좌익 세력의 선거 불참
제헌 헌법 공포 (1948. 7. 17.)	• 대한민국 임시 정부의 법통을 계승한 민주 공화국임을 선언 • 삼권 분립과 대통령 중심제 채택 • 국회에서 간접 선거로 정·부통령 선출(임기 4년, 1회 중임 가능)
정부 수립 (1948. 8. 15.)	국회에서 대통령에 이승만, 부통령에 이시영 선출 → 정부 수립 선포 → 유엔에서 대한민국이 유일한 합법 정부임을 승인

북한 정부 수립

과정	북조선 임시 인민 위원회 수립(1946, 실질적인 정부 역할 수행, 토지 개혁과 중요 산업 국유화 등 실시) → 북조선 인민 위원회로 변화
결과	소련의 개입 → 최고 인민 회의 구성과 헌법 제정 → 김일성을 수상으로 하는 북한 정부 수립 선포(1948. 9. 9.)

69

제헌 국회의 활동(반민특위와 농지 개혁)

광복 직후 일제의 식민 지배에 협력했던 민족 반역자를 처벌하는 것은 민족정기와 사회 정의를 바로 잡기 위한 필수 상황이었습니다. 그러나 미 군정이 자신들의 필요에 따라 친일 관료를 계속 유지하였기에 즉각적인 친일파 청산은 이루어지지 않았습니다. 제헌 국회가 수립되자 제헌 헌법의 특별 규정에 따라 '반민족 행위 처벌법'을 제정하고, 국회 직속의 반민족 행위 특별 조사 위원회(반민 특위)와 특별 재판부를 구성하였습니다. 그리고 7천여 명의 친일 반민족 행위자를 선정하고 주요 인물에 대한 조사와 체포에 나섰습니다.

반민 특위는 범국민적으로 호응을 받으면서 1949년 1월부터 활동을 개시하였으나 반민 특위의 활동은 어려움을 맞고 말았습니다. 반민족 행위자 처벌보다 반공을 더 중요하게 여긴 이승만 정부는 좌익 반란 분자 색출 경험이 풍부한 경찰관을 마구 잡아들여서는 안 된다는 특별 담화를 발표하였습니다. 이어 이승만 정부는 공산당과 내통했다는 구실로 반민 특위 소속 국회의원을 구속하였습니다(국회 프락치 사건). 고위급 경찰이 독립 운동가를 고문했다는 혐의로 체포되면 경찰이 반민 특위 사무실을 습격하기도 하였습니다. 결국 이승만 정부의 압력으로 반민족 행위 처벌법이 개정되어 친일파 처벌 기한이 1950년 6월까지에서 1949년 8월까지로 줄어들었습니다. 또한 반민족 행위의 범위도 크게 축소되어 반민 특위의 활동은 유명무실하게 되었습니다. 결국 반민 특위에서 조사받던 대부분의 사람들은 처벌받지 않고 풀려나면서 친일파 청산은 제대로 이루어지지 못하는 아쉬움을 남겼고, 지금까지도 좋지 않은 영향을 끼치게 되었습니다.

일제 강점기에는 일제의 지주제 강화 정책으로 광복 당시에는 전체 경지의 60% 이상이 소작지였기 때문에 광복 이후 농지 개혁에 대한 요구는 높을 수밖에 없었습니다. 대다수 농민은 '농사짓는 농민이 토지를 가진다'는 경자유전의 원칙이 실현되기를 원하였습니다. 1946년에는 북한에서 토지 개혁이 단행되어 남한 농민들의 불만에 높아지자 미 군정도 농지 개혁 관련법을 제정하려 하였지만 한국 민주당과 지주층의 반발로 전면적 농지 개혁은 이루어지지 못하였습니다. 단지 1948년 일본인이 소유하던 귀속 농지를 농민들에게 유상으로 분배하는데 그쳤습니다.

정부가 수립되자 본격적인 농지 개혁이 진행되어 1949년에 농지 개혁법을 제정하였습니다. 이를 바탕으로 1950년 3월, 이승만 정부는 한 가구당 3정보를 소유 상한으로 하고, 그 이상의 토지는 국가가 유상으로 매입하여 소작농에게 유상으로 분배하는 농지 개혁을 실시하였습니다. 농지 개혁은 6·25 전쟁으로 지연되기도 하였으나 전쟁 이후에는 마무리되었습니다. 농지 개혁의 실시가 지연되면서 지주들이 미리 토지를 팔아 버려 농지 개혁 대상의 토지가 줄기도 하였지만 농지 개혁으로 지주제가 사라지면서 농민 중심의 토지 소유가 확립되었습니다. 이 때문에 농민은 이승만 정부의 주요한 지지 세력이 되기도 하였습니다. 그러나 유상 분배에 따른 경제적 부담으로 농민이 분배받은 토지를 되팔고 다시 소작농이 되는 경우도 많았습니다.

친일파 청산을 위한 노력

배경	민족 정기의 함양 및 정의 사회 구현
과정	• 반민족 행위 처벌법 제정(1948. 9) : 일제 강점기의 반민족 행위자 처벌 및 재산 몰수 등 포함 • 반민족 행위 특별 조사 위원회(반민 특위)의 활동 : 친일 혐의자 체포·조사 → 이승만 정부의 비협조와 방해, 경찰의 반민 특위 습격 등으로 활동 제약
결과	반민 특위 활동 기간 단축에 따라 반민 특위 해체 → 친일파 청산 노력 좌절

농지 개혁

배경	국민 대다수가 토지 분배와 지주제 개혁 요구, 북한의 토지 개혁 실시
과정	농지 개혁법 제정(1949) : 유상 매수(지가 증권 발행), 유상 분배, 가구당 농지 소유 상한을 3정보로 제한 → 대부분의 농민이 토지를 소유할 수 있게 됨
결과	지주·소작제 소멸

70

6·25 전쟁과 그 영향

　대한민국 정부 수립 이후 미국과 소련은 한반도에서 군대를 철수하였으나 남북은 38도선 부근에서 크고 작은 무력 충돌을 벌였습니다. 한편 남한에서는 좌·우익의 대립이 지속되었으며 남한의 좌익 세력 중 일부는 지리산, 태백산 일대 등에서 게릴라전을 벌이는 상황이었습니다. 반면 북한에서는 소련과 중국의 군사 지원으로 전력이 강화되면서 남침 준비가 진행되고 있었습니다. 중국도 필요한 경우 참전할 것을 약속하였습니다.

　미국은 군사 철수 외에도 1950년 1월 한반도와 타이완을 미국의 태평양 방위선에서 제외한다는 내용이 담긴 애치슨 선언을 발표하였습니다. 이에 북한은 한반도에서 전쟁이 일어나도 미국이 개입하지 않을 것이라고 판단하는 결정적 계기가 되었습니다.

　1950년 6월 25일 새벽, 북한군이 선전포고도 없이 전면적으로 남침을 감행하였습니다. 전차를 앞세운 북한군의 막강한 군사력에 밀려 이승만 정부는 3일 만에 서울을 포기하고 낙동강 유역까지 후퇴할 수밖에 없었습니다. 전쟁이 일어나자 국제 연합의 안전 보장 이사회는 북한의 남침을 침략 행위로 규정하고, 유엔군 파병을 결의하였습니다. 미국을 비롯하여 16개국이 참여한 유엔군의 지원을 받은 국군은 낙동강 방어선을 중심으로 반격을 시작하였습니다. 국군과 유엔군은 맥아더의 지휘 아래 인천 상륙 작전을 실시하여 전세를 역전하고 서울을 되찾았습니다. 이어 계속 북진하여 압록강까지 진출하였습니다. 전세가 불리해지자 북한을 돕기 위해 개입한 중국군의 공세로 국군과 유엔군은 서울을 다시 빼앗기고 한강 이남으로 물러났습니다(1·4 후퇴). 전열을 가다듬은 국군과 유엔군은 다시 서울을 탈환하고, 38도선 부근에서 북한군·중국군과 공방전을 지속하였습니다.

　전쟁이 38도선에서 교착 상태에 빠지자 소련이 먼저 정전 협정을 제안하였고,

6·25 전쟁이 세계 대전으로 확대될 것을 우려한 미국도 이를 받아들여 휴전 협상에 들어갔습니다. 그러나 군사 분계선 설정, 포로 송환 문제에 대한 이견 등으로 정전 회담은 2년여 동안 계속되었습니다. 휴전 협정 체결이 지연되면서 38도선 부근에서는 계속 치열한 전투가 벌어져 많은 희생자가 발생하였습니다. 한편 이승만 정부는 정전에 반대하여 북한 송환을 거부하는 반공 포로를 일방적으로 석방하기도 하였습니다. 결국 휴전 협정은 회담이 시작된 지 2년, 전쟁이 시작된 지 3년만인 1953년 7월 27일에 조인되었습니다. 정전에 반대했던 이승만 정부도 미국에게 한·미 상호 방위 조약 체결, 경제 원조 등을 약속받고 정전 협상에 동의하였습니다.

6·25 전쟁은 20여 개 국가가 직·간접적으로 참여하여 한반도 전역에서 전개된 대규모의 국제전이었습니다. 전쟁으로 군인과 민간인을 포함한 수많은 인명 피해와 함께 이산가족과 전쟁 고아가 발생하였습니다. 그리고 남북한은 엄청난 물적 피해도 입었습니다. 농촌의 황폐화로 식량 생산이 급감하였고, 대부분의 생산 시설과 사회 기반 시설의 파괴로 물자가 부족해졌습니다. 한편 전쟁으로 남북한 사이의 적대심이 높아져 민족 동질감이 약해지고 분단은 더욱 고착화되었습니다. 전쟁 이후 이승만 정부는 북진 통일을 주장하며 반공 정책을 고수했고, 북한은 미군 철수를 주장하며 적화 통일 공세를 펼쳤습니다. 이러한 분위기를 틈타 이승만 정부는 반공을 더욱 강조하며 국민의 자유를 억압하고 독재 체제를 구축하였습니다. 북한의 김일성은 패전의 책임을 물어 정적들을 숙청하고, 유일 체제를 확립하였습니다. 또한 월남자나 월북자의 남겨진 가족들은 감시와 차별로 심한 고통을 받았습니다. 한편 전쟁 이후 남한에서는 한·미 상호 방위 조약이 체결되면서 미국의 영향력이 강화되었고, 북한에서는 전쟁에 참가한 중국의 영향력이 소련보다 커지게 되었습니다.

전쟁 이후 전쟁 기간 중 많은 사람이 고향을 떠나 이주하였고, 도시를 중심으로 전후 복구가 이루어지면서 인구의 상당수가 도시로 이동하였습니다. 이 과정에서 전통적인 촌락 공동체와 대가족 중심 가족 공동체가 약화되었고, 전통 문화는 해체되었습니다. 또한 미군을 통해 유입된 미국의 대중문화가 빠르게 전파되었습니다. 전쟁으로 여성이 직접 생계 전선에 나서면서 가정과 사회에서 여성의 역할도 커지기 시작하였습니다.

6·25 전쟁

배경	• 한반도와 주변 정세 : 미·소 양군 철수, 북위 38도선 일대에서 소규모 군사 충돌, 미국의 애치슨 선언 발표(1950. 1.) • 북한의 전쟁 준비 : 소련과 중국의 지원
전개	북한군의 무력 남침(1950. 6. 25.) → 서울 함락(6. 28.) → 유엔군 파병 → 국군과 유엔군의 낙동강 방어선 구축 → 인천 상륙 작전(1950. 9. 15.) → 서울 수복(1950. 9. 28.) → 국군의 38도선 돌파 → 압록강 유역까지 진출 → 중국군 개입(1950. 10.) → 흥남 철수(1950. 12.) → 서울 재함락(1·4 후퇴, 1951. 1. 4.) → 국군과 유엔군의 총공세 → 서울 재수복(1951. 3. 14.) → 38도선 중심으로 전선 교착 → 소련이 유엔에서 정전 제의 → 정전 회담 시작(1951. 7.) → 군사 분계선 설정, 포로 교환 방식을 두고 갈등 → 이승만 정부의 정전 반대 성명 발표와 반공 포로 석방 → 정전 협정 조인(1953. 7. 27.)
결과	정전 협정 조인 : 군사 분계선(휴전선) 설정, 비무장 지대 설치 등
후유증	인명 피해, 이산가족 문제 발생, 산업 시설 및 경제 기반 파괴
영향	한·미 상호 방위 조약 체결(1953. 10.)로 한·미 동맹 강화, 남북 간 적대감 심화, 전통문화 파괴, 남북한 독재 강화

지도로 본 6·25 전쟁

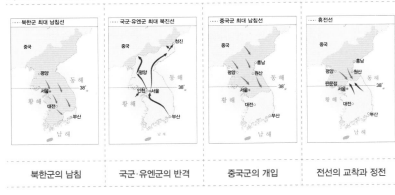

북한군의 남침	국군·유엔군의 반격	중국군의 개입	전선의 교착과 정전

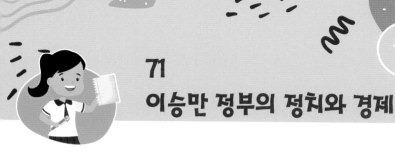

71

이승만 정부의 정치와 경계

6·25 전쟁 직전에 실시된 제2대 국회의원 선거에서는 5·10 총선거에 불참하였던 중도파 민족주의자와 이승만 대통령에 비판적인 무소속 출마자가 대거 당선되었습니다. 그리고 6·25 전쟁 중에 일어난 국민 방위군 사건과 거창 양민 학살 사건이 폭로되면서 이승만 정부에 대한 여론도 상당히 악화되었습니다. 국민 방위군 사건은 이승만 정부가 6·25 전쟁 중 예비군을 편성하기 위해 국민 방위군을 징집하였는데, 고위 장교들의 비리로 보급이 제대로 되지 않아 수많은 사람이 사망한 사건이었습니다. 또한 거창 양민 학살 사건은 6·25 전쟁 중에 공비 토벌 작전을 벌이던 제11사단 9연대 군인들이 빨치산과 내통했다는 죄목으로 무고한 신원면 주민 570여 명을 다이너마이트와 총으로 학살한 사건이었습니다. 이승만 정부의 무능과 비리를 보여 주는 대표적인 사례였습니다.

이승만 정부는 기존의 국회 간선제로는 이승만 대통령의 재선이 어렵다고 판단하였습니다. 이에 이승만은 자신들의 지지 세력을 모아 자유당을 창당하여 대통령 직선제 개헌안을 제출하였지만 국회에서 부결되었습니다. 이에 이승만 정부는 1952년 계엄령을 선포하면서 개헌에 반대하는 국회의원이 탄 통근 버스를 강제 연행하였고, 일부 국회의원을 간첩이라고 뒤집어 씌워 구속하였습니다(부산 정치 파동). 이러한 공포 분위기 속에서 이승만 정부는 대통령 직선제를 골자로 하는 개헌안을 기립 표결로 강제 통과시켰습니다(발췌 개헌). 이 개헌을 발췌 개헌이라 부르는 이유는 이승만 정부가 대통령 직선제, 양원제 국회 구성이라는 정부 개헌안과 내각 책임제 및 단원제 국회 구성이라는 국회의 개헌안을 절충해 통과시켰다는 점에서 비롯되었지만, 실상은 이승만의 대통령 재선을 용이하게 하기 위하여 개정한 것에 불과하였습니다.

발췌 개헌 이후 이승만은 직선제 선거에서 반공을 내세우면서 다시 대통령에 당선되었습니다. 6·25 전쟁 이후 이승만은 장기 집권을 위해 또다시 헌법 개정을 추진하였습니다. 당시 헌법으로는 대통령은 재선까지만 가능하였습니다. 자유당은 이승만 정부의 장기 집권을 위해 현임 대통령에 한해 연임 제한을 없애자는 내용의 개헌안을 국회에 제출하였습니다. 개헌안은 국회 정족수에서 1표가 모자라 부결되었지만 이틀 후 자유당은 사사오입(반올림)의 논리를 내세워 개헌안이 통과되었다고 선포하였습니다. 국회에서 개헌안이 통과되기 위해서는 재적 의원 203명 중 3분의 2 이상의 찬성표가 필요하였습니다. 그러나 실제 투표에서는 135명이 찬성하여 1표 차이로 부결되었으나 자유당 정권은 수학 통계에서 사용하는 사사오입(반올림)을 적용하여 135명만 찬성해도 된다고 주장하며 개헌안을 통과시키는 만행을 저지른 것입니다.

개헌 후 실시된 1956년 제3대 대통령 및 제4대 부통령 선거(제1대 부통령인 이시영 선생이 1대 기간에 이승만의 독재에 항의하여 중도에 퇴진하였기 때문에 대통령 선거보다 한 번 더 많게 되었습니다)는 일부 지역에서 개표가 중단되는 등 혼란스러운 분위기 속에서 진행되었습니다. 하지만 이 선거에서 민주당 후보인 신익희가 유세 도중 갑자기 사망하면서 이승만이 대통령에 당선되었습니다. 그러나 무소속 후보로 나선 조봉암이 예상보다 많은 표를 얻었고, 부통령 선거에서는 민주당의 장면이 자유당의 이기붕을 누르고 부통령에 당선되면서 자유당 정권을 견제하였습니다.

무소속 후보로 나선 진보 성향의 조봉암은 평화 통일을 구호로 내걸고 예상보다 많은 표를 얻어 돌풍을 일으켰습니다. 이에 위기를 느낀 이승만 정부는 조봉암에게 국가보안법 위반과 간첩 혐의를 뒤집어 씌워 사형에 처했습니다. 그리고 국가보안법을 개정하고, 정부에 비판적이던 경향신문을 폐간하는 등 언론을 탄압하면서 강압적 정치를 실시하였습니다. 또한 주민을 효율적으로 동원·통제하기 위하여 동 단위로 국민반을 조직하여 선거에 동원하기도 하였습니다. 그리고 반공을 강조하는 서적과 잡지를 배부하여 반공주의를 강화하면서 국민의 사상까지 통제하려 하였습니다.

6·25 전쟁은 한국 경제에 큰 타격을 주었습니다. 대부분의 산업 시설이 파괴되어 생활 필수품이 부족해지고 실업자가 크게 늘었으며, 농경지가 황폐해져 식량도 크게 모자라게 되었습니다. 정전 이후 이승만 정부는 경제 안정을 통한 전후 복구

사업에 힘을 쏟았습니다. 우선 일제로부터 압류한 귀속 재산을 민간에 팔았으며, 미국에서 들어온 원조 물자를 민간 기업에 헐값에 넘겨 전후 민간 중심의 자본주의 경제 발전을 추진하였습니다. 국민도 전후 복구에 힘써 1950년대 후반에는 주요 산업 시설이 일부이기는 했지만 복구되었습니다.

미국은 공산주의 확산 방지와 인도주의적 목적으로 한국에 경제 원조를 제공하였는데, 전후 복구 사업에 큰 역할을 하였습니다. 미국의 원조물 중에서 가장 많은 것은 밀, 면화, 설탕 등의 농산물이었습니다. 미국이 제공한 잉여 농산물은 식량 부족 문제에 도움을 주었고, 밀가루(제분), 설탕(제당), 면화(면직물)의 삼백 산업(색이 하얗다고 해서 붙인 이름)과 같은 소비재 산업 발달에 영향을 끼쳤습니다.

그러나 미국의 농산물이 대량으로 들어오면서 국내 농산물 가격이 하락해 농촌 경제가 어려워졌으며 미국에 대한 경제 의존도가 높아졌습니다. 이에 1950년대 말부터 원조가 줄어들고 유상 차관으로 전환되자 한국 경제는 위기를 겪게 되었습니다.

한편 귀속 재산과 원조 물자를 민간에 넘기는 과정에서 특정 기업에 혜택이 집중되었고, 이를 바탕으로 삼백 산업을 중심으로 독점적 대기업이 형성되었습니다. 이러한 대기업과 정치가들이 결탁하는 정경 유착의 문제도 나타났습니다.

한국사
쉬어 가기

제3대 정·부통령 선거에 등장한 선거 구호

제3대 정·부통령 선거에서 신익희를 내세운 민주당은 '못살겠다, 갈아보자!'라는, 대한민국 선거사에 길이 남을 구호를 외치면서 국민들의 지지를 호소했습니다. 이 구호는 6·25 전쟁 이후 경제적·정신적으로 어려운 생활을 하던 유권자들의 깊은 공감을 이끌어냈습니다. 이에 대해 보수 세력들은 '갈아봤자 더 못 산다', '구관이 명관이다'라며 맞불을 놓기도 했습니다. 한편 무소속의 조봉암 후보는 '갈지 못하면 살 수 없다', '이것저것 다 보았다. 혁신밖에 살 길 없다'라는 구호를 내세워 선거 돌풍을 일으켰습니다.

발췌 개헌

배경	제2대 국회의원 선거(1950. 5.)에서 국회 내 이승만 지지 세력 급감 → 국회를 통한 간선제 방식으로 이승만의 대통령 재선 가능성 희박
과정	이승만 대통령이 임시 수도 부산에서 자유당을 창당한 후 계엄령 선포 → 야당 국회의원을 연행하고 일부 국회의원에게 간첩죄 모함 → 대통령 직선제 등을 주요 내용으로 하는 개헌안(발췌 개헌) 통과
결과	이승만이 제2대 대통령에 당선

사사오입 개헌

배경	제헌 헌법에는 대통령 임기를 두 번으로 제한 → 이승만이 장기 집권을 위해 개헌 시도
과정	개헌 통과 정족수에 1표 부족으로 개헌안 부결 → 이승만 정부가 사사오입 논리를 내세워 어거지로 통과
내용	개헌 당시 대통령(이승만)에 한해 중임 제한 조항을 적용하지 않는다는 내용 추가

이승만의 독재 강화

배경	1956년 정·부통령 선거에서 무소속 조봉암이 많은 표를 얻고, 민주당의 장면이 부통령에 당선 → 이승만 정권의 위기
내용	반공을 내세워 조봉암(간첩죄 누명으로 사형) 등의 진보 세력을 탄압(진보당 사건), 정부에 비판적인 경향신문 폐간

6·25 전쟁 직후의 경제 상황

상황	대다수의 생산 시설 파괴, 생활 필수품 부족, 물가 폭등의 어려움
미국의 경제 원조	농산물과 소비재 물품 중심의 물자 원조를 활용하여 전후 복구가 추진(삼백 산업이 발달), 식량 문제는 다소 해결되었으나 국내 농산물 가격 폭락 → 미국의 무상 원조가 1950년대 후반부터 유상 차관 방식으로 전환
귀속 재산 처리	옛 일본인 재산을 민간에 매각 → 특정 기업에 혜택이 편중되는 문제 발생 (정치계와 경제계가 부적절하게 연결되는 정경 유착 문제 대두)

72
북한의 체제 변화와 사회주의 경제 체제의 확립

초기 북한 정권은 김일성을 대표로 하는 다양한 세력의 연합으로 김일성이 모든 권력을 장악한 것은 아니었습니다. 그러나 김일성은 6·25 전쟁을 계기로 독재 권력을 구축하는데 성공하였습니다. 김일성은 6·25 전쟁 과정에서 반대 세력의 일부를 제거하였고, 전쟁 이후에는 박헌영과 남로당 계열에 6·25 전쟁 패배의 책임을 뒤집어 씌워 제거하는 등 권력 기반을 강화하였습니다. 한편 소련에서는 스탈린이 죽은 후 스탈린 개인 숭배에 대한 비판이 일어났고, 북한 내에서도 김일성의 독재를 비판하는 움직임이 나타났습니다. 김일성은 자신을 비판하는 세력을 숙청하였습니다. 또한 중국과 소련의 분쟁을 계기로 독자적 자주 노선을 추구하는 한편, 1인 독재 체제를 더욱 강화하였습니다.

6·25 전쟁으로 북한 전역은 거의 폐허가 되었고, 북한 경제는 소련과 중국 등 사회주의 국가의 원조에 크게 의존하게 되었습니다. 북한은 내부적으로도 경제 회복을 위하여 여러 정책을 펼쳤습니다. 북한은 생산 수준을 전쟁 이전 수준으로 높이기 위하여 전후 복구 3개년 계획(1954~1956)을 추진하였으나 석탄·시멘트·곡물 생산 등 대부분이 계획에 미달하였습니다.

1957년부터는 사회주의 경제의 공업 기반을 구축하고 주민의 의식주를 해결하는 데 목표를 두고 제1차 5개년 계획에 착수하였습니다. 또한 이 시기에 대중의 노동력을 동원하여 생산성을 높이기 위한 노동력 경쟁 운동인 천리마 운동을 통해 북한 주민의 적극적인 희생을 요구하며 대중 동원을 중시하는 정책을 펼쳤습니다. 천리마 운동으로 제1차 5개년 계획의 목표를 1년 앞당겨 달성하였다고 선전하였으나 자본 투자와 기술 혁신 없이 노력 동원과 속도 경쟁에만 의존하면서 한계에 부딪히고 말았습니다.

한편 북한은 피폐한 농촌을 복구하면서 1953년부터 1958년까지 토지와 노동

수단을 조직화하는 농업 협동화를 확립하였습니다. 또한 토지를 비롯한 모든 생산 수단을 통합하고 노동에 따라 분배받는 협동 농장 체제를 수립하여 농촌에서 사회주의 경제 체제를 확립하였습니다. 이후 산업 전 분야에 걸쳐 사회주의 경제 체제를 이루어 나갔습니다.

김일성 1인 독재 정치 체제의 형성

배경	초기 북한 정권은 김일성을 대표로 하는 다양한 사회주의 세력의 연합으로 구성
변화	6·25 전쟁 과정에서 김일성 반대 세력의 일부 숙청 → 6·25 전쟁 이후 박헌영 등 남로당 계열 제거 → 김일성 숭배 분위기 형성 → 소련에서 스탈린 사후 개인 숭배 비판 → 북한에서 김일성 독재 비판 움직임 발생 → 김일성이 자신을 비판하는 반대 세력 숙청 후 1인 독재 체제 강화

북한 경제 체제의 변화

6·25 전쟁 직후	북한 전역 폐허화 → 소련과 중국의 국가 원조 의존
전후 복구 3개년 계획 (1954~1956)	• 목적 : 경제 회복 • 결과 : 대부분의 분야에서 계획 미달 → 실패
제1차 5개년 계획 (1957~1961)	• 목적 : 사회주의 경제 공업 기반 확립 및 주민 의식주 해결 • 과정 : 천리마 운동을 기반으로 대중 동원 및 노동력 경쟁 운동 실시 • 결과 : 자본 투자와 기술 혁신 미비로 실패(농촌에서는 협동 농장 체제를 수립하여 사회주의 경제 체제 확립)

73
4·19 혁명과 장면 정부

발췌 개헌으로 영구적인 대통령을 꿈꾸던 이승만은 1960년 제4대 대통령 선거에 나섰습니다. 대통령 선거 유세 도중 민주당 후보인 조병옥이 사망하면서 다시 한번 이승만의 당선이 확실해졌습니다. 그러나 자유당은 나이가 많은 이승만이 당선되더라도 건강상의 문제로 부통령이 대통령직을 승계하는 상황이 생길 것을 우려하였습니다. 이에 이승만 정부와 자유당은 이기붕을 부통령에 당선시키기 위해 제4대 대통령 선거를 실시하기 1년 전부터 공무원과 행정력을 동원해 부정 선거를 조직적으로 준비하였습니다. 선거가 실시되자 정부와 자유당은 공무원, 마을 이장, 경찰, 정치 깡패를 총동원하여 온갖 부정을 저질렀습니다. 야당 후보의 선거 유세 방해는 물론 선거 당일에 투표함을 통째로 바꿔치기 하는 경우도 있었습니다(3·15 부정 선거). 그 결과 이기붕이 100%에 가깝게 득표하여 부통령이 되는 상황이 벌어지자 득표율을 79%로 조정하기도 하였습니다.

시민들은 이승만 정권의 부정 선거에 강력하게 저항하였습니다. 대구에서 일어난 학생 시위(2·28 민주 운동)를 계기로 중·고등학생의 시위가 지속적으로 발생하였고, 선거 당일인 3월 15일에는 전국에서 부정 선거를 규탄하는 시위가 일어났습니다. 이때 마산에서는 시위대를 향한 경찰의 발포로 사망자가 발생하였습니다(1960. 3. 15.). 시위가 확산되자 부정 선거를 주도한 내무부 장관이 사임하면서 시위는 잠시 진정되는 듯했습니다. 그러나 4월 초 시위에 참여했다가 실종된 김주열 학생이 마산 앞바다에서 최루탄을 맞고 숨진 시신으로 발견되었고, 이를 경찰이 은폐하였던 것이 밝혀지면서 시위는 다시 가열되었습니다. 정부는 공산주의 세력이 시위를 조종한다고 발표하였지만 국민들은 이를 믿지 않았습니다. 오히려 시위는 더욱 거세졌고, 4월 19일에는 학생과 시민들이 대통령과 면담을 요구하며 경무대(지금의 청와대)로 향하였습니다. 이에 경찰이 시위대에게 무차별 총격을 가하여 고등학생을 포함한 많은 희생자가 발생하였습니다. 정부는 비상계엄을 선포하고 군대까지 동원했지만 초등학생까지 가담한 시위대를 마주한 계엄 사령관은 발포하지 말도록 지시하여 시위를 진압하지 않았습니다.

정부는 이기붕 부통령 당선자 사퇴와 이승만의 자유당 총재직 사임으로 사태를 수습하려 했지만 대학교수들까지 "학생의 피에 보답하라"라고 적은 플래카드를 앞세우고 이승만의 퇴진을 요구하며 시위를 전개하였습니다. 결국 이승만은 "국민이 원한다면 물러나겠다"라는 성명을 발표하고(4. 26.) 미국 하와이로 망명하였습니다. 이로써 이승만 독재 정권은 붕괴되었고, 외무부 장관이었던 허정의 과도 정부가 수립되었습니다. 허정 과도 정부는 양원제 국회와 내각 책임제를 내용으로 한 헌법을 개정하였고, 이어 실시된 국회의원 선거에서 민주당이 크게 승리하였습니다. 새로 구성된 국회는 윤보선을 대통령으로 선출하였고, 윤보선이 장면을 국무총리로 지명함으로써 장면 내각이 출범하였습니다(1960. 8.).

장면 내각은 부정 선거 관련자를 처벌하고 민주화와 경제 발전을 국정 지표로 내세웠습니다. 또한 지방 의회와 단체장을 주민이 직접 뽑는 지방 자치제를 시행하였고, 외국 자본 도입과 군비 축소를 통한 경제 개발 5개년 계획안을 마련하였습니다.

한편 사회 곳곳에서 그동안 억압되었던 민주화 운동이 활발하게 일어났습니다. 학생들은 학원 민주화를 요구하였고, 노동자들은 노동조합을 결성하여 노동 운동을 전개하였습니다. 6·25 전쟁 유가족들도 민간인 학살 진상 조사를 요구하였습니다. 특히 평화 통일 운동이 활발하게 전개되면서 다양한 통일 방안이 제시되었으며, 민간 차원에서 남북 회담이 추진되기도 하였습니다.

그러나 집권당인 민주당은 민간의 다양한 요구를 수용하지 못하였고, 파벌이 나누어지면서, 약속했던 선거 책임자와 부정 축재자 처벌에도 소극적으로 대처하였습니다. 장면 내각은 4·19 혁명으로 이루어진 새로운 정부의 책임을 능동적으로 대처하지 못하면서 안정적인 국정 운영을 전개하지 못하였습니다.

4·19 혁명

배경	1960년 정·부통령 선거 전에 야당 대통령 후보 사망 → 이승만의 당선이 확실시되면서 부통령 선거에 관심 집중 → 이승만 정부와 자유당은 정·부통령에 이승만과 이기붕을 당선시키기 위해 3·15 부정 선거 자행
과정	3·15 부정 선거 규탄 시위 발생 → 마산에서 시위 중 실종된 김주열 학생의 시신 발견 → 전국으로 시위 확산 → 고려대 학생들이 시위 후 귀교 중 피습 → 다음 날 경찰이 시위대에 발포하여 다수의 사상자 발생, 비상계엄령 선포(4. 19.) → 대학교수단의 시국 선언문 발표(4. 25.) → 이승만 대통령이 대통령직 사임 성명 발표(4. 26.)
결과	허정 과도 정부 수립 → 내각 책임제와 양원제 국회 구성을 골자로 한 개헌 단행

장면 정부

성립	새 헌법에 따라 치른 총선에서 민주당 승리 → 국회에서 대통령으로 윤보선 선출, 윤보선이 지명한 장면이 국회의 동의를 얻어 국무총리에 취임(1960)
정책	지방 자치제 실시, 정부 규제 완화 등 추진, 경제 개발 계획 마련
한계	• 민간의 다양한 요구 수용 소극적 • 내부 파벌 분열 • 부정 축재자와 부정 선거 책임자 처벌 소홀

74
5·16 군사 정변과 박정희 정부

4·19 혁명 이후 민간의 평화 통일 운동과 정부의 군대 개혁 정책에 군부 일부에서 불만이 높아졌습니다. 결국 1961년 5월 16일, 박정희를 중심으로 한 일부 군인이 사회 혼란을 빌미로 군사 정변을 일으켜 정권을 장악하였습니다(5·16 군사 정변). 이들은 전국에 비상계엄을 선포한 후 국가 재건 최고 회의를 설치하고 군정을 실시하였습니다. 군사 정부는 부정 축재자와 폭력배를 처벌하고 농가 부채를 탕감하여 민심을 얻는 한편, 정치인의 활동을 금지하고 언론을 억압하는 등 반대 세력을 탄압하였습니다. 그리고 비밀리에 정보기관인 중앙정보부를 조직하고 민주 공화당을 창당하여 대통령 중심제와 단원제 국회 구성을 내용으로 하는 헌법 개정을 추진하였습니다. 군사 정변 당시 민정에 참여하지 않겠다고 약속한 박정희는 전역한 후 민주 공화당 후보로 출마하여 제5대 대통령에 당선되었습니다(1963).

박정희 정부는 군사 정변으로 만들어낸 정권의 정당성을 확보하기 위해 경제 발전과 미국의 지지가 필요하였습니다. 이에 따라 이승만 정부 때부터 진행되어 온 일본과의 국교 정상화 회담을 재개하여 경제 개발 자금을 마련하려 하였습니다. 미국도 한·미·일 안보 체제 구축을 위해 박정희 정부에 한·일 간의 국교 정상화를 요구하였습니다. 그러나 회담 내용 중에 일본의 식민 지배에 대한 사과와 배상 등이 빠졌다는 사실이 알려지면서 국민은 이를 굴욕 외교라고 반발하였습니다. 특히 당시 중앙정보부장이었던 김종필은 비밀리에 일본 외무장관 오히라 마사요시를 만나 협상의 내용을 합의하였습니다. 1964년 6월 3일, 학생들은 '굴욕적 대일 외교 반대', '불법적 친일 정권 반대' 등을 내세우며 대대적으로 시위를 전개하였고, 박정희 정권 퇴진을 요구하였습니다(6·3 시위). 그러나 박정희 정부는 비상계엄을 선포하여 시위를 탄압하고, 1965년 일본과 한·일 기본 조약을 체결하여 국교를 정상화하였습니다.

한편 박정희 정부는 야당과 지식인들의 반대에도 미국의 요청에 따라 베트남에 국군을 파병하였습니다. 한국군을 파병하지 않으면 미국이 주한 미군을 베트남에 투입할 수도 있다는 우려와 경제 개발 계획 실행에 필요한 자금을 얻으려는 목적도 있었습니다. 한국은 1964년부터 1973년까지 31만여 명의 군인을 파병하였습니다. 이를 통해 박정희 정부는 미국의 지지를 얻어 정권을 안정시켰으며, 미국 대사 브라운으로부터 각서로 약속받은 군의 현대화와 군사 원조 및 차관 제공, 한국 수출품의 관세 인하 등 경제 개발에 필요한 기술과 차관을 제공받았습니다. 또한 파병된 군인의 송금, 군수 물자 수출, 건설 사업 참여 등으로 벌어들인 외화는 경제 성장의 발판이 되기도 하였습니다.

그러나 베트남 전쟁은 5천여 명의 한국군이 전쟁터에서 희생되는 결과를 초래하였고, 지금도 많은 참전 병사가 부상과 고엽제 후유증으로 고통을 받고 있습니다. 이 밖에 한국군에 의한 베트남 민간인 희생, 한국인 남성과 베트남인 여성 사이에서 태어나 버려진 아이인 라이따이한 등의 문제도 해결해야 할 과제로 남아 있습니다.

경제 성장으로 지지 기반을 넓힌 박정희는 1967년 제6대 대통령 선거에서 다시 당선되었습니다. 1968년 북한의 무장 게릴라가 청와대를 습격하고, 미국 정찰함 푸에블로호가 북한에 사로잡히는 등 북한의 도발이 이어지자 박정희 정부는 이를 빌미로 향토 예비군을 창설하고 학생들에게 군사 교육(교련)을 실시하는 등 반공 정책을 강화하였습니다. 또한 북한의 도발을 막는다는 구실로 주민 등록 제도를 강화하고, 반공 교육과 국민 통제를 강화하기 위해 '국민 교육 헌장'도 발표하였습니다(저자도 초등학생 시절에 국민 교육 헌장을 전부 외우지 못하면 하교하지 못하고 다 외울 때까지 남아 있던 기억이 납니다. 상당히 긴 문장이고 어려운 내용이었는데 무조건 외우게 했었습니다. 지금 같으면 있을 수 없는 일이지요). 그리고 '중단 없는 전진'을 내세우며 야당과 시민의 반대를 물리치고 대통령의 3선을 허용하는 헌법 개정을 추진하였습니다. 야당과 시민, 학생들은 개헌안이 장기 집권을 위한 것이라며 격렬히 저항하였지만 박정희 정부는 북한의 도발을 빌미로 반대 여론을 억압하였습니다. 이에 여당인 공화당은 국회 별관에 따로 모여 편법으로 개헌안을 통과시켰습니다(3선 개헌). 이후 1971년 제7대 대통령 선거에서 박정희는 야당의 김대중 후보를 간신히 누르고 세 번째로 대통령에 당선되었습니다(박정희 투표 획득률 51.2%). 그러나 같은 해 치른 총선거에서 야당인 신민당이 과반수에 가까운 의석을 확보하여 박정희 정부를 견제할 수 있는 기반을 마련하였습니다.

5·16 군사 정변

발생	박정희를 중심으로 일부 군인들이 정변을 일으켜 정권 장악(1961)
군정	국가 재건 최고 회의 설치 • 정치 : 구정치인의 활동 금지, 부패 공직자 처벌, 중앙정보부 설치 • 경제 : 경제 개발 5개년 계획 추진 • 개헌 : 대통령 중심제와 단원제 국회 구성을 골자로 하는 개헌 단행

박정희 정부

성립	제5대 대통령 선거에서 민주 공화당 후보 박정희 당선(1963)
한·일 국교 정상화 (1965)	• 배경 : 한·미·일 안보 체제 강화를 위해 미국이 한·일 국교 정상화 요구, 박정희 정부의 경제 개발 정책 추진에 필요한 자금 확보 • 경과 : 김종필·오히라의 비밀 회담 → 한일 회담 반대 시위 전개(6·3 시위, 1964) → 박정희 정부의 계엄령 선포와 시위 진압 → 한·일 협정 체결
베트남 파병 (1964~1973)	• 명분 : 자유 민주주의 수호를 표방하면서 베트남 파병 단행 • 영향 : 미국과 브라운 각서(1966) 체결 → 군사적·경제적 지원을 약속받음 → 베트남 전쟁 특수로 경제 성장, 고엽제 피해 등 전쟁 후유증 발생
3선 개헌 (1969)	• 과정 : 북한의 도발에 대한 대응과 지속적 경제 성장 추진을 내세워 대통령 3회 연임을 허용하는 개헌안을 편법으로 통과 • 결과 : 개정된 헌법에 따라 치러진 제7대 대통령 선거에서 박정희 당선 (1971)

75
유신 체제의 성립과 붕괴

1970년대 들어서서 박정희 정부는 위기를 맞았습니다. 긴장 완화를 표방한 닉슨 독트린이 발표되고 베트남에서 미군이 철수하는 등 냉전 체제가 완화되면서 반공을 강조하며 정권을 유지하던 박정희 정부에게 불리하게 작용하였습니다. 또한 국내 경제도 침체되었으며, 3선 개헌 이후 박정희 독재 체제에 저항하는 민주화 운동도 확산되고 있는 상황이었습니다. 국내외 상황 변화에 위기감을 느낀 박정희 정부는 1972년 북한과 평화 통일 원칙에 합의한 7·4 남북 공동 성명을 발표하여 긴장 완화에 호응하는 움직임을 보였습니다. 이와 동시에 장기 독재 체제를 구축하기 위한 작업도 진행하였습니다. 1972년 10월, 현행 헌법이 평화 통일을 뒷받침 할 수 없다는 명분을 내세워 전국에 비상계엄을 선포하여 국회를 해산하고 헌법을 개정하였습니다(10월 유신).

유신 헌법은 대통령에게 입법, 사법, 행정권을 집중시킨 비민주적 헌법이었습니다. 이 헌법에서는 대통령 임기를 6년으로 늘렸고 중임 횟수의 제한을 철폐하여 영구 집권을 가능하게 하였습니다. 선출 방법도 대통령 직선제를 폐지하고 통일 주체 국민회의에서 선출하는 간접 선거로 바꾸었습니다. 또한 대통령이 국회의원의 3분의 1을 추천하는 권한(이들을 유신 정우회라 하였습니다), 국회 해산권, 법관 인사권을 차지하여 삼권 분립도 무력화하였습니다. 특히 대통령에게 긴급 조치권을 부여하여 헌법에 보장된 국민의 기본권을 제한할 수 있도록 하여 반대 세력을 억압하였습니다.

이에 학생과 시민들은 유신 체제 반대 운동에 나섰습니다. 1973년에 중앙정보부가 일본에서 유신 반대 운동을 벌이던 김대중을 납치한 사건이 일어나자 해명을 요구하는 대학생들의 시위가 일어났습니다. 또한 장준하, 백기완을 비롯한 지식인들이 개헌 청원 1백만인 서명 운동을 추진하는 등 유신 반대 운동이 확산되었습니다.

박정희 정부는 긴급 조치를 잇따라 발표하여 정부를 향한 비판을 억눌렀고, 전국 민주 청년 학생 총연맹 사건(민청학련 사건), 인민 혁명당 재건 위원회 사건(인혁당 사건) 등 간첩 사건을 조작하여 민주화 운동을 탄압하였습니다. 이러한 탄압에도 유신 체제를 반대하는 민주화 운동은 계속되었습니다. 천주교 신부들은 천주교 정의 구현 전국 사제단을 조직하였고, 언론인들은 언론 자유 수호 투쟁을 전개하였습니다. 1976년에는 함석헌, 김대중 등 재야인사들이 명동 성당에서 3·1 민주 구국 선언을 발표하여 유신 체제를 정면으로 비판하고 긴급 조치 철폐, 박정희 정권 퇴진을 요구하였습니다.

1970년대 후반에 이르러 유신 체제는 한계에 도달했습니다. 긴급 조치를 통한 억압은 나날이 늘어갔고, 산유국이 석유 값을 올린 제2차 석유 파동으로 경제가 침체되면서 국민의 불만은 더욱 높아졌습니다. 1978년, 박정희는 통일 주체 국민 회의에서 간접 선거로 제9대 대통령에 당선되었지만 직접 선거인 국회의원 총선거에서는 야당의 득표율이 여당을 앞지르는 상황이 벌어졌습니다. 미국도 박정희 정부의 인권 탄압에 유감을 나타내면서 주한 미군 철수를 언급하는 등 국제 사회의 여론도 급격하게 나빠졌습니다.

한편 1979년 8월, 회사 폐업에 항의하며 야당인 신민당 당사에서 농성하던 YH 무역의 여성 노동자 중 한 명이 경찰의 강제 진압 과정에서 사망하는 사건이 발생했습니다(YH 무역 사건, 1979). 이에 신민당 총재 김영삼이 강하게 정부를 비판하자, 여당은 김영삼을 국회의원에서 제명하였습니다.

이에 1979년 10월 부산과 마산에서 대학생들을 중심으로 유신 체제에 저항하는 시위가 발생하였습니다. 학생들은 독재 타도, 빈부 격차 해소 등을 주장하였고, 여기에 시민이 동참하면서 시위가 확산되었습니다(부·마 민주 항쟁). 정부는 계엄령을 선포하고 군대까지 동원하였지만 경기 침체로 불만이 높던 노동자까지 참여하면서 시위는 걷잡을 수 없게 퍼져나갔습니다. 이에 민주 항쟁 처리 방법을 두고 권력자들 간에 갈등이 생겼습니다. 이 과정에서 중앙정보부장 김재규에게 박정희 대통령이 피살되면서 유신 체제는 사실상 막을 내렸습니다(10·26 사태).

유신 체제의 성립

배경	닉슨 독트린 발표 이후 냉전 체제 완화, 경제 침체에 따른 국민 불만 고조
과정	비상계엄령 선포와 국회 해산 → 비상 국무회의에서 헌법 개정안(유신 헌법) 의결·공고 → 국민 투표로 확정(1972) → 통일 주체 국민 회의에서 박정희를 대통령으로 선출
유신 헌법	• 대통령 간선제 : 통일 주체 국민 회의에서 임기 6년의 대통령 선출 • 대통령 중임 제한 조항 삭제(영구 집권 가능) • 대통령에게 긴급 조치권·국회 해산권·국회의원 3분의 1 추천권 부여

유신 체제에 대한 저항과 탄압

저항 내용	개헌 청원 1백만인 서명 운동, 유신 반대 시위 확산
탄압	정부는 긴급 조치권 발동 → 유신 체제에 대한 반대 활동을 금지시키려 함

유신 체제의 붕괴

배경	국회의원 선거에서 야당의 선전, 제2차 석유 파동으로 경제 위기 고조, YH 무역 사건에 항의하던 김영삼을 국회의원직에서 제명 → 부·마 민주 항쟁 발생
결과	박정희 대통령 피살(10·26 사태, 1979) → 유신 체제의 사실상 붕괴

76
신군부의 등장과 5·18 민주화 운동

10·26 사태가 벌어지자 정부는 제주도를 제외한 전국에 비상계엄을 선포하고 국무총리 최규하는 통일 주체 국민 회의에서 제10대 대통령으로 선출되었습니다. 그러나 정치적 실권이 없었고, 주요 결정 사항은 군부가 주도하였습니다. 10·26 사태 이후 김영삼, 김대중 등 유력 정치인들은 새 정부 수립을 준비하였고, 정치범 석방, 해직 교수 복직, 제적 학생 복교 등의 조치도 시행되었습니다. 시민들 사이에 서는 유신 체제가 끝나고 민주주의가 실현될 것이라는 기대가 높아졌습니다. 그러 나 군 내부에서는 정국 수습 방향을 둘러싸고 민주화를 지지하는 측과 유신 체제 의 골격을 유지하려는 신군부 세력이 대립하는 상황이 벌어졌습니다. 결국 1979 년 12월 12일, 보안 사령관 전두환과 노태우 등 신군부 세력이 군 병력을 동원하 여 주요 정부 기관을 점령하였고, 법률적 절차를 무시한 채 자신들을 견제하던 계 엄 사령관을 체포하고 군권을 장악하였습니다(12·12 군사 반란).

신군부의 정권 장악에 맞서 1980년 봄부터 계엄령 철폐, 신군부 퇴진, 헌법 개 정 등을 촉구하는 대규모 시위가 일어났습니다. 그러나 그해 4월 전두환 보안 사 령관은 중앙정보부장 서리까지 겸임하면서 권력을 강화하였습니다. 이에 시민들 은 민주 정부 수립에 위기를 느끼게 되었고, 대학생들은 서울역 앞에서 비상계엄 해제, 언론 자유 보장 등을 외치며 집회를 열었습니다. 그러나 5월 17일, 신군부가 제주도를 포함한 전국으로 비상계엄을 확대하고 모든 정치 활동 금지 등의 조치 를 취하면서 야당 주요 인사와 시위 주모자들을 체포함으로써 서울의 봄(10·26 사 태 이후 비상 계엄이 전국으로 확대된 1980년 5월 17일 이전까지 전개된 민주화 운동)은 막을 내 리고 말았습니다.

신군부 세력에 대한 저항이 강력하게 일어난 곳은 광주였습니다. 1980년 5월 18일, 광주 전남대학교 정문 앞에서 시위를 벌이던 학생들과 계엄군 간에 충돌이 빚어졌습니다. 계엄군이 학생과 시민들을 무자비하게 진압하자 이에 대항하여 5·18 민주화 운동이 시작되었습니다. 5월 19일에 계엄군의 폭행으로 첫 사망자가 발생하였고, 5월 21일에는 계엄군이 전남 도청 앞에 모인 시민들을 향해 총격을 가하여 수십 명의 사상자가 발생하였습니다. 이에 시민들은 자발적으로 경찰서 등에 있는 무기를 확보하여 시민군을 조직하였습니다. 신군부는 공수 부대를 추가 투입하고 광주로 통하는 교통을 통제하는 등 시위를 강경하게 탄압하였습니다.

광주 시민들은 고립된 가운데서도 치안을 유지하였고, 시민 수습 대책 위원회를 구성하여 정부에 평화 협상을 제안하였습니다. 그러나 5월 27일 신군부 세력이 탱크와 헬기를 동원하여 시민군을 공격하고 전남 도청을 장악하면서 5·18 민주화 운동은 끝이 났습니다.

5·18 민주화 운동은 신군부 세력의 반민주성과 폭력성을 드러낸 사건이었습니다. 한편 당시 국군 작전 통제권은 미국이 보유하고 있었기 때문에 신군부 세력의 계엄군 투입에 대해 미국의 책임 문제가 제기되었습니다. 이에 부산 미국 문화원 방화와 서울 미국 문화원 점거 등 일부 대학생을 중심으로 반미 운동이 시작되는 계기가 되기도 하였습니다.

반면 신군부의 폭력에 목숨을 걸고 대항했던 5·18 민주화 운동은 이후 전개된 6월 민주 항쟁 등 1980년대 민주화 운동의 토대가 되었습니다. 또한 필리핀을 비롯한 아시아 국가들의 민주화 운동에도 영향을 주었습니다. 국가 폭력에 대한 민중의 저항을 담은 5·18 민주화 운동 관련 기록물은 그 의미와 가치가 인정되어 2011년 유네스코 세계 기록 유산으로 등재되었습니다.

5·18 민주화 운동과 영화

신군부 독재에 저항한 광주 시민과 전라도민의 5·18 민주화 운동에 대해서는 많은 영화가 만들어졌습니다. 5·18 민주화 운동이 일어났을 때 계엄군에게 어머니를 잃고 시체들과 함께 실려 가다 기적적으로 탈출한 후 미쳐버린 소녀에 대한 '꽃잎', 시민군이 될 수밖에 없었던 평범한 사람들에게 평생 잊지 못할 기억을 남긴 '화려한 휴가', 5·18 민주화 운동 시기에 시민들을 학살하라고 명령한 사람을 단죄하려는 동명의 만화를 영화화한 '26년', 외국 손님을 태우고 광주에 갔다 통금 전에 돌아오면 밀린 월세를 갚을 수 있는 거금 10만 원을 준다는 말에 독일 기자 피터(토마스 크레취만)를 태우고 영문도 모른 채 길을 나섰다가 5·18 민주화 운동을 경험한 '택시 운전사' 등이 있습니다. 이 영화들은 당시의 상황을 잘 묘사하고 있습니다.

신군부 세력의 등장

배경	군부 내부에서 민주화 지지 세력과 유신 체제 지지 세력으로 분열
12·12 사태 (1979)	신군부 세력이 민주화 지지 인물인 계엄 사령관 체포 후 전두환 등의 신군부 세력이 군사권 장악
서울의 봄 (1980)	시민과 학생들이 신군부 퇴진과 유신 헌법 폐지 요구 → 신군부가 비상계엄을 전국으로 확대하고 민주화 운동 탄압

5·18 민주화 운동

배경	신군부의 비상 계엄 확대 → 전남대학교 학생과 계엄군 간의 충돌
전개	광주의 학생과 시민들이 신군부 퇴진과 계엄령 철회를 요구하며 시위 → 계엄군의 발포와 폭력적 진압 → 학생과 시민들이 시민군 조직 → 계엄군이 시민군을 무력으로 진압
영향	• 이후 국내외 민주화 운동의 기반이 됨 • 5·18 민주화 운동 기록물이 유네스코 세계 기록 유산으로 등재(2011)

77
전두환 군부 독재 정부와 6월 혁명

5·18 민주화 운동을 무력으로 진압한 신군부 세력은 전두환을 상임위원장으로 하는 국가 보위 비상 대책 위원회를 구성하여 정권을 장악하였습니다. 이들은 정치인의 정치 활동을 규제하고, 민주화를 주장하던 교수와 교사들을 해직하였으며, 민주화 운동과 관련된 대학생들을 학교에서 제적시켰습니다. 또한 자신들에게 비판적이었던 언론사를 강제로 통폐합하고 언론인들도 해직시켰습니다. 그리고 사회악을 뿌리 뽑겠다는 명분으로 많은 사람들을 삼청 교육대로 끌고 가서 군대식 훈련과 노동을 강요하여 공포 분위기를 조성하였습니다. 이때 끌려간 사람들 중에는 신군부의 만행에 저항하는 인물들이 많았습니다.

신군부는 최규하 대통령이 물러나도록 압력을 넣은 후 통일 주체 국민 회의를 통해 전두환을 대통령으로 선출하였습니다(1980). 그 뒤 유신 헌법을 폐지하고 7년 단임의 대통령을 대통령 선거인단에 의해 간접 선출하는 새로운 헌법을 마련한 후 다시 전두환을 대통령으로 선출하였습니다(1981).

전두환 정부는 정의 사회 구현이라는 국정 지표를 내세웠으나 대학에 경찰을 상주시키고, 민주화 운동을 주도한 사람을 국가보안법 위반으로 구속하는 한편, 학생 운동에 참여한 대학생을 강제로 입대시켰습니다. 그리고 군대에 온 대학생들에게 사상 교육을 실시하면서 학생 운동 정보를 캐내는 '녹화 사업'을 실시하는 등 민주화 운동을 강하게 탄압하였습니다. 언론사에는 보도 지침이라는 것을 보내 자신들에게 불리한 기사는 싣지 못하게 하는 등 언론도 강력하게 통제하였습니다. 한편 국민들의 불만을 완화시키기 위하여 해외여행 자유화, 야간 통행금지 전면 해제, 중·고등학생 두발 및 교복 자율화, 학도 호국단 폐지 및 학생회 부활, 프로 야구단 및 축구단 창단 등 유화 정책을 실시하였습니다.

전두환 정부의 강압적 통치 외에도 친인척 비리, 불법적 정권 장악 과정이 드러나면서 국민들의 민주화를 요구하는 움직임도 거세어졌습니다. 전두환 정부의 가혹한 탄압 속에서도 시민과 대학생, 정치인들은 조직적인 반독재 운동을 펼치기 시작하였습니다. 학생들은 5·18 민주화 운동 진상 규명과 책임자 처벌을 주장하면서 전국 학생 연합을 결성하였습니다(1985). 또한 학생들은 5·18 민주화 운동 당시 신군부의 병력 동원을 미국이 방조했다고 판단하여 반미 운동도 전개하였습니다.

1985년 국회의원 선거에서는 민주화 추진 협의회를 결성한 정치인이 중심이 되어 창당한 신한 민주당이 제1 야당으로 부상하여 대통령 직선제로 개헌할 것을 요구하는 서명 운동을 펼쳤습니다. 이 외에도 노동자, 농민 운동 조직이 결성되어 학생들과 연합하여 민주화 운동을 지속하였습니다.

전두환 정부는 민주화 운동 세력이 성장하고 개헌 운동이 확산되자 대통령 직선제로 개헌할 뜻이 있다고 발표하며 야당과 협상하는 척 하였습니다. 그러나 학생 운동 단체 결성식에 모인 대학생들을 공산주의자로 몰아 1천 명이 넘게 구속하는 등 민주화 운동을 더욱 강경하게 탄압하였습니다.

민주화를 요구하는 시위가 확산되는 가운데 부천 경찰서 성 고문 사건(1986), 박종철 고문 치사 사건(1987)이 발생하여 정부에 대한 국민의 분노가 더욱 커졌습니다. 시민과 대학생들은 박종철을 추모하는 한편, 고문 추방과 진상 규명을 요구하는 집회를 열어 전두환 정부를 규탄하였습니다. 그럼에도 전두환 정부는 1987년 4월 13일에 대통령 직선제 개헌을 하지 않겠다는 4·13 호헌 조치를 발표하였습니다. 이에 분노한 시민들의 4·13 호헌 조치에 대한 저항이 확산되는 가운데, 5월 18일 천주교 정의 구현 전국 사제단이 박종철 고문치사 사건의 은폐·조작 내용을 폭로하였습니다. 이를 계기로 민주화 운동 진영은 전국적인 민주화 운동 조직인 '민주 헌법 쟁취 국민운동 본부'를 결성하여 '호헌 철폐'와 '민주화'를 주장하기 시작하였습니다.

6월 9일 시위에서 대학생 이한열이 시위 중에 경찰이 쏜 최루탄에 맞아 쓰러지는 사건이 발생하자 학생과 시민들은 6월 10일 전국 주요 도시에 모여 호헌 철폐와 독재 타도를 외쳤습니다(6월 민주 항쟁). 하지만 집권 여당인 민주 정의당은 같은 날 전당 대회를 열고 노태우를 대통령 후보로 지명하였으며 기존 헌법에 따라 간접 선거로 대통령을 선출할 의지를 굽히지 않았습니다.

정부가 공권력을 동원하여 강경하게 시위를 진압하였음에도 서울 명동 성당 농성 투쟁을 바탕으로 국민들의 저항이 더욱 거세어졌습니다. 결국 전두환 정부는 4·13 호헌 조치를 고수할 수 없게 되었고, 6월 29일에 여당 대통령 후보인 노태우가 여야 합의에 따른 대통령 직선제 개헌, 인권 침해 시정, 교육 자치 실시 등을 약속하는 선언을 발표하였습니다. 이에 따라 5년 단임의 대통령 직선제를 중심으로 하는 헌법 개정이 이루어졌고, 국민이 직접 대통령을 선출할 수 있게 되었습니다.

전두환 정부

성립	신군부의 국가 보위 비상 대책 위원회 설치 → 최규하 대통령을 퇴진하도록 강요 → 통일 주체 국민 회의에서 전두환을 대통령으로 선출(1980. 8.) → 7년 단임, 대통령 선거인단의 대통령 선출을 내용으로 하는 개헌 단행 → 전두환이 대통령으로 당선(1981)
정책	• 강경책 : 삼청 교육대 설치, 언론 통제, 비판적 교수·교사·언론인 해임 등 민주화 운동 탄압 등 • 유화책 : 야간 통행금지 해제, 학도 호국단 폐지, 두발과 교복 자율화, 해외여행 자유화 등

6월 민주 항쟁

배경	대통령 직선제 개헌 요구 확산, 민주화에 대한 국민적 열망 고조
전개	박종철 고문 치사 사건 → 전두환 정부의 4·13 호헌 조치 발표 → 반대 시위 전개, 이한열 학생이 경찰이 쏜 최루탄에 맞아 의식 불명에 빠짐 → 호헌 철폐를 요구하며 6·10 국민 대회 개최, 시위 확산 → 노태우가 대통령 직선제 개헌 요구를 수용한 6·29 선언 발표
결과	5년 단임의 대통령 직선제를 주요 내용으로 하는 개헌 단행

78
평화적 정권 교체와 민주주의의 발전

6월 민주 항쟁의 승리로 1987년에 대통령 5년 단임제와 대통령 직선제를 내용으로 하는 개헌안이 통과되었습니다. 그해 새로운 헌법에 따라 치러진 대통령 선거에서는 민주 진영이 김영삼과 김대중의 지지 세력으로 양분되어 야당의 후보 단일화는 이루어지지 못하였습니다. 그 결과 신군부 출신인 노태우가 36.6%라는 낮은 득표율로 제13대 대통령에 당선되었습니다. 그러나 이듬해 실시된 국회의원 선거에서는 야당이 의석의 과반수를 확보하여 노태우 정부를 견제할 발판을 마련하였습니다.

노태우 정부는 5·16 군사 정변으로 중단되었던 지방 자치제를 부분적으로 다시 시행하였습니다. 의회는 주민 투표로 구성하고 단체장은 대통령이 임명하는 제한적 형태로 실시한 것입니다. 또한 전두환 정부 때 시행되었던 언론 기본법을 폐지하여 언론의 자유를 보장하였습니다. 대외적으로는 서울 올림픽 대회를 성공적으로 치러 국제적 위상을 높이고(1988), 냉전 체제가 해체되는 국제 정세에 부응하여 사회주의 국가와 교류하는 북방 외교를 추진하여 소련·중국 등과 외교 관계를 맺게 되었습니다. 그리고 북한과의 관계를 개선하여 남북 기본 합의서를 발표하고 북한과 유엔에 동시 가입하였습니다.

다수 의석을 차지한 야당의 요구로 전두환 정부의 비리와 5·18 민주화 운동의 진상을 밝히기 위한 국회 청문회가 열렸습니다. 청문회 결과 전두환 전 대통령의 사과와 함께 5·18 민주화 운동이 내란이 아닌 민주화 운동이었다는 정당한 평가를 받아냈습니다. 그러나 시민을 향해 총을 발포한 책임자는 끝내 밝히지 못하는 한계를 보였습니다.

여당인 민주 정의당은 여소야대로 정국 운영이 어려워지자 이를 타개하기 위해 김영삼이 이끄는 통일민주당, 김종필이 이끄는 신민주 공화당과 합당(3당 합당)하여 민주 자유당을 창당하였습니다. 그리고 1992년 제14대 대통령 선거에서 여당인 민주 자유당 김영삼 후보가 김대중 후보를 누르고 당선되면서 31년 만에 민간인 출신 대통령이 탄생하였습니다.

김영삼 정부는 군사 정부의 흔적을 지우기 위하여 각 분야에서 개혁을 단행하였습니다. 공직자 윤리법을 개정하여 고위 공직자 재산을 공개하고 탈세와 부정부패를 차단하기 위하여 금융 실명제를 실시하였습니다. 그리고 풀뿌리 민주주의를 정착시키기 위하여 지방 자치 단체장 선출까지 포함하여 지방 자치제를 전면적으로 실시하였습니다.

또한 신군부 세력을 기반으로 한 군대 내의 고급 장성 모임인 하나회를 해체하고, 5·18 특별법을 제정하여 5·18 민주화 운동에 참여했던 시민들의 명예를 회복시켰습니다. '역사 바로 세우기'를 내세워 전두환, 노태우 등 12·12 군사 반란 및 5·18 민주화 운동 진압 관련자를 내란죄로 처벌하였습니다.

한편, 성급하다는 반대 여론에도 세계화를 내세우며 경제 협력 개발 기구(OECD)에 가입하여 상품과 자본 시장을 개방하는 경제 정책을 시행하였습니다. 그러나 국제 경제 여건 악화와 경제 정책 실패로 임기 말 외환위기를 맞아 국가 부도 사태에 이르자 국제 통화 기금(IMF)에 지원을 요청하였습니다(1997).

1997년 외환위기 속에서 치러진 제15대 대통령 선거에서 김종필과 연합한 야당의 김대중 후보가 대통령에 당선됨으로써 정부 수립 이후 처음으로 선거를 통한 여야 간의 평화적 정권 교체가 이루어졌습니다. 김대중 정부는 '외환위기 극복 및 민주주의와 시장 경제의 병행 발전'을 내세우며 구조 조정과 개방 정책을 펼쳐 세계에서 유례없이 빠르게 국제 통화 기금의 관리에서 벗어났습니다(2001). 그러나 이 과정에서 많은 은행과 기업이 외국 자본에 매각되고 노동자가 대량 해고되는 한계를 보였습니다.

김대중 정부는 여성부를 신설하여 성차별 극복에 힘쓰고, 국민 기초 생활 보장법을 제정하여 저소득층·장애인·노인 복지를 향상시키는 복지 향상에 노력하였습니다. 제주 4·3 사건 및 의문사 진상 규명, 민주화 운동 관련자 명예 회복 등 과거사 정리를 추진하여 과거 독재 정권들이 저지른 역사의 왜곡 사실을 바로 잡기도 하였습니다.

또한, 남북 관계 개선을 위한 대북 화해 협력 정책을 추진하였습니다. 특히 분단 이후 평양에서 처음 남북 정상 회담을 갖고 6·15 남북 공동 선언을 이끌어냈습니다(2000). 이러한 노력을 바탕으로 김대중 대통령은 남북 화해 협력과 민주주의에 기여한 업적을 인정받아 노벨 평화상을 수상하였습니다.

2003년 노무현이 제16대 대통령으로 당선되면서 출범한 노무현 정부는 '국민과 함께하는 민주주의'를 내세우고 권위주의 청산, 지방 분권, 과거사 정리를 위해 노력하였습니다. 국가 정보원, 검찰 등 국가 권력 기관의 독립성을 강화하고 행정 수도 이전, 지방 혁신 도시 건설, 주요 공공 기관의 지방 이전을 추진하였습니다. 또한 왜곡된 현대사를 수정하기 위하여 과거사 진상 규명법을 제정하였으며, 친일 반민족 행위 진상 규명 위원회와 진실 화해 위원회를 조직하였습니다. 그리고 김대중 정부의 대북 정책을 계승하여 북한과의 관계 개선을 위해 지속적으로 노력하였으며, 2007년에는 평양에서 제2차 남북 정상 회담을 갖고, 남북 관계 발전과 평화 번영을 위한 선언(10·4 남북 정상 선언)을 발표하였습니다.

노무현 대통령은 대한민국 헌법 재판소에서 부결되기는 하였으나, 대통령이 임기 중 국회에서 탄핵당하는 헌정 사상 초유의 시련을 겪기도 하였습니다. 또한 공약으로 내세웠던 국가보안법 폐지와 사립학교법 개정이 야당의 반발로 좌절되었고, 국회를 통과한 행정 수도 건설 특별법은 헌법 재판소에서 위헌 판결을 받는 등 개혁 추진에 어려움을 겪었습니다.

2008년에 한나라당 이명박 후보가 제17대 대통령에 당선되면서 10년 만에 다시 여야 정권 교체가 이루어졌습니다. 이명박 정부는 섬기는 정부, 활기찬 시장 경제 등을 국정 지표로 삼고 성장 위주의 경제 정책을 추진하였습니다. 이명박 정부는 4대강 살리기를 포함한 친환경 녹색 성장, 교육 경쟁력 강화, 7% 경제 성장 및 300만 개 일자리 창출을 약속하며 기업 활동 규제 완화와 감세 정책을 추진하였습니다. 대외적으로는 재협상을 통해 한·미 FTA를 성사시켰고, 북한의 핵 문제에 단호하게 대처할 것을 표방하였습니다. 또 G20 정상 회의를 개최하기도 하였습니다. 그러나 미국산 쇠고기 수입과 4대강 살리기 사업을 추진하는 과정에서 시민 사회와 갈등을 빚었으며, 방송과 인터넷을 포함한 언론 자유를 크게 위축시켰다는 평가를 받기도 하였습니다.

2013년에 새누리당의 박근혜 후보가 제18대 대통령으로 선출되었습니다. 박근혜 정부는 일자리 중심의 창조 경제, 안전과 통합의 사회 등을 국정 지표로 내세우며 출범했습니다. 그러나 2014년 세월호 참사에 대한 잘못된 대응, 2015년 한국사교과서 국정화 추진, 일본군 '위안부' 피해자 문제 관련 한·일 12·28 합의 체결 등의 실정으로 국민의 반발을 가져왔습니다. 또한 2016년 10월, 아무런 직책이 없는 민간인이 국정에 개입하고 부정부패를 저지른 사건이 알려졌습니다. 국정 농단에 반발한 시민들은 촛불 집회를 통해 박근혜 대통령 탄핵과 하야를 촉구하였습니다. 2016년 12월에 국회에서 대통령 탄핵 소추안이 통과되었고, 2017년 3월에 헌법 재판소에서 탄핵을 인용하여 헌정 사상 처음으로 대통령이 탄핵되었습니다.

박근혜 대통령 탄핵 이후 2017년 5월에 문재인 후보가 제19대 대통령으로 선출되었습니다. 문재인 정부는 국민이 주인인 정부, 더불어 잘사는 경제, 평화와 번영의 한반도를 국정 지표로 삼았습니다.

한국사 쉬어 가기 · 대통령 탄핵

피청구인은 공익 실현 의무(헌법 제7조 제1항 등)를 위반하였으며, 기업의 자유와 재산권(헌법 제15조, 제23조 등)을 침해하였고, 비밀 엄수 의무(국가 공무원법 제60조)를 위배하였다. …(중략)… 피청구인의 헌법과 법률 위배 행위는 국민의 신임을 배반한 행위로서 헌법 수호의 관점에서 용납될 수 없는 중대한 법 위배 행위라고 보아야 한다. 피청구인을 대통령직에서 파면한다.

– '대통령(박근혜) 탄핵 헌법 재판소 결정문'

윗글은 헌법 재판소의 박근혜 대통령 탄핵 결정문의 일부입니다. 탄핵이란 대통령, 법관 등고위 공무원을 국회에서 소추(처벌을 요구)하여 해임하거나 처벌하는 제도입니다. 대통령의경우에는 국회에서 국회 재적 의원 과반수의 발의와 재적 의원 2/3 이상의 찬성으로 탄핵소추되며, 헌법 재판소에서 탄핵을 최종 심판, 결정합니다. 우리나라 대통령 탄핵 역사를 보면 세 번에 걸쳐 있었습니다. 최초의 탄핵을 받은 대통령은 대한민국 임시 정부의 이승만 대통령입니다. 1925년 대한민국 임시 정부의 이승만 대통령이 '국정 방해, 헌법 부인' 등의이유로 탄핵되었습니다. 우리가 알고 있는 독립 운동가 이승만과는 상반된 모습이지요? 두번째는 노무현 대통령입니다. 2004년 노무현 대통령은 선거에 관한 말을 하여 '정치적 중립성 위반' 이유로 탄핵 소추되었으나 헌법 재판소가 기각하였습니다. 세 번째가 박근혜 대통령입니다. 2017년 박근혜 대통령은 '박근혜 정부의 최순실 등 민간인에 의한 국정 농단의혹 사건' 등의 사유로 탄핵 소추되어 헌법 재판소에서 탄핵이 결정되었습니다.

노태우 정부

성립	대통령 직선제 개헌 이후 야권 분열로 여당인 민주 정의당 노태우 후보가 대통령에 당선
정치와 사회	서울 올림픽 개최, 지방 자치제 부분 실시, 언론 기본법 폐지, 여소야대 정국에서 전두환 정부의 5공 비리 청문회 개최, 여소야대 정국 극복을 위한 3당 합당, 소련·중국 등 공산권 국가와 수교하는 북방 외교 추진, 남북 기본 합의서 채택 및 남북 동시 유엔 가입

김영삼 정부

성립	3당 합당 후 민주 자유당 김영삼 후보가 대통령에 당선
정치	5·18 특별법 제정, 전두환·노태우를 구속하는 등 '역사 바로 세우기' 추진, 지방 자치제 전면 실시
경제	금융 실명제 전면 시행, 경제 협력 개발 기구(OECD) 가입, 임기 말 외환 위기로 국제 통화 기금(IMF)에 구제 금융 신청

김대중 정부

성립	선거를 통한 최초의 평화적인 여야 정권 교체
정치	여성부 신설, 국민 생활 기초법 제정, 과거사 정리 추진, 대북 화해 협력 정책(햇볕 정책) 추진과 제1차 남북 정상 회담 개최(2000), 김대중 대통령의 노벨 평화상 수상
경제	외환위기 극복(국제 통화 기금 조기 상환)

노무현 정부

정치	과거사 진상 규명법 제정, 친일 반민족 행위 진상 규명 위원회 및 진실 화해 위원회 조직, 행정 수도 이전, 지방 혁신 도시 건설 등 추진, 제2차 남북 정상 회담 개최(2007)

이명박 정부

성립	여야간 정권 교체
정치	한·미 FTA 성사, G20 정상 회의 개최
경제	기업 활동 규제 완화와 감세 정책 추진

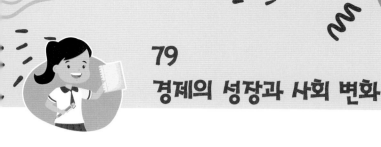

79
경제의 성장과 사회 변화

5·16 군사 정변으로 집권한 박정희 정부는 장면 정부가 수립한 경제 개발 계획을 수정·보완하여 제1차 경제 개발 5개년 계획(1962~1966)을 수립하고 경제 성장 정책을 적극 추진하였습니다. 제1차 경제 개발 5개년 계획은 우리 자본으로 시멘트와 비료 등 수입을 대체할 수 있는 산업을 육성하고 전력, 석탄 등 에너지원을 확보하여 자립 경제를 이룩할 목적으로 기간 산업과 사회 간접 자본에 집중적으로 투자하였습니다. 또한 노동 집약적 경공업을 육성하고자 하였습니다. 그러나 자본 부족으로 성과를 거두지 못하면서, 정부는 외국 자본을 적극 도입하여 수출 주도 경제 성장 전략을 육성하는 방향으로 전략을 수정하였습니다. 이 시기에 한·일 국교 정상화가 체결되어 일본에서 유입된 자금과 서독 파견 광부와 간호사의 송금 등으로 들어온 자금이 경제 개발에 큰 역할을 하였습니다.

제2차 경제 개발 5개년 계획(1967~1971)은 경부 고속 국도 건설 등 사회 간접 자본을 확충하고, 경공업 및 비료·시멘트·정유 산업 육성을 통한 산업 구조 개편에 주력하였습니다. 정부는 철강 산업 육성을 위해 포항에 종합 제철 공장을 짓기 시작하였습니다. 이 시기에 수출이 획기적으로 증가하고, 제조업이 크게 발전하였습니다. 또한 베트남 파병에 따른 경제적 이득과 미국의 기술 이전 및 차관 제공 등에 힘입어 경제 개발이 순조롭게 진행되었습니다.

제1·2차 경제 개발 계획으로 한국 경제는 높은 경제 성장률을 기록하며 외형적으로 크게 성장하였습니다. 그러나 외국 자본 도입으로 국가 부채가 늘어나고 대외 의존도가 심화되었습니다. 더구나 1960년대 말 국제 경기가 악화되면서 수출은 감소하고, 환율이 상승해 외채 상환 부담이 크게 증가하자 정부는 기업에 파격적인 금융 혜택을 제공하고 창원에 자유 무역 단지를 조성하는 등 외국인의 투자를 유도하였습니다. 그 결과 경제는 고도성장을 유지했으나 노동자들은 여전히 저임금에 시달렸습니다.

정부는 경공업 중심의 경제 성장에 한계를 느끼고 제3·4차 경제 개발 5개년 계획(1972~1981)에서는 수출 주도형 중화학 공업을 적극 육성하였습니다. 포항 제철을 시작으로 경상도 해안 지역에 대규모 조선, 자동차, 정유 단지 등을 건설했고, 부족한 전력을 해결하기 위해 그 주변에 원자력 발전소를 건설하였습니다. 철강, 화학, 기계, 조선 등을 전략 업종으로 선정하여 집중 육성하면서 한국 경제에서 중화학 공업 생산 비중이 점차 확대되었습니다. 이는 수출 증가로 이어져 1970년대에는 연평균 10%가 넘는 고도성장을 이루었습니다.

하지만 석유를 비롯한 원자재의 대외 의존도가 높은 한국 경제는 두 차례의 석유 파동으로 큰 시련을 겪었습니다. 1973년에 발생한 제1차 석유 파동은 중동 산유국들의 건설 투자 확대에 한국 기업들이 대거 참여하면서 극복할 수 있었습니다. 그러나 1978년에 일어난 제2차 석유 파동으로 한국 경제는 심각한 타격을 입었습니다. 중화학 공업에 대한 과잉 투자와 부가 가치세 도입에 따른 물가 인상까지 겹쳐 국가 재정이 어려워지고 기업 부담이 늘어나자 국민 생활도 힘들어졌습니다. 이 과정에서 부·마 민주 항쟁이 일어나 박정희 정부가 붕괴되었습니다.

한국의 급속한 경제 발전을 외국에서는 '한강의 기적'이라 불렀습니다. 이러한 경제 발전에는 경제 개발의 의지가 강한 정부가 외자를 도입하여 수출 산업을 적극 육성하였고, 높은 교육열과 근면성을 지닌 국민이 값싼 노동력을 제공하였기 때문이었습니다. 이 시기에 급속한 경제 성장을 통해 가난에 시달리던 국민의 생활이 크게 윤택해지기도 하였습니다.

한국의 대기업은 1950년대 귀속 재산 불하, 외국의 원조 자금과 물자 분배 등에서 정부의 특혜를 받아 형성되기 시작하여 박정희 정부 시기에 수출에 대한 막강한 지원을 받으면서 재벌로 성장하였습니다. 재벌은 정부의 수출 주도 경제 정책을 통해 국제 경쟁력을 확보하여 한국 경제의 성장에 기여하기도 하였습니다. 하지만 정치권과 경제권이 부정부패로 연결된 정경 유착과 독점 경제로 한국 경제의 구조를 취약하게 하였고 결국 1990년대 외환위기의 한 원인으로 작용하였습니다.

고도성장의 혜택은 국민에게 골고루 돌아가지 않았습니다. 기업과 더불어 노동자 역시 박정희 정부 시기 경제 성장의 한 축이었지만 박정희 정부는 경제 성장에만 열중하면서 노동자의 권익 보호와 노동 환경 개선에는 소홀하였습니다. 수출품 가격 경쟁력 유지를 위해 저임금 정책을 유지하였으며 노조 설립은 물론 단체 교섭권과 단체 행동권을 제한하는 등 노동 운동을 강경하게 탄압하였습니다.

이러한 상황에서 1970년 11월에 전태일은 노동자의 권리를 요구하며 분신·자살하였습니다(1970). 전태일 분신 사건 이후 섬유 산업에 종사하는 여성 노동자를 중심으로 임금 인상, 노동 조건 개선, 어용 노동조합 민주화 등 노동 운동이 활발히 일어났습니다. 노동자는 물론 지식인과 대학생이 노동 문제에 관심을 기울이면서 노동 운동이 본격화되었지만 박정희 정부는 더욱 노동 운동을 탄압하였습니다.

한편 박정희 정부는 저임금 정책을 뒷받침하기 위해 곡식 가격을 낮게 유지하는 저곡가 정책을 유지하였습니다. 그 결과 도시와 농어촌의 소득 격차는 점점 심해졌고, 생활이 어려워진 농민이 일자리를 찾아 도시로 이주하여 농촌 인구는 격감하였습니다. 박정희 정부는 도시와 농어촌 간의 소득과 문화 격차가 커지자 농가 소득 증대와 낙후된 농촌 근대화라는 명분으로 새마을 운동을 추진하였습니다(1970). 새마을 운동은 주택 개량, 마을 도로 확충, 하천 정비 사업 등 농촌 환경 개선을 시작으로 농촌의 사회 간접 자본 시설 확충과 농가 소득 증대에 일정한 성과를 거두기도 하였습니다. 그러나 새마을 운동은 박정희의 유신 체제를 정당화하는 데 이용되기도 하였습니다.

정부의 보여주기식 정책 지원과는 달리 민간 차원의 농민 운동도 활발해졌습니다. 농협이 고구마를 모두 수매하겠다던 약속을 지키지 않아 큰 피해를 당한 농민들이 3년에 걸쳐 전개한 함평 고구마 피해 보상 투쟁을 계기로 농민들은 전국적 농민 단체를 구성하여 농민 운동을 활발하게 전개하기 시작하였습니다.

산업화와 함께 인구가 도시로 집중되면서 도시화가 빠르게 진행되었습니다. 농어촌의 젊은이들이 일자리를 찾아 서울·부산 등 대도시와 창원·울산·구미 등 신흥 공업 도시로 몰려들면서 농어촌 인구는 크게 줄어들고 도시 인구는 급격히 늘어났습니다. 농촌을 떠나 도시로 몰려든 농민들은 대부분 안정된 일자리를 찾지 못하고 도시 빈민이 되었습니다. 이들은 산꼭대기 등에 '달동네'라 불리는 빈민촌을 형성했는데, 대부분 무허가로 이루어져 생활 환경이 열악하였습니다. 이에 따라 도시에는 교통·환경·주택 문제가 발생하였습니다.

경제 성장 – 4차에 걸친 경제 개발 계획

제1, 2차 경제 개발 5개년 계획 (1962~1971)	• 경공업 육성, 노동 집약적 산업 중심, 수출 주도형 성장, 베트남 특수에 힘입어 고도 성장 • 경부 고속 국도(도로) 개통(1970) 등 사회 간접 자본 확대 • 1960년대 말 외채 상환 시기를 맞아 위기를 맞음
제3, 4차 경제 개발 5개년 계획 (1972~1981)	• 중화학 공업 육성, 자본 집약적 산업 중심 → 수출액 100억 달러 달성 (1977) 등의 성과를 올림 • 제1차 석유 파동 → 서아시아(중동) 건설 사업에 진출, 오일 달러를 벌어 들여 위기 극복 • 제2차 석유 파동, 중화학 공업 중복 투자 등으로 경제 악화
의의와 한계	• 의의 : '한강의 기적'이라 불리는 경제 성장 달성, 1인당 국민 소득 증대 • 한계 : 저임금·저곡가 정책으로 노동자와 농민의 희생 강요, 도시와 농촌 간 소득 격차 발생, 경제의 대외 의존도 심화

사회의 변화

노동 문제	급격한 산업화로 노동자 급증, 저임금·장시간 노동 등 열악한 노동 환경 문제 발생 → 전태일 분신 사건(1970) 이후 노동 운동 본격화
농촌 변화	도시와 농촌의 소득 격차 심화, 농촌 인구 감소와 고령화 문제 발생
새마을 운동	• 박정희 정부의 주도로 전개, 농촌 환경 개선과 소득 증대를 목표로 내세움, 근면·자조·협동 강조 • 유신 체제 유지에 이용
도시 변화	급속한 경제 성장 속에 도시화 진행 → 주택, 교통, 도시 빈민 등 문제 발생

80
외환위기 극복과 그 이후의 경제·사회 변화

제2차 석유 파동으로 경제적 어려움을 겪었던 한국 경제는 전두환 정부가 들어서면서 어느 정도 회복되었습니다. 전두환 정부는 1970년대 말부터 시작된 경제 위기를 극복하기 위해 중화학 공업에 대한 중복 투자와 부실 기업을 정리하고 금융 시장을 일부 개방하였습니다. 이러한 과정에서 한국 경제의 회복이 이루어졌으며, 1980년대 후반에는 저유가, 저금리, 저달러의 국제 경제 상황인 3저 호황으로 산업 경쟁력이 강화되면서 수출이 늘어났습니다. 이러한 경제 분위기에서 자동차와 기계, 철강, 반도체 등 기술 집약 산업을 중심으로 다시 한번 고도성장을 이루었습니다.

또한 1987년 6월 민주 항쟁 이후 지속적인 노동 운동의 결과로 노동 환경이 개선되고 임금 인상이 이루어지면서 삶의 질도 개선되었습니다. 소비 구매력이 높아지고 내수가 확대되어 민간 소비와 기업의 설비 투자도 증가하는 현상을 보였습니다. 그러나 3저 호황이 막을 내리면서 경제는 다시 어려워지기 시작했습니다.

한편 제1·2차 석유 파동으로 경제 위기에 직면한 선진 자본주의 국가 7개국(G7)은 개발도상국의 이해가 걸린 품목을 포함한 전면적 시장 개방에 합의하고 주변 국가에 시장 개방 압력을 강화하였습니다. 1986년 우루과이에서 개최된 '관세 및 무역에 관한 일반 협정(GATT)' 각료 회의를 출발점으로 1993년에 타결된 다자간 무역 협상인 우루과이 라운드가 타결되었고, 세계 무역 기구(WTO, 1995)가 결성되었습니다. 신자유주의 이념을 바탕으로 설립된 세계 무역 기구가 출범하면서 자유 무역이 더욱 확대되었습니다. 이러한 상황에서 보호 무역으로 고도성장을 추진하던 한국도 김영삼 정부 시기에 농산물 수입 자유화, 관세율 인하 등을 시작으로 단계적인 수입 개방을 추진할 수밖에 없었습니다. 정부는 우루과이 라운드에 참여하면서 국제 금융 자본과 다국적 기업의 국내 진출을 허용하였고, 1996년 경제 협력 개발 기구(OECD)에 가입하는 등 급속한 세계화를 추진하였습니다. 그러나 정경 유착을 배경으로 방만하게 운영되던 기업들이 부도가 나면서 국가 신용도는 떨어지고, 국제 단기 자본이 이탈하면서 외환위기를 맞이하였습니다(1997). 결국 1997년 12월, 김영삼 정부는 국제 통화 기금(IMF)과 구제 금융 협약을 맺을 수밖에 없었습니다..

1998년 외환위기의 어려움 속에서 출범한 김대중 정부는 국제 통화 기금의 구제 금융을 바탕으로 강도 높은 경제 개혁을 통해 위기를 극복해 나갔지만 한동안 국제 통화 기금의 관리와 통제를 받아야만 하였습니다. 철도와 통신, 전력 등 주요 공기업을 민영화하고 재정 지출을 축소하였습니다. 또한 외국 자본 유치에 노력하면서 기업 경쟁력 강화를 위해 정리 해고제와 파견 근로제를 도입하였습니다. 그 결과 2001년에 국제 통화 기금의 지원금을 조기 상환하여 외환위기에서 벗어날 수 있었습니다. 2000년대 한국 경제는 외환위기를 극복하고 꾸준히 성장하여 2010년에는 세계 10대 무역국으로 성장하였습니다.

그러나 외환위기 극복 과정에서 한국 경제 구조에 큰 변화가 나타났습니다. 노동 시장의 유연화가 확산되면서 구조 조정으로 직장을 잃는 노동자들이 많아졌으며, 비정규직 노동자도 급증하였습니다. 또한 기업 회생을 위해 정부가 막대한 규모의 공적 자금을 투입하면서 국가 채무도 급증하였습니다.

김대중 정부에 이어 출범한 노무현 정부는 신자유주의 개방 정책을 펴면서도, 독점 기업을 규제하고 빈부 격차 해소를 위해 노력하였습니다. 이에 1인당 국민 소득이 2만 달러를 넘고 연평균 경제 성장률이 5%에 이를 정도로 경제가 안정되어 갔습니다. 그러나 빈부 격차는 해소되지 않았고, 조세 부담 증가와 기업 규제 등에 대한 저항이 발생하기도 하였습니다. 외환위기를 겪으면서도 해체되지 않았던 재벌들은 더 거대한 기업 집단으로 성장하였습니다. 일부 재벌들이 자신들의 부를 자손들에게 상속하기 위하여 계열사에 일감을 몰아주는 상황이 벌어지면서 중소기업의 경영이 악화되는 상황이 되었습니다. 또한 일부 재벌은 소비재 산업과 유통업 부문까지 진출하여 영세 소기업과 영세 상인의 몰락을 가져오게 하였습니다.

1980년대 중반 이후 한국 경제는 안정적으로 성장하였지만 농민과 노동자의 삶은 그만큼 나아지지 않았습니다. 1990년대 이후 농촌은 쌀 시장 개방과 자유 무역 협정(FTA)의 타결로 값싼 외국 농산물과 경쟁해야 하는 상황에 처하였습니다. 이에 농민들은 농산물 시장 개방 반대 운동, 농산물 제값 받기 운동 등 강력한 농민 운동을 펼치고 있으며, 정부 역시 영농의 기계화 및 시설 개선을 위해 각종 지원 정책을 펴고 있지만 크게 실효를 거두지 못하고 있는 실정입니다. 또한 노동 계층 역시 임금 상승률은 노동 생산성 상승률의 절반에도 미치지 못했고, 제조업 노동 시간은 오히려 늘어나고 있는 실정입니다. 새로운 설비와 물질 사용으로 산업 재해는 매년 증가하고 있으나 이를 개선하려는 정부와 재계의 노력은 못 미치고 있습니다.

1987년에 일어난 6월 민주 항쟁은 노동 운동에도 큰 영향을 끼쳤습니다. 노동자들은 임금 인상을 비롯하여 생존권과 노동권 등 기본권의 보장을 요구하면서 노동 현장의 민주화를 요구하였습니다. 1987년 7월부터 9월까지 노동자 대투쟁을 거치면서 전국에서 기업체를 비롯하여 금융 기관, 언론 기관, 교육 기관, 병원 등 다양한 직종에서 노동조합이 결성되었습니다. 1995년에는 전국 민주 노동조합 총연맹(민주 노총)이 결성되어 기존의 한국 노동 조합 총연맹과 양대 노동 조합 체계를 형성하였습니다.

1980년대 이후 노동, 농촌 사회 변화

농민	쌀 시장 개방과 자유 무역 협정 타결로 타격 → 농민 운동 전개 및 정부의 농업 지원 → 큰 성과 없음
노동자	• 임금 상승률의 저하, 노동 시간 연장, 비정규직 증가, 산업 재해 증가 　→ 정부와 재계의 노력 미흡 • 민주 노총의 성립(1995) : 한국 노총과 양대 노총 체제 형성

1980년대 이후의 경제 변화

전두환· 노태우 정부	• 부실 기업 정리, 중화학 공업에 대한 중복 투자 조정 등 추진 • 저유가, 저금리, 저달러의 '3저 호황' 속에서 자동차, 철강 산업 등 발전
김영삼 정부	시장 개방 확대, 경제 협력 개발 기구(OECD) 가입, 정권 말기에 외환 위기 발생 → 국제 통화 기금(IMF)에서 긴급 금융 지원받음
김대중 정부	금융 기업과 대기업 등 구조 조정, 금 모으기 운동 등을 통해 국제 통화 기금의 지원 자금 조기 상환, 노동 환경 악화 문제 발생(실업자·비정규직 노동자 증가)
노무현 정부	• 신자유주의 개방 정책 실시 • 1인당 국민 소득 2만 달러 달성

경제 성장 과정

연도	경제 사건	
1962	제1차 경제 개발 5개년 계획 시작	
1970	경부 고속 국도 개통, 전태일 분신 사건	
1977	수출 100억 달러 달성, 1인당 국민 총소득(GNI) 1천 달러 돌파	
1979	YH 무역 사건	
1986	3저 호황 돌입(~1989)	
1987	노동자 대투쟁	
1993	우루과이 라운드 협상 타결	
1995	전국 민주 노동조합 총연맹(민주 노총) 결성	
1996	경제 협력 개발 기구(OECD) 가입	
1997	국제 통화 기금(IMF) 구제 금융 지원 요청(외환위기)	
2001	국제 통화 기금 지원금 조기 상환	
2004	한·칠레 자유 무역 협정(FTA) 발효	
2007	• 한·미 자유 무역 협정 체결 • 1인당 국민 총소득(GNI) 2만 달러 돌파	
2018	1인당 국민 총소득 3만 달러 돌파	

* 국민 총소득(GNI)은 한 나라의 국민이 국내와 국외 생산 활동에 참여한 대가로 받은 소득의
합계. 1인당 국민 총소득(GNI)은 명목 국민 총소득을 한 나라의 인구로 나누어 구함.

외환위기 이후 1인당 국민 총소득(GNI)은 증가하였지만 중산층과 저소득층의 경제적 상황은 오히려 악화되었습니다. 실업자가 늘어나고 구조 조정이 일상화되었으며, 노동 시장에서도 대기업과 중소기업, 정규직과 비정규직, 남성과 여성, 세대와 직종 사이에 임금과 고용 안정성에서 매우 큰 차이가 발생하고 있기 때문입니다. 노동 시장이 양극화되면서 중산층이 감소하고 저소득층의 비중이 높아졌습니다. 이에 따라 가계 소득에서 처분 가능 소득이 차지하는 비중은 지속해서 감소하였고 상위 계층과 하위 계층 간의 소득 격차는 점점 더 크게 벌어졌습니다. 이와 같은 상황이 사회 안전과 통합을 해치는 사회 문제로 인식되면서 경제 민주화를 요구하는 목소리가 높아지고 있습니다.

1987년 이전 시기의 복지 정책은 경제 성장을 우선시하여 국민 생활 보호 제도를 중심으로 운영되었습니다. 그러나 1987년 6월 민주 항쟁 이후 사회적 약자의 복지에 대한 관심이 증가하면서 정부는 다양한 복지 정책을 시행하고 있습니다. 외환위기를 겪으면서 정부는 1999년 국민 기초 생활 보장법을 제정하여 적극적인 사회 복지 정책 추진에 나섰습니다. 그리고 보편적인 복지를 통해 기본적인 인권이 보장받는 사회를 만들기 위해 노력하고 있습니다.

오늘날 한국 사회는 인구 증가율이 둔화하면서 교육비 증가와 육아 문제 등으로 저출산이 늘어가고 있습니다. 현재 인구 유지에 필요한 합계 출산율인 2.1명을 밑도는 저출산 현상이 약 30년 이상 지속되었고, 2001년 이후로는 초저출산 현상이 지속되면서 세계 최하위 수준의 출산율을 보이고 있습니다. 한편 식생활 개선과 의료 기술의 발달로 고령화도 빠르게 진행되면서 미래 세대가 부양할 인구도 늘어나고 있습니다. 한국 사회는 2000년에 노인 인구 비중이 7%를 넘어 고령화 사회에 접어들었고, 2018년에는 14%를 넘어 고령 사회에 진입한 상황입니다.

이에 정부는 출산과 양육 지원 정책을 강화하고, 양성평등 문화를 확산하는 한편, 사회 보장 제도 정비, 복지 시설 확충 등으로 저출산·고령화 현상을 해결하기 위해 노력하고 있습니다. 또한 가족 관계에 있어서도 핵가족이 일반화하고 있으며, 2008년에는 호주제가 폐지되었습니다. 2016년에는 1인 가구가 500만 명을 넘어서며 하나의 주거 형태로 정착했으며, 그중 독거노인이 4분의 1을 차지하기에 이르렀습니다. 게다가 치열한 경쟁과 가족 해체로 고립감을 느끼는 사람이 많아지면서 심각한 사회 문제로 대두되고 있습니다.

현재 한국에서는 다양한 인종·종교·문화적 배경을 가진 사람들이 함께 어우러져 살아가는 다문화 사회가 나타나고 있습니다. 한국에서도 1990년대 이후 취업, 학업, 결혼 등을 이유로 국내 거주 외국인의 숫자가 급격히 증가하면서 변화가 나타나고 있습니다. 국내 거주 외국인은 조선족이 대부분인 중국인과 태국인, 베트남인이 많으며, 서울 등 여러 지역에서 자신들만의 주거지나 문화 중심지를 형성하며 살아가는 경우도 있습니다. 이에 따라 다문화 가정과 학생 수도 늘어나고 있습니다. 정부는 사회 통합을 위한 다문화 정책으로 재한 외국인 처우 기본법(2007), 다문화 가족 지원법(2008)을 제정하여 한국 사회의 일원으로 함께 살아갈 수 있도록 지원하고 있습니다. 또한 1990년대 중반 이후 북한의 극심한 경제난으로 국내로 유입되는 북한 이탈 주민도 늘어나고 있습니다. 정부는 이들을 보호하고 한국 사회에 정착하는 것을 지원하기 위해 북한 이탈 주민의 보호 및 정착 지원에 관한 법률(북한 이탈 주민법, 1999)을 제정하여 시행하고 있습니다.

다문화 사회

  세계화로 인해 국가 간 인구 이동이 증가하면서 세계는 다문화 시대에 돌입하게 되었습니다. 우리나라도 외국인 근로자, 국제결혼 여성, 외국인 가정의 자녀에 이르기까지 국내 체류 외국인의 구성이 다양해지고 있으며 그 수도 증가하고 있습니다. 2016년에 2백만 명이 넘어서면서 전체 인구의 4% 정도를 형성하고 있습니다. 다문화 현상은 우리나라를 다양하고 풍요롭게 만드는 동시에, 문화적 차이로 인한 갈등이나 편견, 차별 등의 문제를 발생시킬 가능성도 있습니다. 이를 해결하기 위해 우리 사회의 새로운 구성원인 외국인 이주 노동자, 북한 이탈 주민 등에 대해서도 따뜻한 시선과 연대 의식을 가져야겠습니다.

복지 정책의 강화

1987년 이전	경제 성장 우선 → 국민 생활 보호 제도 중심으로 운영
1987년 이후	복지에 대한 관심 증가 → 국민 기초 생활 보장법 제정(1999) → 보편적 복지 정책 추진

인구 고령화

배경	교육비 증가와 육아 문제 등 → 저출산 현상 증가
고령화 사회	인구의 7%가 고령 인구(2000)
고령 사회	인구의 14%가 고령 인구(2018)

다문화 사회 형성과 탈북민

배경	1990년대 이후 취업, 학업, 결혼 등을 이유로 국내 거주 외국인 증가
다문화 정책	• 재한 외국인 처우 기본법 제정(2007) • 다문화 가족 지원법 제정(2008)
탈북민 정책	북한 이탈 주민의 보호 및 정착 지원에 관한 법률 제정(1999)

82
북한 사회의 변화

6·25 전쟁을 거치면서 북한의 권력 구조는 김일성을 중심으로 재편되었습니다. 김일성은 남로당 세력 등 자신의 반대 세력에 대한 숙청을 시작으로 권력 기반을 강화해 나갔습니다. 1956년에는 김일성 개인 숭배를 비판하던 중국 연안파와 소련파를 반혁명 분자로 몰아 처단한 8월 종파 사건을 일으켰으며, 1960년대에는 자신과 함께 항일 유격대 활동을 했던 세력마저 숙청하면서 김일성 중심의 통치 체계를 확립하였습니다. 대외적으로는 1950년대 후반부터 진행되던 중·소 분쟁에서 어느 쪽에도 치우치지 않으면서 자주 노선에 입각한 등거리 외교로 대응하였습니다. 그리고 제3 세계 비동맹 국가들과 교류하는 등 독자적인 외교 노선을 추구하였습니다.

김일성 유일 지배 체제가 확립되고 자주 노선이 추진되는 과정에서 주체사상이 등장하였습니다. 주체사상이란 '마르크스·레닌주의를 북한의 현실에 창조적으로 적용한 사상'이라고 규정한 것으로 김일성의 항일 유격대 활동을 혁명 전통으로 삼은 김일성 중심의 유일 사상 체계였습니다. 북한은 1972년에 주체사상을 명문화한 사회주의 헌법을 제정하고, 국가 주석제를 채택하여 김일성을 국가 주석으로 추대하였습니다. 주체사상은 결국 김일성 개인 숭배로 이어졌습니다. 이후 '온 사회의 주체사상화' 사업을 벌여 모든 국민에게 주체사상을 학습하게 하였고, 이에 따라 김일성에게 모든 권력이 집중된 '유일 사상 체계'가 완성되었습니다.

1970년대 초반 주체사상을 체계화하는 과정에서 아들 김정일이 후계자로서 권력 전면에 등장하였습니다. 북한은 사회주의 건설을 위한 '사상·기술·문화의 3대 혁명'을 당면 과제로 추진하면서 김정일에게 당의 요직을 몰아주었습니다. 1980년 조선 노동당 제6차 대회에서는 지도부의 대대적인 세대 교체와 함께 김정일 후계 체제가 공식화되었습니다.

1980년대 후반 소련의 개혁·개방 정책과 동유럽 사회주의 국가의 붕괴 과정을 겪으면서 북한도 위기를 맞았습니다. 김정일은 주체사상에 근거한 '우리식 사회주의'를 내세워 위기를 극복하려 하였습니다. 하지만 한국이 소련, 중국과 수교하고 동유럽 국가들과 적극적으로 외교 관계를 맺자 북한도 일본, 미국 등과 관계 개선에 나설 수밖에 없었습니다.

1993년 국방 위원장으로 취임한 김정일은 김일성의 사망(1994)으로 북한의 최고 지도자가 되었습니다. 김정일은 김일성이 죽은 후 권력 전면에 등장하지 않은 채 3년간 김일성의 유훈에 따라 북한 사회를 통치하는 유훈 통치를 펼쳤습니다. 1998년에 들어서 김정일은 사회주의 헌법을 개정하여 주석직을 폐지하고, 권한이 강화된 국방 위원장 자격으로 북한을 공식적으로 통치하기 시작하였습니다. 권력 승계는 김일성 죽음 이전부터 준비되었기 때문에 비교적 안정적으로 이루어졌으나, 북한은 여전히 경제 침체와 식량난, 핵 개발 제제에 따른 국제적 고립 등으로 어려움을 겪었습니다('고난의 행군'). 이를 극복하기 위해 김정일은 세계에 존엄을 떨쳐야 한다는 '사회주의 강성 대국'을 목표로 제시하였습니다. 그리고 군대를 중시하여 우선하는 선군 정치를 내세워 군을 중심으로 대내외의 위기를 극복하려 노력하였으나 큰 성과를 거두지 못했습니다. 1990년대 후반부터는 남한과 관계를 개선하고 경제를 개혁하여 위기를 돌파하기 위해 김대중, 노무현 대통령과 정상 회담을 개최하기도 하였습니다. 그러나 2011년 12월에 김정일이 사망하면서 북한의 권력은 아들 김정은에게 세습되었습니다.

김정은은 2010년 9월 당 대표자 회의에서 중앙 군사 위원회 부위원장이 되어 북한 정치 전면에 등장하였습니다. 이후 2012년에 국방 위원회 제1 위원장이 되면서 김정은 체제가 공식적으로 시작되었습니다. 3대 세습을 완료한 북한은 선군 정치 대신 조선 노동당을 중심으로 경제와 핵 무력을 병행하여 '경제 건설과 핵 무력 건설 병진 노선'을 표명하였습니다. 이에 따라 2016년에는 두 번에 걸친 핵 실험을 강행하는 한편, 국가 경제 발전 5개년 전략을 발표하였습니다. 2018년에는 '경제 건설과 핵 무력 건설 병진 노선' 중 핵 무력 건설에 성공하였다고 선언하면서 '사회주의 경제 건설 집중 노선'을 채택하여 대외 관계 개선과 경제 건설에 우선 순위를 두겠다고 발표하였습니다. 이와 함께 문재인 대통령과 정상 회담을 개최하고, 미국 트럼프 대통령과도 정상 회담을 가졌습니다. 그러나 획기적인 변화는 일어나지 않았으며 남북 관계도 소원한 상태로 유지되고 있습니다.

1950년대 전후 복구 사업에서 나름대로 성과를 거두었다고 생각한 북한은 1960년대에 중국과 소련의 지원을 받기 어렵게 되자 '경제 건설과 국방 건설의 병진' 방침을 표명하고 '자립적 민족 경제 건설'을 기본 노선으로 제시하였습니다. 그러나 1960년대 중반 이후 북한의 경제는 점차 한계를 드러내기 시작하였습니다.

1970년대 들어 북한은 인민 경제 발전 6개년 계획(1971~1976)을 수립하여 공업 생산력 증대에 힘을 쏟았습니다. 그 결과 공업 생산이 증대되었고, 노동자와 농민의 소득이 늘어났으며 무상 교육과 무상 의료 등 사회 보장 제도도 기틀을 잡았습니다. 그러나 자립 경제를 내세운 대외 교역의 한계, 중공업 치중에 따른 소비재의 부진 등으로 경제는 점점 어려워졌습니다. 이를 극복하기 위하여 서방 국가들과 경제 협력을 하여 경제 문제를 해결하려 노력하였습니다. 북한은 1980년대 들어 외국 자본과의 합작을 공식적으로 법제화한 합영법을 공표하여 외국과의 경제 교류를 확대하고 외국인 투자 유치에 힘썼습니다. 또한 1991년에는 나진과 선봉 지역에 중국식 경제특구인 자유 경제 무역 지대를 만들어 국제 교역의 거점으로 만들려 하였으나 큰 효과는 거두지 못하였습니다.

1990년대 들어서면서 사회주의 진영의 붕괴로 북한과 사회주의 국가 간의 경제 교류는 단절되거나 대폭 축소되면서 북한 경제는 더욱 어려워졌습니다. 이에 1990년대 말부터 김대중 정부와 노무현 정부의 대북 화해 협력 정책으로 금강산 관광, 개성 공업 지구 사업 등 남한과의 경제 교류를 확대하였습니다.

북한은 경제난 극복을 위해 2002년에 기업 경영의 자율성 확대, 생필품 시장의 일부 허용 등 시장 경제적 요소를 도입한 사회주의 경제 관리 개선 조치(7·1 조치)를 시행하였습니다. 그러나 북한은 핵 실험에 따른 국제적 경제 제재와 이명박 정부의 남북 교역 중단 등을 내용으로 하는 5·24 조치(2010), 박근혜 정부의 개성 공업 지구 폐쇄(2016) 등 남북 경제 교류 축소로 다시 경제적인 어려움을 겪었습니다.

그러나 2017년 문재인 정부가 집권하면서 남북 관계가 개선되자 경의선·동해선 철도 연결 재개, 개성 공단 재가동 등 경제 협력을 추진하려 했지만 그 이후 진전이 없는 상태입니다.

북한의 학교 수업

북한의 학교는 매년 4월에 1학기, 10월에 2학기를 시작하고, 여름 방학을 7월 중순, 겨울 방학을 12월 말부터 시작합니다. 초급과 고급 중학교는 매일 각각 6~7교시 수업을 하고 있으며, 수업은 보통 오전 8시부터 시작합니다. 3교시와 4교시 사이에 20분 동안 '업간 체조'라는 시간이 있습니다.

초급 중학생은 16개 과목 가운데 국어와 영어보다 수학, 자연 과학, 기초 기술 등을 더 많이 배웁니다. 또 사상 교육의 일환으로 '위대한 수령 김일성 대원수님 혁명 활동', '위대한 영도자 김정일 대원수님 혁명 활동'만이 아니라 '경애하는 김정은 원수님 혁명 활동'이란 과목도 배워야 합니다.

김일성 유일 지배 체제와 권력 세습

김일성 1인 독재 체제 강화	• 반대파 숙청 : 8월 종파 사건(연안파, 소련파 제거), 남한 노동당 세력 숙청 등 • 주체사상 강조 : 개인 숭배 강화
3대 권력 세습	김일성 사망(1994) 이후 김정일이 국방 위원장 자격으로 권력 세습(선군 정치) → 김정일 사망(2011) 이후 김정은이 권력 세습

북한 경제의 변화

1950년대	전후 복구 사업
1960년대	경제 건설과 국방 건설의 병진
1970년대	인민 경제 발전 5개년 계획 실시 → 지나친 자립 경제 추구와 과도한 국방비 지출로 경제난 발생
1980년대	외국 자본 유입 추진(합영법 제정, 나진·선봉 자유 경제 무역 지대 설치 등) → 성과 미흡 → 심각한 경제난으로 북한 주민의 이탈 증가
국제 사회와 갈등	핵 개발과 미사일 시험 발사, 사상 통제와 공개 처형·정치범 수용소 운영 등 인권 문제로 국제 사회의 각종 제재를 받음

83

평화 통일을 위한 노력

　북한의 남침으로 시작된 6·25 전쟁은 무력 통일 시도가 가져온 엄청난 인적·물적 피해를 통해 무모함을 일깨워 주었습니다. 그러나 전쟁 이후 남북의 두 지도자인 이승만과 김일성은 남북한의 적대적 긴장 관계를 부추겨 자신들의 장기 독재에 이용하였습니다.

　4·19 혁명 이후에는 민간 차원에서 평화 통일 운동이 분출하였습니다. 대학생들은 남북 학생 회담을 추진하였고, 민간에서는 남북 연방제론, 중립화 통일론 등 다양한 통일 방안이 제시되었습니다. 그러나 장면 정부는 '선 경제 건설, 후 통일'을 정책으로 제시하면서 통일 논의에 소극적으로 대처하였습니다.

　5·16 군사 정변을 기반으로 들어선 박정희 정부는 '승공 통일'을 외치면서 강경한 대북 정책을 펼쳤습니다. 먼저 자본주의 공업화를 이룩해야 한다는 논리로 '선 건설, 후 통일'을 주장하며 반공을 '제일의 국시'로 내세우고 강력한 반공 정책을 펼쳤습니다. 북한도 남조선 혁명론을 주장하면서 서울과 지방에 무장 간첩을 보내는 등 군사 도발로 한반도의 긴장을 높였습니다.

　1969년 닉슨 독트린이 발표되어 냉전 체제가 완화되고, 1970년대에 들어오면서 미국이 중국과 관계가 개선되는 등 동아시아에서도 냉전 체제 완화의 분위기가 확산되었습니다. 미국은 동북아 정세 안정을 위해 박정희 정부에 남북 대화를 권고하였고, 국내에서도 박정희 정부의 3선 개헌 이후 민주화 요구가 높아졌습니다. 북한 역시 1960년대 군사 도발이 모두 실패하였고, 독자 노선을 유지하기 위한 군사비 지출 증가로 경제 발전에 어려움을 겪으면서 태도가 변화하였습니다. 남북한은 1971년에 이산가족 만남을 위한 남북 적십자 회담을 시작으로 비밀 특사들이 오고 간 결과 1972년 자주·평화·민족 대단결의 통일 원칙을 담은 7·4 남북 공동 성명이 서울과 평양에서 동시에 발표되었습니다. 자주·평화·민족 대단결의 통일 원칙은 이후 남북한 교류 협력의 기본 원칙이 되었습니다. 이후 남북 조절 위원회가 설치되어 평화 통일을 위한 실무자 회의가 개최되었습니다. 그러나 남한이 인구 비례에 의한 남북한 자유 총선거를 주장한 반면 북한은 남북 연방제 통일을 주장하며 대립하다가 북한이 일방적으로 대화를 중단하여 성과를 얻지는 못하였습니다. 그러나 7·4 남북 공동 성명은 남북한 정부가 최초로 3대 평화 통일 원칙을 합의했다는 점에서 역사적 의의를 부여할 수 있습니다.

이후 남북한이 각각 유신 헌법과 사회주의 헌법을 공포하여 독재 체제를 강화하면서 남북한의 대화는 사실상 중단되었습니다. 전두환 정부 시기에는 남북 이산가족 고향 방문단, 예술 공연단 교환 등이 이루어졌지만 일회성 행사로 그치고 말았습니다(1985).

1987년 6월 민주 항쟁 이후 민간을 중심으로 통일 운동이 활발해지면서 일부 종교인과 대학생이 북한을 방문하는 등 민간 차원의 통일 운동이 활발해졌습니다. 그러나 노태우 정부는 국가보안법을 적용하여 민간 차원의 통일 운동은 허용하지 않았습니다. 국제적으로도 큰 변화가 일어났습니다. 1990년대를 전후하여 소련의 개혁·개방 정책과 사회주의 진영의 붕괴가 일어났고, 노태우 정부는 북방 정책을 추진하여 소련과 중국을 비롯한 사회주의 국가들과 수교하였습니다. 북한은 외교적 고립을 피하기 위해 다시 남북 대화에 나섰습니다. 그 결과 남북 총리급 회담이 개최되어 남북 유엔 동시 가입과 남북 사이의 화해와 불가침 및 교류·협력에 관한 합의서(남북 기본 합의서) 채택의 큰 성과를 이루었습니다(1991). 특히 남북 기본 합의서는 남북한 정부 간에 이루어진 최초의 공식 합의서이며, 서로의 체제를 인정하고 상호 불가침에 합의했다는 점에서 역사적 의의를 지닙니다. 1992년 1월에는 남북한이 한반도에서 핵무기의 시험과 생산, 보유를 금지하고 핵에너지는 오직 평화적 목적으로만 이용하기로 합의한 비핵화 공동 선언을 체결하였습니다.

김영삼 정부 시기에는 북한 경수로 원자력 발전소 건설 사업을 지원하면서 긴장 완화 관계가 지속되는 듯하였습니다. 그러나 1993년 북한이 핵무기 개발을 추진하고 핵 확산 금지 조약(NPT)을 탈퇴하면서 남북관계는 급격히 경색되었습니다. 1998년 김대중 정부가 들어서면서 남북관계는 호전되었습니다. 김대중 정부가 대북 화해 협력 정책('햇볕 정책')을 추진하면서 정주영의 '소떼 방북'을 계기로 금강산 관광 등 남북 경제 협력이 본격화되었습니다. 또한 평양에서 분단 이후 최초로 남북 정상 회담이 열려 6·15 남북 공동 선언이 채택되었습니다(2000). 이후 남북관계는 이산가족 방문이 재개되는 등 화해와 협력 단계로 급속히 전환되었으며, 남한의 연합제와 북한의 낮은 단계의 연방제의 공통점을 인정하여 통일 방식에 대한 합의를 이끌어 냈습니다.

노무현 정부는 김대중 정부의 통일 정책을 계승하여 남북한 철도 연결 사업을 진행하였고, 금강산 육로 관광, 개성 관광 등을 추진하였으며 개성 공업 지구를 조성하였습니다. 한편 올림픽과 아시안 게임에 남북한이 공동 입장을 하는 등 스포츠 교류도 활성화되었습니다. 2007년에는 평양에서 제2차 남북 정상 회담을 열어 '남북 관계 발전과 평화 번영을 위한 선언(10·4 남북 정상 선언)'을 채택하였습니다. 특히 한강 하구의 공동 이용과 서해안 공동 어로 수역과 평화 수역 설정, 경제 특구 설치 등을 내용으로 하는 '서해 평화 협력 특별 지대'를 합의하여 남북한 긴장 완화와 남북 경제 협력의 길을 열었습니다.

그러나 이명박 정부가 들어선 이후에는 북한이 핵과 대륙간 탄도탄 실험을 강행하면서 남북관계는 다시 어려워졌습니다. 이명박 정부는 한·미 공조 체제를 강화하고, '비핵 개방 3000'을 내세워 북한이 핵 개발을 포기하고 개방 정책으로 나와야만 지원을 하겠다고 발표하였습니다. 또한 금강산 관광객 피살 사건, 천안함 피격 사건, 연평도 포격 도발 등 북한의 도발로 개성 공단을 제외한 남북 교류 협력은 중단되면서 남북한 사이의 긴장은 다시 높아졌습니다.

박근혜 정부도 이명박 정부의 대북 강경 정책을 유지하였습니다. 북한이 핵 실험을 계속하자 유엔은 대북 제재를 결의하였습니다. 이에 박근혜 정부가 개성 공업 지구를 폐쇄하면서(2016) 남북관계는 더욱 악화되었습니다.

2017년에 문재인 정부가 들어서면서 남북관계는 전환점을 맞았습니다. 문재인 정부가 한반도 평화 체제를 위한 화해 협력 방안을 제시하자 북한이 호응하면서 평창 동계 올림픽 선수단 및 예술 공연단 파견 등이 이루어졌습니다. 2018년에는 판문점에서 두 차례, 평양에서 한 차례 남북 정상 회담이 개최되었습니다. 남북한 정상은 한반도의 평화와 번영, 통일을 위한 판문점 선언에 합의하고 핵 없는 한반도 평화 체제 구축을 위해 함께 노력할 것을 약속하였습니다.

평화 통일을 위한 노력

이승만 정부	북진 통일 주장, 남북 긴장 상태를 장기 독재에 이용
박정희 정부	7·4 남북 공동 성명 발표(자주·평화·민족적 대단결의 통일 3대 원칙 합의, 1972) → 남북 조절 위원회 설치
전두환 정부	남북 이산가족 고향 방문단·예술 공연단 교환(1985)
노태우 정부	남북한 유엔 동시 가입(1991), 남북 사이의 화해와 불가침 및 교류·협력에 관한 합의서(남북 기본 합의서) 채택(1991), 한반도 비핵화 공동 선언 발효(1992)
김영삼 정부	북한 경수로 원자력 발전소 건설 사업 지원 → 북한이 핵확산 금지 조약(NPT)을 탈퇴하면서 남북관계 경색
김대중 정부	정주영의 소떼 방문, 금강산 관광 사업 시작(1998), 제1차 남북 정상 회담(6·15 남북 공동 선언 발표, 2000) → 개성 공단 건설 추진, 이산가족 상봉 등 남북 교류 확대
노무현 정부	개성 공단 완성, 제2차 남북 정상 회담(남북관계 발전과 평화 번영을 위한 선언 채택, 2007)
이명박 정부	비핵 개방 3000 발표 → 남북관계 다시 긴장 상태 돌입
박근혜 정부	이명박 정부의 대북 강경 정책 유지, 개성 공단 폐쇄
문재인 정부	평창 동계 올림픽 협력, 세 차례에 걸친 제3차 남북 정상 회담 개최(한반도의 평화와 번영, 통일을 위한 판문점 선언 채택, 2018)

1990년대 초반, 독일의 통일과 사회주의 국가의 맹주 소련의 몰락으로 냉전 체제가 해체되면서 이념에 따라 갈라져 대결하던 시대가 끝났습니다. 이에 동아시아에서는 수면 밑에 가라앉아 있던 여러 문제들이 대두하였습니다.

일본의 경우에 있어서는 태평양 전쟁에 대하여 무책임한 모습을 보이고 있습니다. 특히 1980년대 이후 일본에서 우경화가 심화되면서 과거 침략 전쟁을 미화하려는 움직임이 나타났습니다. 군국주의의 상징인 '기미가요'와 일장기를 국가와 국기로 정하는 법이 제정되었고, 평화 헌법을 수정하여 군대를 보유하여 침략 전쟁이 가능한 국가를 만들려고 하고 있습니다. 심지어 침략의 표상인 욱일승천기를 공공연하게 휘날리기도 합니다. 또한 일부 정치인은 전쟁 범죄자들의 위패가 있는 야스쿠니 신사를 공식 참배하고 있으며, 일본의 문부과학성은 2001년부터 침략 전쟁을 미화하고 전쟁 책임을 삭제한 내용을 담은 중학교 교과서를 검정 통과시켜 학교 현장에서 사용하도록 하고 있습니다.

일본은 한국과 중국 등 아시아에 대한 침략 전쟁과 태평양 전쟁 기간 중 한국과 중국 등지에서 많은 사람을 군인과 노동자로 강제 동원하였습니다. 특히 여성들을 일본군 '위안부'(현재는 일본군 성노예라는 표현을 쓰고 있습니다)로 끌고 갔습니다. 1991년 김학순 할머니가 공개 증언하면서 일본군 '위안부'에 관한 진실이 드러나 강제 동원에 대한 진상을 밝히고 법적 책임을 물으려는 움직임이 일본과 한국의 시민 사회에서 제기되었습니다. 한국의 강제 동원 피해자와 유족들은 일본 정부를 상대로 강제 동원 사실을 인정하고 피해를 보상할 것을 요구하고 있습니다.

일본 정부는 몇 차례에 걸쳐 식민지 지배와 침략 전쟁에 사람과 물자를 동원한 점을 사과하기도 하였습니다. 유엔 인권 위원회와 세계 각국도 일본 정부에 사과와 반성, 책임 있는 조치를 취할 것을 권고하고 있습니다. 그러나 일본의 우익 및 일부 보수 세력은 역사적 사실을 부인하고 침략과 식민 지배를 옹호하는 왜곡된 역사 인식을 아직도 고집하고 있습니다.

특히 아베 정부 시기 일본에서는 일부 우익 정치인을 중심으로 전시 동원의 강제성을 부인하는 발언이 계속되고 있습니다. 또한 교과서에서 일본군 '위안부'에 관한 언급을 삭제하도록 하였으며, 독도를 한국이 불법 점령하고 있다고 기술하도록 강요하고 있습니다.

한편 중국에서는 개혁·개방 이후 경제 성장을 지속하면서 사회 안정 유지를 위해 중화주의와 애국주의를 내세우고 있습니다. 그 일환으로 소수 민족의 독립 움직임을 억누르기 위해 티베트, 신장·위구르, 동북 지역 등에서 대규모 역사 문화 프로젝트를 진행하였습니다. 프로젝트의 내용은 결국 현재 중국에 있는 56개 소수 민족의 역사와 현재 중국의 영토 안에서 벌어졌던 과거의 사실은 모두 중국의 역사라는 것입니다. 프로젝트 중에서 고구려와 발해의 역사와 문화를 대상으로 한 동북공정에서는 2002년부터 5년간 중국 동북 3성 지역의 역사, 지리, 민족에 관련된 문제를 집중적으로 연구하여 고조선, 고구려, 발해 등의 역사를 중국의 역사로 포함시키려는 저의를 드러냈습니다. 이러한 중국의 움직임은 한국 사회로부터 큰 반발을 불러 일으켰습니다. 한국 내에서 동북공정에 대한 관심과 우려가 고조되었고 한국 정부는 중국 정부에 공식적으로 문제를 제기하여 고구려사를 정치 문제로 확대하지 않는다는 데 합의하였습니다.

한편 최근에 중국 정부가 해양 자원 확보와 군사 전략 차원에서 동중국해와 남중국해에 있는 여러 섬에 군사 시설을 설치하여 일본 및 동남아 국가와 군사적 긴장을 불러 일으키고 있습니다. 일본도 마찬가지로 아시아·태평양 전쟁 때 소련이 점령한 남쿠릴 열도의 반환을 요구하여 러시아와 대립하고 있습니다. 중국과 일본의 영토 분쟁으로 동아시아에서는 긴장 관계가 대두되고 있습니다.

특히 일본은 영토 분쟁에 해당되지도 않는 대한민국 영토인 독도에 대해서도 생떼를 쓰고 있습니다. 일본은 1945년 9월 2일 항복 문서에서 포츠담 선언을 수락한다고 공식적으로 밝혔습니다. 일본에 설치된 연합국 총사령부는 포츠담 선언의 규정을 집행하기 위해 일본의 영토와 주권 행사의 범위를 정의한 연합국 최고 사령관 각서(SCAPIN) 제677호를 공포하였는데, 여기에 첨부된 부속 지도에는 울릉도, 독도, 제주도가 한국 영토로 표기되어 있습니다. 신라 시대부터의 역사적 사실뿐 아니라 현대에 들어와서도 독도는 우리의 영토로 확정되었던 것입니다.

1951년 9월, 일본의 주권을 회복시켜준 샌프란시스코 강화 조약이 체결되자, 1952년 1월에 한국 정부는 맥아더 라인의 연장선상에서 인접 해양에 대한 주권에 관한 선언(평화선)을 발표하였습니다. 그리고 독도 기점 8해리를 영해로 간주하고 이를 침범하는 일본 어선을 단속하였습니다. 이후 경북지방경찰청장 책임하에 1개 소대가 독도 경비대로 독도에 상주하면서 지금까지 독도 주권을 수호하고 있습니다. 그러나 일본 시마네현에서는 2005년 3월에 '다케시마의 날'을 제정하여 독도가 일본 땅이라고 파렴치한 주장을 하고 있습니다. 일본 정부도 독도에 대한 영유권을 주장하는 한편, 2008년 이후 검인정 교과서에 독도를 일본의 영토라고 기술하도록 강요하였습니다. 그러나 한국 정부는 2006년에 '최근 한·일 관계에 대한 대통령 특별 담화'를 발표하여 독도가 대한민국의 영토이며, 정당한 영토 주권을 행사하고 있음을 분명하게 밝혔습니다.

동북 아시아의 현안	
역사 갈등	• 일본 우익 세력의 역사 왜곡(역사 관련 망언 및 교과서 왜곡, 침략 전쟁에 대한 그릇된 해석), '일본군 위안부' 및 강제 징용 사과와 배상 문제 등 • 중국의 동북공정 : 고조선사·부여사·고구려사·발해사 등을 중국의 역사에 편입시키려는 시도
영토 문제	쿠릴 열도의 4개 섬(일본-러시아), 센카쿠 열도(중국명 댜오위다오, 일본-중국)를 둘러싼 영유권 분쟁
독도	• 1946년 '연합국 최고 사령관 각서'에서 독도가 일본 영토가 아님을 밝힘 • 1952년 '인접 해양의 주권에 대한 대통령 선언(평화선 선언)' 발표 • 역사·지리·국제법적으로 대한민국 고유 영토임이 분명함

도/판/출/처

고등 한국사 쉽-게 배우기

2021년 3월 10일 초판 인쇄 | 2021년 3월 15일 초판 발행

지은이 서인원

펴낸이 한정희
펴낸곳 종이와나무
편집·디자인 김지선 유지혜 박지현 한주연
마케팅 유인순 전병관 하재일
출판신고 제406-2007-000158호

주소 경기도 파주시 회동길 445-1 경인빌딩 B동 4층
대표전화 031-955-9300 | 팩스 031-955-9310
홈페이지 www.kyunginp.co.kr | 전자우편 kyungin@kyunginp.co.kr

ISBN 979-11-88293-12-4 53910
값 15,000원